Sexgöttin

Verena Maria Dittrich

Sexgöttin

33 Frauen erzählen von unwiderstehlichen Anmachen, begehrenswerten Männern und gewagten Verführungen

SCHWARZKOPF & SCHWARZKOPF

Inhalt

Männer mögen vielleicht das Feuer entdeckt haben,
Frauen wissen dafür aber besser, wie man damit spielt.
SARAH JESSICA PARKER

Liebe Leserinnen und Leser!

Was ist eine Sexgöttin? Wann verwandelt sich eine normale Frau in eine Sexgöttin, die nur mit dem Finger schnippt und die Männerwelt liegt ihr zu Füßen? Ich habe in den letzten Monaten viele Antworten auf diese Fragen gefunden und die besten 33 davon in dieses Buch gesteckt. Anfangs war es gar nicht so leicht, diesen Typus Frau zu finden, denn: Welche Frau behauptet schon von sich selbst, sie sei eine Sexgöttin? Männer tun so etwas gern (auch wenn es oft nicht stimmt), aber wir Frauen sind mit solchen Äußerungen doch eher vorsichtig, aus Gründen, die jede Frau verstehen kann.

Ich fragte mich also von einem Freundeskreis in den nächsten, wer eine Sexgöttin sei oder wenigstens eine kenne, und meine erste wichtige Erkenntnis war diese: Männer erklären sich selbst zum Sexgott, Frauen hingegen werden zur Sexgöttin ernannt. Denn wenn ich nach dieser besonderen weiblichen Gattung fragte, waren es meist die Freundinnen und Freunde der betreffenden Frauen, die ihnen den Status »Sexgöttin« zuschrieben.

Meine zweite wichtige Erkenntnis war, dass die Vorstellung von einer Sexgöttin, so wie sie heutzutage existiert, mehr als veraltet ist. Die wahren Marilyns, Pamelas und Angelinas sind viel verführerischer als ihre berühmten Vorbilder, denn zu einer echten Sexgöttin gehört mehr, als nur lasziv in die Kamera eines Fotografen zu blinzeln oder in einem Hollywoodstreifen auf sexy zu machen. Ihre Qualitäten liegen nicht darin, ein Pin-up-Girl mit Idealmaßen oder die perfekte Fickmaschine zu sein – sondern sie beherrschen die Kunst der Verführung perfekt. Eine gezielte Eroberung aus Lust und Leidenschaft oder aber einfach aus purer Geilheit braucht nämlich einiges an Fingerspitzengefühl! Eine Sexgöttin erkennt instinktiv die ureigensten Strukturen, nach denen die Männerwelt funktioniert – und liebe Männer und Jungs, ihr wisst, dass ihr bei genauerer Betrachtung keine großen Geheimnisse für Frauen seid, die wissen, was sie wollen.

Die Frauen, die mich an ihren Geschichten teilhaben ließen, sind ganz verschieden: Einige sind abgebrühte Jägerinnen, die sich durch die Stadt bewegen wie Löwen auf Beutezug durch die Savanne, andere sind sich ihrer Talente nicht immer sicher und wirken trotz ihrer Absichten noch unschuldig und handzahm – aber im Laufe ihrer Eroberung verwandeln sie sich in wahre Sexgöttinnen, die das Objekt der Begierde eiskalt um den Finger wickeln. Die Begnadetsten unter ihnen haben auf den ersten Blick eine so unauffällige Erscheinung, dass einem erst gar nicht bewusst wird, dass man an eine wahre Sexgöttin geraten ist. Und ehe Mann sichs versieht, sitzt er schon in der Falle!

33 Frauen haben mir ihre Geschichten erzählt, ihre Erlebnisse, wie sie auf Männerjagd gegangen sind, manchmal aus Liebe, oft aus Begierde, aber immer, um Sex zu haben. Ob »Hot Babe«, »Femme fatale«, »Lolita«, »Sexgöttin« oder wie auch immer sie genannt werden – diese Frauen sind Naturtalente. Wenn diese Raubtiere des zarten Geschlechts auf Beutezug gehen, sollte sich die Männerwelt in Acht nehmen.

Die folgenden 33 Geschichten sind auch der Beweis dafür, dass die Jahre, in denen die weiblichen Don Juans unerwähnt blieben, weil sie ungefragt in eine Männerdomäne eindrangen, endgültig gezählt sind. Ich finde: Das wurde auch langsam Zeit!

Verena Maria Dittrich

1. GESCHICHTE

»Der Mann, der vom Himmel fiel«

Birte (28), Lehramtsstudentin, Erlangen,
über
Jakob (37), Fotograf, Nürnberg

Mittagspause zwischen zwei Vorlesungen. Ich pfiff mir mit meiner Freundin Milla gerade einen leckeren Döner ein, als er die Straße überquerte. Meine Fresse, dachte ich, dieser Typ kann unmöglich von diesem Planeten stammen! Er sah aus wie David Bowie in Der Mann, der vom Himmel fiel: melancholisch, schön, geheimnisvoll und androgyn. Ich verschluckte mich so sehr, dass die Dönersauce aus meinen Mundwinkeln quoll und auf den Stehtisch suppte.

»Guck dir den mal an«, sagte ich schmatzend zu Milla, »was für 'ne geile Sau, den habe ich in unserem Nest ja noch nie gesehen!«

Milla starrte mich skeptisch an: »Kennst du den wirklich nicht?«, fragte sie und stocherte mit der Plastikgabel in ihren pampigen Pommes. »Komisch, vielleicht ist er dir auch einfach nur noch nicht aufgefallen?«

»Noch nicht aufgefallen?«, fragte ich. »Ich sage dir, es ist ganz ausgeschlossen, dass ich dem schon mal irgendwo begegnet bin, der wäre mir garantiert aufgefallen!«

Indes hatte der schöne Fremde die Straße überquert, die Dönerbude angesteuert und sich artig in die Schlange eingereiht. Ich musste mich zusammenreißen, um nicht ständig zu ihm rüberzuglotzen, als wäre er ein Außerirdischer.

»Das ist doch dieser Fotograf!«, sagte Milla. »Der, der das ewig leer stehende Studio hinterm Schlossgarten angemietet hat – Leon hat letztens von ihm erzählt! Erinnerst du dich nicht?«

Stimmt, ich erinnerte mich dunkel, Millas Freund Leon hatte irgendwas gesagt, aber ich hatte nicht so genau hingehört.

»Warte, warte«, überlegte sie laut, »bestimmt fällt mir sofort wieder ein, wie der Typ heißt. Hach, wie war noch gleich der Name? Liegt mir auf der Zunge.«

Milla bemerkte überhaupt nicht, dass ich mich in Gedanken schon weit von ihr entfernt hatte und ihr gar nicht mehr zuhörte. Imaginär schwebte ich schon mit dem Mann, der vom Himmel fiel, in einer Raumkapsel, bestehend aus einem einzigen riesengroßen Bett.

»Ich finde, dass du von diesem Schlag Mann die Finger lassen solltest«, sagte Milla mit einem kurzen Blick auf mein verträumtes Gesicht, während sie mir mit einer Serviette fürsorglich einen Klecks Sauce am Revers ausrieb.

Ich hatte Lust auf Sex oder – wie es Milla so schön nannte – mal wieder Bock, so richtig schön zu pimpern.

»Was meinst du damit: von diesem Schlag Mann?«, fragte ich geistesabwesend, noch immer Richtung Schlange guckend.

»Leon meint, der hat einen schlechten Ruf. Macht wohl angeblich exzellente Fotos, ist aber viel zu teuer und vor allem: Er legt sämtliche Frauen nach dem Shooting flach.«

»Ach ja?«, fragte ich.

»Wenn ich es dir doch sage!«, redete Milla auf mich ein. »Der soll da so eine ganz eigene Art haben: mit großem Chichi und Tamtam. Der pimpert jede, die ihm vor die Linse kommt.«

Ich wurde hellhörig. Es schien, dass der Mann, der vom Himmel fiel, und ich aus demselben Holz geschnitzt waren. Coole Sache. Ich wollte mich nicht verlieben, ich hatte keine Lust auf eine Beziehung, wie sie etwa Milla und Leon führten, die sich ständig darüber stritten, wer den Müll runterbringt. Ich hatte Lust auf Sex oder – wie es Milla so schön nannte – mal wieder Bock, so richtig schön zu pimpern.

»Du meinst also, ich sollte die Finger von ihm lassen?«, fragte ich Milla, die noch immer mit der Serviette an mir rumtupfte.

»Ja, genau das meine ich«, antwortete sie in einem warnenden Lehrerinnen-Ton.

»Es sei denn, du stehst drauf, wenn jemand dein Herz durch einen Fleischwolf dreht wie diesen widerlichen Klumpen hier! Wieso fresse ich bloß so eine Scheiße?«

Angewidert pikte sie mit der Gabel in die letzten Fleischstückchen auf ihrem Pappteller wie in eine Voodoo-Puppe.

»Weil diese Scheiße ganz vorzüglich schmeckt!«, erklärte ich und wischte mir mit dem Ärmel über den Mund. Wir kicherten. Döner-Mike war der beste Laden weit und breit. Seine Gerichte schmeckten nach Großstadt.

Ich versuchte, Milla gegenüber keine großen Wellen zu machen und lässig zu bleiben, aber in meinem Inneren brodelte es bereits und in meinem Kopf drohten sämtliche Synapsen vor Überlastung durchzuschmoren. Zeit zu handeln.

»Hallo, du bist doch der, der das Fotostudio hinter dem Schlossgarten hat?«, fragte ich den schönen Fremden, der gerade gezahlt hatte und sich mit seiner Wurst in der Hand nach einem freien Stehtisch umschaute.

»Ahm, ja, genau!«, antwortete der Mann, der vom Himmel fiel, etwas überrascht, aber mit einem geschmeichelten Lächeln.

»Stell dich doch mit zu uns!«, schlug ich ihm vor und zeigte auf Milla, die total verdattert am Tisch stand und noch nicht realisiert hatte, dass ich – eben noch an ihrer Seite – einfach einen Satz nach links gemacht hatte und nun den Fotografen bezirzte. Ihr böser Blick signalisierte, dass sie sich von mir gerade sehr hintergangen fühlte.

Der Typ kam mit zu unserem Tisch und stellte sein Papptellerchen ab. Milla latschte indes zum Papierkorb, die Stirn noch immer in tiefe Falten gezogen. Sie hatte ihren *Wie-konntest-du-nur*-Blick aufgesetzt und schüttelte den Kopf.

»Ich will dich jetzt gar nicht beim Essen stören«, setzte ich meine Offensive fort, »aber ich bräuchte ganz dringend professionelle Bewerbungsfotos. Aber ohne Termin ist bei dir wahrscheinlich nichts zu machen, oder? Meine Freundin Milla meinte, du seist einfach der Beste.«

»Wie dringend brauchst du denn die Bilder?«, fragte der Typ und lächelte wieder geschmeichelt.

»Mit ›dringend‹ meine ich eigentlich ›sofort‹!«

»Hm, sofort ist schlecht, aber morgen ginge es. Allerdings nicht vormittags, da bin ich schon komplett ausgebucht. Lass mich kurz überlegen …« Er strich mit der rechten Hand über sein Kinn und machte auf nachdenklich. »Sagen wir, morgen so ab drei?«

»Super!«, sagte ich und setzte mein strahlendstes Lächeln auf. »Wunderbar, vielen Dank!«

»Ja, gern«, entgegnete er, »kein Problem.«

»Na, dann bis morgen … und guten Appetit!«, rief ich ihm im Gehen zu. »Übrigens: Wundere dich nicht, wenn du beim Kauen auf einen Knorpel stößt! Döner-Mike verarbeitet manchmal alte Katzen von Nachbarn, die sich die Spritze für das Einschläfern nicht leisten können. Heute hat es ein bisschen nach *Purzel* geschmeckt, finde ich.«

Als ich Milla, die bereits auf der anderen Straßenseite mit verschränkten Armen auf mich wartete, eingeholt hatte, hörte ich im Hintergrund jemanden schrecklich husten. Ich war äußerst zufrieden mit mir.

»Sag mal, bist du jetzt total bescheuert?«, zischte Milla. »Wenn du unbedingt flachgelegt werden willst, dann bitte schön. Nur zu!«

Manchmal begriff sie wirklich gar nichts: Dass nämlich die ganze Sache eventuell auch umgekehrt laufen könnte – und nicht ich diejenige sein würde, die flachgelegt werden würde, sondern er, kam ihr überhaupt nicht in den Sinn.

Am nächsten Tag stand ich zwanzig Minuten nach drei vor dem Studio. Ich hatte mir absichtlich etwas Zeit gelassen, um nicht zu pünktlich auf der Matte zu stehen – obwohl ich es natürlich kaum abwarten konnte, dem Mann, der vom Himmel fiel, endlich wieder ins Gesicht zu sehen.

»Da bist du ja!«, begrüßte mich Jakob Schilling, wie auf dem Klingelschild zu lesen war. »Komm rein. Willst du was trinken?« Sein Blick glitt über mein Dekolleté, das für Bewerbungsfotos definitiv zu gewagt war.

»Nein, danke«, schnurrte ich, »ich würde lieber direkt zur Sache kommen. Vielleicht können wir erst mal ganz locker mit ein paar Tests anfangen? Es ist nämlich schon eine Weile her, dass ich professionelle Fotos habe machen lassen. Vielleicht kannst du mir ein paar Tipps geben, wie ich am besten rüberkomme.«

Ich entnahm seinem Blick, das dieser Vorschlag ganz in seinem Sinne war. Die Falle war gestellt, jetzt musste das Mäuschen nur noch den Duft des Schinkens riechen.

Jakob stellte einen Stuhl vor eine Leinwand und bat mich, mich hinzusetzen. Er nahm mein Kinn, drehte mein Gesicht ein paar Mal hin und her und begutachtete mich fachmännisch. Nachdem er meine »Schokoladenseite« gefunden hatte, hüpfte er um mich herum und betätigte den Auslöser in unglaublicher Geschwindigkeit. Dabei spulte er sein Anmach-Programm ab.

»Toll, ja, ganz toll!«, rief er. »Jetzt noch etwas mehr nach links schauen, Augen weit öffnen, lächeln, Lippen anfeuchten. Sehr schön! Ja, so ist gut, ganz toll, gefällt mir, ja, einsame Spitze, sehr süß, hmmm, sexy, ganz ausgezeichnet, eine Wucht!«

Er klang beinahe so, als würde ihn jemand massieren und wäre gerade dabei, sich in tiefere Regionen vorzuarbeiten. Das war für mich das Zeichen, zum Angriff überzugehen. Ich durfte natürlich nicht zu direkt sein. Jakob war einer derjenigen, die das Gefühl brauchten, auf ganzer Linie bewundert und angehimmelt zu werden. Er verstand sich als Jäger und Sammler – und wollte sich ganz sicher nicht erlegen lassen. Ich spielte sein Spielchen mit. Die Art, wie er mit mir redete, seine Gesten und die Wahl seiner Worte waren so durchschaubar, dass ich fast lachen musste, aber auch wieder so charmant, dass mein Verlangen, gefickt zu werden, meinen Puls langsam in die Höhe trieb. Wozu noch weiter herumtrödeln? Es war an der Zeit, die Maus endgültig in die Falle zu locken.

> *Ich überließ Jakob bei allen Stellungen und Positionen die Führung – und gab ihm das Gefühl, mich erobert und erlegt zu haben.*

Ich kicherte also verlegen, wenn er mich mit Julia Roberts verglich, und schlug verschämt die Augen nieder, wenn er mein entzückendes Lächeln lobte. Ihm entging nichts: weder der kleine Leberfleck auf meiner rechten Wange, noch, dass sich die Farbe meiner Augen mit dem Licht veränderte. Ich badete in einem See von Komplimenten und wäre vermutlich abgesoffen, wenn Jakob mich nicht gerettet hätte, indem er direkter wurde.

»Weißt du, es ist wirklich unglaublich, wie fotogen du bist!«, schwärmte er und kam mit der Kamera auf mich zu, um mir die ersten Bilder vom Shooting zu zeigen.

Ich klimperte wieder mit den Wimpern und machte auf verlegen. Noch immer saß ich auf dem Stuhl, als er sich zu mir runterbeugte und mir die Bilder zeigte. Dann folgte wohl seine übliche

Masche: Er kam mit der Kamera versehentlich an meinen Busen, entschuldigte sich, ich klimperte noch zwei, drei Mal mit den Wimpern, murmelte so was wie »Macht doch nichts!« und hatte nach einem kurzen Blick des gemeinsamen Einverständnisses seine Zunge im Mund. Die Falle schnappte zu! Ich hatte Jakob genau da, wo ich ihn haben wollte. Wir fickten den ganzen Nachmittag. Zweimal klingelte es an der Tür, wir ignorierten es und vögelten weiter. Ich überließ Jakob bei allen Stellungen und Positionen die Führung – und gab ihm das Gefühl, mich erobert und erlegt zu haben. Dass es im Grunde genommen andersrum war, kam dem Mann, der vom Himmel fiel, vermutlich nicht in den Sinn.

2. GESCHICHTE

Sex und Finanzen

Aoko (26), Sängerin, Hannover,
über
Julian (32), Diplom-Betriebswirt, Hannover

Vor 13 Jahren bin ich mit meiner Familie von Kenia nach Deutschland gekommen, wo ich, wie man so schön sagt, meine Jugend verbracht habe. Nach dem Abi habe ich beschlossen, durchzustarten und kein One-Hit-Wonder, sondern Berufssängerin zu werden. Ich singe, seit ich klein war, liebe Musik und weiß, dass ich mehr als nur eine gute Stimme habe. Die ersten Engagements hatte ich schon während des Abiturs, ich habe auf kleinen Bühnen in Clubs gesungen, die stetig größer wurden, und hatte auch Auftritte auf Festivals. Finanziell konnte ich mich nicht beschweren, auch wenn ich aus Leidenschaft singe, nicht wegen der Kohle. Schnell kam Interesse von allen möglichen Seiten, das nicht nur meiner Musik, sondern vor allem meiner Person galt. Dass ich bei Männern schon immer gut ankam, ist mir durchaus bewusst. Ich versuche zwar, bescheiden zu bleiben und nicht abzuheben, aber mir ist klar, dass ich mit meinem Aussehen in diesen Breitengraden als Exotin gelte und auffalle.

Ich hatte nie Probleme, Männer kennenzulernen. Manchmal habe ich mir zwar gewünscht, mehr Zeit zur Eigeninitiative zu haben, aber bevor auch nur eine meiner Ideen ausreifen konnte, wurde ich schon angesprochen. Einige Wochen stand ich unheimlich auf den Drummer einer befreundeten Band. Er wirkte unterkühlt und unnahbar und ich ging davon aus, dass ich diesmal die Initiative ergreifen müsse, um ihn auf mich aufmerksam zu machen, als er plötzlich grinsend mit einem Glas Klaren neben mir stand. Das Fatale an Musikern ist, dass man sie fälschlicherweise für Hengste im Bett hält. Dieser Drummer rockte die Bühne so dermaßen, dass ich davon ausging, nach allen Regeln der Musikerseele gefickt zu werden, zu Musik von Jimmy Hendrix abzugehen wie ein Fieberzäpfchen und bis zum Gitarrengott zu schweben. Stattdessen ließ ich mich von ihm bei Fassbrause auf einem vollgepupten Autositz befummeln und brach die Chose nach fünf Minuten ab. Ich liebe Sex. Unter einer Bedingung: Er muss gut sein! Das ist natürlich eine Frage der Definition, klar! Für mich ist Sex guter Sex, wenn er mich fordert, anstrengt, ich mich verausgaben und aktiv sein kann, und wenn er akrobatisch ist. Ich nehme gern, aber ich gebe auch gern und am liebsten verrenke ich mich. Liegt vielleicht daran, dass ich in meinem früheren Leben vermutlich Artistin war.

Am liebsten hätte ich mich sofort zu Herrn Groß nach vorn gebeugt und gefragt, ob ich ihn nicht in der Mittagspause als Dessert vernaschen dürfte, aber das schien mir dann doch der Situation nicht ganz angemessen.

Seit einigen Wochen trudelten regelmäßig Briefe von der Sparkasse bei mir ein, in denen mir Finanzierungsangebote, Kredite und anderer Konto-Firlefanz angeboten wurden. Dazu bekam ich immer wieder kleine Geschenke und Aufmerksamkeiten von der Bank: Grußkarten, ein Memo, Bleistifte, einen Turnbeutel. Als ich neben einem schwarzen Turnbeutel auch einen roten erhielt, entschied ich mich, telefonisch einen Termin zu vereinbaren und mal zu gucken, wie ich meine Finanzen optimieren könnte.

Bei dem Termin am folgenden Tag wurde ich von einer netten Dame empfangen, die mich mit einer höflichen Frage nach meinem Befinden an einen Schreibtisch führte, hinter dem ein smart aussehender Kundenberater im Anzug saß, der mich bereits erwartete. Jetzt schau dir den mal an, sagte ich mir in Gedanken, der sieht aus wie aus dem Ei gepellt! Dieser Anzug kann unmöglich von Karstadt sein. Mir war sofort klar, dass dieser Typ für die finanziell gewichtigeren Kunden zuständig ist. Kaliber wie mich.

»Guten Tag, Frau X., schön, dass Sie es so schnell einrichten konnten«, sagte Herr Groß, wie ich seinem Namensschildchen entnehmen konnte, und strahlte mich an.

Ich erwiderte seinen Blick und überlegte einen kurzen Augenblick, ob ich seine imposante Erscheinung löblich erwähnen sollte, aber ich beließ es bei einem gekonnten Augenaufschlag und setzte mich.

Während Herr Groß sofort begann, mich über Kredite, Konditionen, Zinsen und Zinseszinsen aufzuklären, tendierte irgendetwas in mir dazu, ihn gut zu finden. Dabei war ein Kundenberater eigentlich so gar niemand, mit dem ich mir hätte etwas vorstellen können. Andererseits war das Tête-à-tête mit Jimmy, dem Drummer, auch völlig danebengegangen. Also, wenn die Profession eines Menschen nicht unbedingt Aufschluss darüber gibt, wie er im Bett ist, dachte ich, warum dann nicht das Revier neu abstecken? Am liebsten hätte ich mich sofort zu Herrn Groß nach vorn gebeugt und gefragt, ob ich ihn nicht in der Mittagspause als Dessert vernaschen dürfte, aber das schien mir dann doch der Situation nicht ganz angemessen.

Während Herr Groß redete und redete und sich durch einen Stapel an Akten und Papieren wühlte, sah ich ihn mir genauer an. Er hatte schmale Lippen und eine hohe Stirn. Seine kleinen

Augen rahmte eine unauffällige Brille mit mattiertem Silberrand. Obwohl er, im klassischen Sinne, kein Schönling war, hätte ich ihn stundenlang betrachten können. In meinem Kopf entstanden bereits die ersten Lyrics.

»Wenn Sie mir morgen die Unterlagen Ihrer Tagesgeldkonten bringen«, sagte er nach einer Weile, »verschaffe ich mir bis dahin einen genauen Überblick über Ihre Finanzen.«

»Okay«, sagte ich, stützte mein Kinn auf beide Hände, sah ihn an und hauchte: »Dann sehen wir uns also morgen auch?«

»Ähm, ja, natürlich nur, wenn es Ihnen zeitlich zusagt«, erwiderte Herr Groß etwas verunsichert.

»Ja, das passt!«, flüsterte ich, fuhr mit der Zunge über meine Lippen und reichte ihm zum Abschied die Hand. Als ich das Kundenseparee verließ, sah ich aus den Augenwinkeln, wie er mir hinterherschaute.

Obwohl ich mir sicher war, dass ihm meine indirekten Offerten und eindeutigen Blicke nicht entgangen waren, schmiss ich mich zum Termin am nächsten Morgen in ein eng anliegendes, meinen Kurven schmeichelndes Outfit.

Schon bei unserer Begrüßung war offensichtlich, dass Herr Groß Probleme hatte, seinen Blick unter Kontrolle zu halten, dennoch versuchte er sich nichts anmerken zu lassen und gab sich professionell.

Du ahnst, dass du auf meinem Speiseplan für heute Mittag stehst, dachte ich, beugte mich nach vorn und berührte seine Hand, als er mir für ein paar Unterschriften einen Kugelschreiber reichte. Er zuckte.

Das gefiel mir. Ich mag es, Männern im Berufsalltag zu begegnen, wenn sie beschäftigt sind oder im Stress. Männer auf der Arbeit zu beobachten und zu erforschen ist viel aufschlussreicher, als ihnen nach Feierabend oder in irgendwelchen Clubs über den Weg zu laufen, wo sie herausgeputzt an einer Bar lehnen oder sich auf der Tanzfläche profilieren.

Herrn Groß – Julian hieß er mit Vornamen – bei der Arbeit zu beobachten gab mir nicht nur einen Kick, mich faszinierte auch seine höfliche und geduldige Art, wie er mir die Dinge immer wieder bis ins kleinste Detail erklärte, obwohl ich längst verstanden hatte, worum es ging, mich aber blöd stellte, um den Abschied hinauszuzögern.

»Nun, da der Termin sich langsam dem Ende nähert«, sagte ich leise und sah fest in seine schmalen, schlauen Augen, »würde ich mich freuen, wenn Sie mir noch ein paar Dinge im privaten Rahmen erklären könnten. Wie sieht's aus, haben Sie Lust auf einen kleinen Drink, heute, nach Feierabend?«

Zuerst gab er sich zerstreut, so als habe er meine Frage nicht verstanden, aber ich hätte sie nicht gestellt, wenn ich mir nicht sicher gewesen wäre, dass auch in seinem Hinterkopf schon längst ganz andere Dinge waren. In Gedanken hatte er meine Brüste schon berührt, wie jeder Mann. Dennoch verstand ich, dass Herr Groß sich erst einmal räuspern und die Contenance wahren musste.

»Ich denke nicht, dass die Geschäftsleitung es gern sieht, wenn wir unsere Kundengespräche nutzen, um private Treffen einzufädeln«, versuchte er sich aus der Affäre zu ziehen und blickte verlegen um sich.

Ich machte noch größere Augen als ohnehin schon und flüsterte: »Hey, Julian, nicht du, sondern ich fädle hier gerade ein Treffen ein, und was deine Geschäftsleitung darüber denkt, ist mir so was von egal.«

In Gedanken hatte er meine Brüste schon berührt, wie jeder Mann. Dennoch verstand ich, dass Herr Groß sich erst einmal räuspern und die Contenance wahren musste.

Ich ließ ihn einen Moment über mein Angebot nachdenken. »Pass auf, Herzchen«, fing ich wieder an, als ich merkte, dass er mit sich selbst rang, »ich werde heute Abend um diese Uhrzeit an diesem Ort sein und wenn du dann wieder Herr über deine Entscheidungen bist, kommst du dahin.«

Ich schob ihm einen handgeschriebenen Zettel hin. Julian blickte wieder leicht aufgeregt um sich. Dann stand ich auf, reichte ihm die Hand, schenkte ihm noch ein verführerisches Lächeln und verließ mit einem ordentlichen Hüftschwung die Bank.

Pünktlich wie die Maurer oder vielleicht sollte ich besser sagen: pünktlich wie die Kundenberater erschien Julian in legerer Freizeitkleidung zum verabredeten Treffpunkt und wartete bereits, als ich die Bar betrat. Er wirkte wie Butter in der Sonne: weich, geschmeidig und leicht zu bearbeiten. Es stand förmlich auf seiner Stirn geschrieben, dass er mit großen Erwartungen gekommen war. Ich ging auf ihn zu, beugte mich tief zu ihm runter, so weit, dass meine Brüste fast sein Gesicht berührten, und gab ihm zur Begrüßung einen Kuss auf die Wange. Das machte ihm sichtlich zu schaffen. Ach, wie niedlich, dachte ich und setzte mich ihm gegenüber hin. Wir bestellten unsere Drinks. Julian war klar, dass ich keine weitere Beratung in Sachen Geldanlagen benötigte. Mir gefiel, dass er gar nicht erst versuchte, das Gespräch auf der Berater-Schiene zu beginnen, sondern mit Small Talk einstieg. Er wollte wissen, woher ich komme, welche Musikrichtung ich singe, ob ich schon vor großem Publikum aufgetreten bin und so weiter. Ich antwortete brav, lenkte das Gespräch dann aber wieder auf die für mich momentan interessanteren Themen.

Beim Sex entpuppte sich Julian als wildes Tier. In ihm steckte eine richtige kleine Drecksau.

»Hast du eine feste Freundin?«, fragte ich neugierig.

»Nein, wäre ich sonst hier?«, fragte er entrüstet.

»Ja, wärst du«, gab ich unbeirrt zurück und fragte weiter: »Und was hältst du von One-Night-Stands?«

»Ähm, also, ich hatte noch nie einen …«, gab er zu.

Ich lächelte und Julian ließ sich anstecken. Es wurde langsam Zeit, mich auf meine finale Frage vorzubereiten. Ich nahm meinen Drink und fuhr mit einem Finger am Rand entlang. Julian beobachtete mich dabei. Er schwieg und wirkte etwas verlegen, aber dennoch neugierig.

»Okay, Herzchen«, setzte ich erneut an. »Was hältst du davon, heute Nacht den ersten One-Night-Stand deines Lebens zu haben?«

Julian versuchte cool zu wirken und blickte dabei wieder, wie mittags in der Bank, nervös um sich, fast hilfesuchend.

»Deine Kollegen oder die Firmenleitung wirst du hier nicht finden«, versicherte ich ihm lächelnd.

»Ja, mmh ja, ich meine ja, ich würde gern, und nein, da hast du recht«, sagte er und nahm rasch einen Schluck.

Ich wertete diese Antwort als Ja, auch wenn ich nicht so recht wusste, was er da sagte, winkte die Bedienung heran, zahlte und wendete mich wieder Julian zu.

»Na, dann komm mal mit, jetzt werde ich dich beraten und das in Dingen, die nicht ganz so trocken sind wie Zahlen.«

Ich fackelte nicht lange und mietete noch in derselben Stunde ein Pensionszimmer. Ich war zu allem bereit.

Beim Sex entpuppte sich Julian als wildes Tier. In ihm steckte eine richtige kleine Drecksau. Er hatte weder Hemmungen noch Ängste und vögelte mich durch, dass es mir fast das Stöhnen verschlug. Dieser Kundenberater besorgte es mir wie ein Rockstar!

Wir trieben es die ganze Nacht. Dank Julians vorzüglicher Beratung und seines intensiven körperlichen Einsatzes waren sowohl meine Finanzen als auch mein Sexleben fürs Erste geregelt.

3. GESCHICHTE

»Teach me tonight!«

Patrizia (25), Kunsthistorikerin, Berlin,
über
Marco (21), Systemadministrator, Berlin

Kannst du dir vorstellen, mit einem Typen zu schlafen, der noch Jungfrau ist?«, fragte Fussel und biss in einen Champignon.

»Iss die Dinger doch nicht schon vorher auf, ich will die für heute Abend braten!«, schimpfte ich und schubste ihn sanft vom Küchentisch weg.

»Kannst du es dir nun vorstellen oder nicht?«, stellte er die Frage ein zweites Mal.

»Was?«, zischte ich zurück.

»Ob du mit einer männlichen Jungfrau schlafen wollen würdest«, wiederholte Fussel augenrollend.

»Mann, was du für Fragen stellst!«, blaffte ich ihn an. Ich verzog mein Gesicht zu einer Grimasse und versuchte nach ihm zu schnappen. Er lachte.

»Sind alle Leute aus deiner WG heute Abend hier?«, wollte ich wissen.

Fussel kratzte sich am Kopf und tat so, als würde er überlegen: »Eigentlich ja, haben jedenfalls alle zugesagt! Das Coole: Du lernst endlich Marco kennen, der, von dem ich dir letztens erzählt habe. Erinnerst du dich? Der wird dir gefallen!«

»Ja, ja«, antwortete ich gelangweilt. Fussel und seine Kuppelversuche. Mir standen die Nackenhaare noch vom letzten Typen zu Berge, den er angeschleppt hatte. Von Marco wusste ich nur, dass er Systemadministrator war und 21 – also vier Jahre jünger als ich. Beides nicht gerade Argumente, die in mir spontane Begeisterungsstürme ausgelöst hätten. Abgesehen davon war es tatsächlich an der Zeit, dass mal wieder jemand Interessantes meinen Weg kreuzte. Das letzte Mal lag eine gefühlte Ewigkeit zurück.

»Eins noch zu der Jungfrauen-Sache«, fing Fussel wieder an.

»Nein!«, stoppte ich jede weitere Ausführung. »Ich frage mich manchmal, was in deinem Kopf vorgeht. Du befasst dich mit den absurdesten Dingen. Aber dir endlich einen Job zu suchen, damit beschäftigst du dich nicht!«, meckerte ich.

»Belastet mich eben!«, entgegnete er. »Ich bin Freigeist. Da schränkt Arbeit nur ein! Malochen will ich, wenn überhaupt, nur für mich selbst. Ich will nicht den Handlanger spielen für korrupte Wichser, die einen ausbeuten, bescheißen und versklaven und so.« Er steckte sich erneut einen Champignon in den Mund.

Fussel war zwar mein bester Kumpel, aber seine Lebenseinstellung konnte ich in keiner Hinsicht teilen, er war eben ein sozialer Spezialfall mit allen stereotypen Merkmalen. Über Umwege hatte er sich ein Zimmer in einer WG besorgt, die in einem schicken 140-Quadratmeter-Apartment in der Sonnenallee in Berlin-Neukölln residierte. Seinen eigenen Angaben zufolge hat er sich primär für das kleine Zimmer in der Wohnung entschieden, weil sie unweit der Ankerklause liegt, einer Kneipe in Kreuzberg, die Abstürze durch kleine Getränkepreise erleichtert.

Obwohl er nach der Zuzahlung seiner Komplett-Guschen-Sanierung bis aufs Hemd blank war, ließ er es sich nicht nehmen, dort regelmäßig aufzuschlagen und bis in die frühen Morgenstunden zu saufen.

Die WG wollte eine kleine Kennlernparty veranstalten. Ich beschloss, Fussel tatkräftig zu unterstützen und meine leckere Pilzpfanne beizusteuern, denn mit der Zeit hatte er verlernt, normal mit Leuten umzugehen. Fussel war manchmal wie ein Almöhi.

»Jetzt nimm endlich deine Pfoten aus dem Pilzkorb!«, schimpfte ich wie Fräulein Rottenmeier. »Und geh zur Feier des Tages gefälligst mal duschen!«

> *»Du kannst Patti zu mir sagen.« Und alles mit mir machen, was du willst, fügte ich in Gedanken hinzu.*

»Ja, ja, ich geh ja schon«, murrte er und zischte ab.

Nun stand ich allein in der Küche seiner neuen WG. Ein Schlüssel drehte sich im Schloss, jemand öffnete die Wohnungstür. Das sind sicher schon die Mitbewohner, freute ich mich, während ich in den Küchenschränken nach Gewürzen und einem Brettchen zum Schneiden für die Champignons suchte.

»Hallo, ich bin Marco«, sagte ein groß gewachsener Typ mit stechend grünen Augen und reichte mir die Hand. »Ich hab das Zimmer hinten links.«

Mich traf fast der Schlag! Einen so smarten Mitbewohner hatte ich nicht erwartet. Ich versuchte vor meinem geistigen Auge die anderen Fussel-Bekanntschaften als Schablone über diesen Typen zu legen: Keine passte. Mein bester Freund hatte zum ersten Mal ins Schwarze getroffen. Marco gefiel mir sehr, ach was sage ich: Er war der Knaller! Er sah – bis auf das Ziegenbärtchen – wirklich heiß aus. Und wie 21 wirkte er auf den ersten Blick auch nicht, eher wie Mitte 20. Dass er so unverhofft auf meinem Radar aufgetaucht war, machte mich fast schon ein bisschen nervös. Jetzt freute ich mich noch mehr auf den Abend.

Marco stellte die Einkaufstüten auf den Tisch, setzte sich auf den Stuhl daneben und schnaufte.

»Scheiß Schlepperei! Und du musst – lass mich raten – die Fussel-Freundin sein.«

»Fussel-Freundin ist gut«, antwortete ich. »Du kannst Patti zu mir sagen.« Und alles mit mir machen, was du willst, fügte ich in Gedanken hinzu.

»Er hat schon von dir gesprochen und erzählt, dass du heute für uns alle kochen willst, aber deinen Namen hat er nicht erwähnt«, so Marco weiter.

Für einen Moment sah ich seine Bauchmuskeln – er erinnerte mich spontan an eine zahmere Version von Tyler Durden in »Fight Club«.

»Ach so.« Was Besseres fiel mir im Moment nicht ein.

»In welchem Verhältnis steht ihr beiden denn zueinander, wenn die Frage erlaubt ist, Patti?«, fragte der hübsche WG-Genosse sichtlich neugierig und warf dabei einen Blick in die Champignon-Schale.

»In einem geschwisterlich freundschaftlichen«, entgegnete ich schnell und zog die Schale sicherheitshalber aus seiner Reichweite.

»Platonisch, aha!«, meinte er nachdenklich. »Dir ist aber schon klar, dass es platonische Liebe zwischen Mann und Frau nicht gibt, oder?«

»Ach komm, jetzt bloß keine Grundsatzdiskussionen!«, stöhnte ich gespielt genervt und rollte mit den Augen. »Ich will in Ruhe kochen.«

Ich war hierhergekommen, um meinem Freund den Einstieg in seine neue WG zu erleichtern, und fand mich plötzlich in einer Situation wieder, die etwas unangenehm, aber gleichzeitig sehr aufregend war. Es verlangte enorme Konzentration, die für mich jetzt vollkommen nebensächliche Küchenarbeit entspannt fortzusetzen. Ich drehte mich um und wusch die Champignons.

Gerade eben noch fleißige Köchin und hilfsbereite Freundin, achtete ich nun auf jede meiner Bewegungen. Jetzt war ich in erster Linie wieder Frau, eine Frau, die heute mehr wollte als nur einen netten Abend. Die Aussicht auf das, was heute noch passieren konnte, ließ ein angenehmes Kribbeln in mir aufsteigen.

Marco blieb in der Küche sitzen, lehnte sich zurück und sah mir zu, wie ich die Pilze putzte. Ich konnte seine Blicke auf meinem Rücken förmlich spüren. Während wir uns unterhielten, nutzte ich jede Gelegenheit, ihn mir genauer anzusehen. Ab und zu streichelte er sich über den Bauch, so als könne er das Abendessen kaum erwarten. Für einen Moment sah ich seine Bauchmuskeln – er erinnerte mich spontan an eine zahmere Version von Tyler Durden in *Fight Club*. Das Blut in meinen Venen strömte schneller; was ich eben gesehen hatte, erregte mich sofort. Dennoch ließ ich mir nichts anmerken und putzte artig die Pilze weiter.

Im Bad ging die Dusche. Plötzlich polterte es. Die Wohnungstür ging erneut auf. Flaschen klirrten aneinander. Ich war in diesem Augenblick ein wenig dankbar für die Unterbrechung, denn ich hatte noch einiges zu erledigen, bis ich mich dieser Sache mit der Aufmerksamkeit widmen konnte, die sie verdiente.

»Ich schwör dir, Benny: Die sind alle tot! Alle durch die Bank!«, hörte ich jemanden mit piepsiger Stimme sagen.

Das müssen die anderen beiden Mitbewohner sein, dachte ich. Ich hoffte inständig, dass nicht noch einer von Marcos Kaliber unter ihnen war, der mir beim Kochen zusehen wollte. Das wäre mir tatsächlich zu viel gewesen. Ich musterte ihn ungeniert. Indes verdrehte er seine grünen Augen.

»Das geht jetzt schon seit Tagen so mit den beiden«, stöhnte er sichtlich genervt. »Benny und Greta haben nur noch dieses Thema. Das kann ja heiter werden, wenn das den ganzen Abend so weitergeht!«

»Wenn ich es dir doch sage, die sind tot! Das fühle ich einfach«, bekräftigte die piepsige Stimme. »Jack, Kate, Sawyer, Jin und Sun: alle tot! Beim Flugzeugabsturz ums Leben gekommen. Wetten?«

»Du spinnst doch!«, versuchte jemand energisch dagegenzuhalten. Ich ging davon aus, dass es sich bei diesem Jemand um Benny handeln musste. »Und wer um alles in der Welt lungert die ganze Zeit auf der Insel rum und legt sich mit ›den anderen‹ an?«

»Ihre Seelen! Das sind ihre Seelen, kapierst du das nicht? Die wollen einfach nicht akzeptieren, dass sie tot sind, und veranstalten deshalb diesen ganzen Firlefanz«, versuchte das Mädchen ihm klarzumachen.

»Was reden die denn da?«, fragte ich Marco, der mit mir gemeinsam dieser spannenden Diskussion lauschte. Mir fiel auf, dass mich selbst sein Henriquatre-Bärtchen nicht länger störte, im Gegenteil: Ich fand es fast sexy. Gott, dachte ich, Patti, krieg dich ein.

»Die beiden gucken gerade so eine Ami-Serie«, sagte er gelangweilt und strich sich erneut über den Bauch. »Sie sind dabei aber um einiges anstrengender als *Star Wars*-Fans. Die kann man wenigstens verstehen.«

»Aha«, sagte ich und nickte.

»Hey, super! Hier is ja schon Bioleks Kochsendung!«, rief die Serienliebhaberin, als sie ihren Kopf zur Küchentür hereinstreckte. »Ich bin Greta und du bist bestimmt unsere heutige Köchin.«

»Ja, genau, ich bin die Köchin.« Ich lächelte in ein grienendes Gesicht.

»Benny, los, komm mal Hallo sagen!«, rief sie durch die halbe Wohnung.

Ein paar Sekunden später stand ein kleiner Lockenfiffi in der Tür, winkte, sagte kurz »Hallo!« und verschwand genauso schnell wieder, aber nur um wie ein Wilder gegen die Badtür zu hämmern. Fussel blockierte das Bad sicher schon seit einer halben Stunde. Ich machte mir ein bisschen Sorgen, so ein ausgiebiges Reinigungsprozedere passte nicht zu ihm.

»Tara!«, rief Fussel, als er geschniegelt und gebügelt in der Küchentür stand. »Na, Patti, jetzt bist du platt, was?« In der Tat: Er war picobello sauber.

Der Abend lief rund. Meine Pilzpfanne kam super an und wurde bis auf den letzten Champignon frenetisch eingeschaufelt. Die neue WG war herzlich und nett und Fussel war sichtlich glücklich über seine neue Wohnsituation. Nach außen wirkte auch ich entspannt und locker, aber mein vorrangiges Interesse galt der grünäugigen Küchenbekanntschaft. Marco war lustig und doch zurückhaltend. Mich beschlich das Gefühl, dass er mit Frauen nicht viel Erfahrung hatte, er wirkte manchmal etwas unbeholfen – aber doch anziehend. Ich hoffte darauf, dass sich heute Abend noch die Gelegenheit ergeben würde, mit ihm allein zu sein.

Wir redeten über Gott und die Welt, über Filme und Serien und wann immer Greta und Benny nicht in wilde Diskussionen versanken, nutzte ich die Gelegenheit, mir Marco genauer anzusehen, ihn auszufragen, mit ihm zu flirten und ihn gelegentlich wie zufällig zu berühren.

»Find ich gut, dass du dich so um ihn kümmerst!«, sagte Marco, als der fortgeschrittene Abend schon langsam am Ausklingen war. Greta hatte bereits das vierte Glas Weißwein intus und lehnte lallend an Bennys Schulter. Dieser paffte eine und machte ein von Verschwörungstheorien zermartertes Gesicht. Indes lag Fussel auf Gretas Sofa und pennte. Endlich kam die Zeit, in der ich das Zepter übernehmen konnte und Marco klarmachen würde, das ich noch mehr von ihm wollte, als nur nett mit ihm zusammenzusitzen.

Mich beschlich das Gefühl, dass er mit Frauen nicht viel Erfahrung hatte, er wirkte manchmal etwas unbeholfen – aber doch anziehend.

»Kannst du was anderes einlegen?«, fragte ich ihn, der außer mir jetzt der Einzige war, dessen Verfassung noch für den Abwasch gereicht hätte.

»Was willst du hören?«, fragte er leise.

Seine grünen Augen funkeln im Kerzenlicht wie Smaragde, dachte ich und fand diesen Gedanken kitschig.

»Habt ihr was von Phoebe Snow?«

»Bestimmt«, sagte er, wühlte ein bisschen in Gretas CD-Haufen rum und legte tatsächlich eine Scheibe in den Player. An den Zimmerwänden zappelten die Schatten des Kerzenlichts.

»Tanz mit mir!«, bat ich ihn, als *Teach me tonight* erklang.

Er wirkte unsicher. Ich machte einige Schritte auf ihn zu.

»Ich habe in solchen Dingen nicht so viel Erfahrung«, sagte er etwas verlegen.

»Das macht nichts«, flüsterte ich und kam noch näher. Ich nahm seine Hand, führte ihn in die Mitte des Zimmers und legte meine Arme um seinen Hals. Seine Haut war warm und leicht verschwitzt. Wir tanzten.

»Ich hätte dich am liebsten schon den ganzen Abend gefragt, ob du mit mir tanzen willst«, flüsterte ich ihm ins Ohr. »Um das zu machen, was ich schon vor einigen Stunden in der Küche wollte – dich berühren.«

Marco lächelte schüchtern, während ich mich enger an ihn presste. Ich spürte, dass er mit Frauen wirklich nicht viel Erfahrung zu haben schien. Das gefiel mir irgendwie. Vielleicht hat er es ja noch nie gemacht, sauste es mir durch den Kopf. Plötzlich kam mir Fussels komische Frage wieder in den Sinn: Ob ich mir vorgestellen könnte, es mit jemandem zu machen, der noch Jungfrau war. Konnte es sein, dass er damit auf Marco angespielt hatte? Ich hatte es noch nie mit einer Jungfrau getan. Der Gedanke, dass Marco noch unberührt sein könnte – und ich damit vielleicht die erste Frau wäre, mit der er schläft –, erregte mich. Irgendwie wünschte ich mir, dass es so wäre und ich ihn deflorieren würde.

Wir wiegten uns im Takt der Musik. Langsam lotste ich uns aus Gretas Zimmer heraus und in Marcos hinein. Sein Reich war fremd und schien dennoch vertraut. Ich schloss die Tür, ohne ihn loszulassen. Marco stand da, als warte er darauf, dass ich irgendwas sagen würde. Aber ich schwieg und ließ lieber meine Hände sprechen. Ungefragt ließ ich sie über die immer größer werdende Beule in seiner Hose gleiten. Marco räusperte sich und ging einen Schritt zurück. Er schien verunsichert.

»Ich, ich hab das noch nie gemacht«, stammelte er, »ich find das Wort schon beschissen: One-Night-Stand. Ich mag das nicht.«

Herrlich, dachte ich, mein Wunsch geht in Erfüllung! Marco war unberührt, ungefickt und wahrscheinlich auch ungeblasen.

»Ich auch nicht!«, versuchte ich ihn zu beruhigen, während ich mich an die Zimmertür lehnte. Als meine Hand in Richtung Klinke wanderte, machte er zögerlich einen Schritt auf mich zu und sagte bittend: »Geh nicht!«

Ich drückte die Klinke trotzdem nach unten, aber nur, um kurz im Bad zu verschwinden. Dieser Moment war berauschend. Ich war erregt, hatte aber die Kontrolle. Kurz blickte ich in den Spiegel, lächelte mir selbst zu und knipste das Licht aus. Als ich zurück in sein Zimmer ging, saß er im Dunkel auf seinem Bett. Die Musik von Phoebe Snow – eben noch bei Greta hörbar gewesen – hatte die Räumlichkeiten gewechselt und hüllte jetzt Marcos Zimmer in eine intime Atmosphäre und machte alles um uns herum weich. Es steckte anscheinend mehr Romantiker in Marco, als ihm bewusst war.

Ich ging auf ihn zu, streifte mir mein Kleidchen vom Leib, genoss einen kurzen Moment seine begehrlichen Blicke auf meinem Körper und kroch schließlich unter seine Bettdecke. Er rührte sich nicht, schien nicht einmal zu atmen und sah mich mit großen Augen an. Ich richtete mich auf, lehnte mich zu ihm hinüber und ließ meinen Zeigefinger über sein Bärtchen und seine Lippen gleiten.

»Ich«, fing Marco wieder an, »ich hab's noch nie gemacht, ich meine, ich hatte noch nie Sex, ich meine, nicht bis zum Ende, nicht so richtig, verstehst du?«

Herrlich, dachte ich, mein Wunsch geht in Erfüllung! Marco war unberührt, ungefickt und wahrscheinlich auch ungeblasen.

»Mach dir darüber keine Gedanken«, beruhigte ich ihn und strich zärtlich über seine Wange.

Daraufhin drehte er sich um, beugte sich über mich und gab mir einen unsicheren Kuss. Ich legte beide Arme um ihn und zog ihn auf mich. Während wir uns küssten und seine anfängliche Unsicherheit langsam meiner Geilheit wich, streichelte ich über seine festen Pobacken. Manchmal hielt er abrupt inne, so als wüsste er nicht, was als Nächstes zu tun sei. Ich führte ihn, drückte ihn zurück und forderte ihn auf, meine Brüste fester zu kneten und meine Nippel leicht zu kneifen. Marcos Schüchternheit verflog allmählich wie eine Pusteblume. Langsam tastete er sich immer weiter nach unten, schob mein Höschen zur Seite und steckte einen Finger in mich, seine Berührung verriet Unkenntnis, aber auch Neugier. Wieder bewegte er sich nicht und verharrte in meiner Pussy, als sei dies ein geheimer Ort. Ich versuchte, ihm durch gezielte Kontraktionen eine Bewegung zu entlocken, vielleicht ein Kreisen, ein Zucken, eine winzig kleine Reaktion. Marco aber bewegte weder seinen Finger noch sich selbst. Ich glitt sanft von seiner Hand und umschloss mit meinen Fingern seinen Schwanz und bewegte sie mit leichtem Druck rhythmisch zur Musik. Er stöhnte.

»Ist es so gut für dich?«, fragte ich, wohl wissend, dass es ihm gefiel.

»Es fühlt sich gerade so an, als würde ich mein Lieblingslied hören, und ich will nicht, dass es vorbei ist«, erklärte er nachdenklich, fast melancholisch, und drückte sich fest an mich.

»Du kannst auf Repeat drücken«, flüsterte ich ihm ins Ohr. Ich setzte mich auf ihn, führte seinen Schwanz an die richtige

Stelle, so dass er wieder aufstöhnte, und bewegte mich dann sanft auf ihm.

Ich zeigte ihm in dieser Nacht alle Knöpfe, die es bei mir zu drücken gibt, und lehrte ihn, wie sie funktionieren. Nur die Pause-Taste ließ ich aus.

4. GESCHICHTE

Alle zwei Monate

Elisabeth (28), Krankenschwester, Berlin,
über
Felix (37), Berlin

Ich bin Krankenschwester mit Leib und Seele. Den Job übe ich schon eine gefühlte Ewigkeit aus und ich kann mir nicht vorstellen, irgendwann mal was anderes zu machen oder umzuschulen wie einige meiner Kolleginnen. Natürlich wird man mit den schlimmsten Tragödien und traurigsten Schicksalen konfrontiert, aber mit der Zeit habe ich mich daran gewöhnt. Ich will nicht sagen, dass ich abgestumpft bin, aber ich sehe vieles im Leben heute nicht mehr so dramatisch wie früher und renne auch nicht mehr wegen jedem Wehwehchen zum Arzt.

Ich bin Single. Ob meine Beziehungen daran gescheitert sind, dass mich mein Beruf so vereinnahmt, kann ich nicht sagen. Die meisten Männer, mit denen ich zusammen war, sind der Meinung gewesen, mich beschützen zu müssen. Dass ich zwar zum »schwachen Geschlecht« gehöre, aber dabei alles andere als schwach bin, war immer ein Problem. Ich behaupte jetzt einfach mal, dass der Richtige noch nicht dabei gewesen ist. Bis das passiert, bin ich aber alles andere als ein Kind von Traurigkeit. Ich sehe nicht ein, warum ich nicht auch allein auf die Pirsch gehen und Spaß haben kann.

Ich bin sexuell sehr aktiv und habe schon alles Mögliche ausprobiert: Kontaktbörsen, Dreier, Swingerclubs. Alles nichts für mich! Mich stört dabei, dass ich eine vorbestimmte Rolle einnehmen muss. Die zwei Dreier, bei denen Ehepaare eine Gespielin gesucht hatten, waren langweilig und auch der Swingerclub war nichts für mich. Daher gab ich dieses Hobby schnell wieder auf und spezialisierte mich langfristig auf One-Night-Stands.

Das Gute an einem One-Night-Stand ist, dass das ganze Vorher ausfällt, dass beide wissen, dass sie miteinander ficken wollen, und das auch machen, ohne langes Gedöns oder vorher miteinander essen oder ins Kino gehen zu müssen.

Früher habe ich am liebsten in Stundenhotels gefickt. Einfach deshalb, weil's am günstigsten ist! Ich hatte keinen Bock, die Typen mit nach Hause zu nehmen, und ich wollte auch nicht mit zu ihnen nach Hause gehen. Die weit verbreitete Annahme, dass ein One-Night-Stand die ganze Nacht dauert, ist Mumpitz. Also warum dann für die ganze Nacht zahlen, wenn man nach zwei Stunden fertig ist? Ich will mit einem Typen Sex haben, nicht neben ihm einschlafen! Und schon gar nicht mag ich irgendwelche Verabschiedungen, bei denen man sich gegenseitig verspricht, sich zu melden, und Telefonnummern austauscht, obwohl man weiß, dass man sowieso nie anruft. Man lässt sich aber leider Gottes viel zu oft auf diesen Kokolores ein, weil es so unsensibel rüberkommt, wenn man einfach geht. Ich bin meist die, die sich verpisst. Ich habe auch keine Einwände, wenn er zuerst das Feld räumt. Mit einem flüchtigen »Tschüs!« bin ich vollkommen d'accord.

One-Night-Stands sind für mich zu einer Art Ritual geworden. Mindestens alle zwei Monate ziehe ich los und reiße mir einen Typen auf. Das kann überall sein, passiert aber meistens in Clubs. Dass ich durch die Clubs streife wie ein hungriger Wolf auf der Suche nach Beute, erzähle ich niemandem, nicht einmal meinen engsten Freundinnen. Diese Nächte gehören nur mir. Ich verbinde mit ihnen das Gefühl von Freiheit und Zügellosigkeit und schöpfe aus ihnen die Kraft, die ich brauche, um mich in der Bahn zu halten. In diesen Nächten bin ich wie eine Fremde in einem fremden Land der Leidenschaft, in dem meine eigenen Regeln gelten. Mir ist bewusst, dass das immer auch ein bisschen gefährlich ist, aber der Kick des Unbekannten gibt mir das Gefühl, intensiv zu leben.

Den letzten One-Night-Stand hatte ich mitten im Sommer. Die Klinik, in der ich arbeite, war überbelegt. Ich schob Überstunden am laufenden Band, eine Grippewelle grassierte, zwei Schwestern meldeten sich krank, eine kündigte. Dieser Wahnsinn auf meiner Station, der Fachkräftemangel, die schlechte Bezahlung, all das raubte mir den letzten Nerv. Hinzu kam, dass ich durch den Stress über vier Monate lang keinen Sex mehr gehabt hatte – das war Rekord! Ich kam einfach zu nichts mehr, nicht einmal dazu, es mir selbst zu besorgen. Wenn ich nach dreizehn Stunden Arbeit endlich Feierabend hatte, legte ich mich nur noch aufs Sofa, ließ die Glotze laufen und Gott einen guten Mann sein. Irgendwann reichte es mir: So konnte ich unmöglich weitermachen! Sollte es das gewesen sein – dass ich mich nur um andere kümmerte und mich dabei selbst vernachlässigte? Nein! Ich beschloss, dass es allerhöchste Zeit war, mein Ritual wieder einzuführen.

> *One-Night-Stands sind für mich zu einer Art Ritual geworden. Mindestens alle zwei Monate ziehe ich los und reiße mir einen Typen auf.*

Als ich an dem Freitagabend auf Beutezug ging, war es noch warm in der Stadt. Ich hatte ein paar feste Anlaufstellen, wurde aber leider bei keiner einzigen fündig. Nachdem ich mehrere Clubs abgeklappert, einige Körbe verteilt, mir das Balzen meiner

Artgenossen angeschaut und niemanden gefunden hatte, der mir beim Ficken Gesellschaft hätte leisten können, war ich kurz davor, die Jagd zu beenden, und rechnete schon damit, hungrig nach Hause zu gehen. Ich will mir keinen x-Beliebigen aus der Meute picken, sondern habe eine klare Vorstellung davon, wie er auszusehen hat, wie er sich bewegt, guckt oder – wenn die Gelegenheit günstig ist, um sich heranzupirschen – wie er riecht. Zu meiner Jagdausrüstung zählen übrigens drei Kondome, falls einer reißen oder ich noch Hunger auf Nachschlag haben sollte. Auch trinke ich an diesen Abenden keinen Alkohol, ich will die Fäden in der Hand behalten und darf nie die Contenance verlieren.

Ich wollte gerade etwas enttäuscht gehen, als ich ihn wie durch ein Wunder an der Bar stehen sah. Er passte perfekt in mein Beuteschema: Er war groß und dunkelhaarig, trug ausgewaschene Jeans, ein unschuldiges schneeweißes T-Shirt und an beiden Armen breite Lederarmbänder, die seinem Erscheinungsbild wahrscheinlich zusätzliche Coolness verleihen sollten. Ich taxierte ihn, studierte aufmerksam jede seiner Bewegungen und versicherte mich, dass er nicht in weiblicher Begleitung war.

Langsam steuerte ich auf ihn zu, ohne ihn auch nur eine Sekunde aus den Augen zu lassen. Er sah mich neugierig an. Ich blieb kurz stehen, fokussierte mein Ziel weiter, und machte noch ein paar Schritte auf ihn zu. Jetzt konnte es ihm nicht entgangen sein, dass er gemeint war. Als ich davon überzeugt war, dass er mich nicht nur gesichtet hatte, sondern die Lage weiter beobachten würde, drehte ich in Richtung Tanzfläche ab. Ich bewegte mich im Takt der Musik, erst leicht, dann schneller – aufreizend, aber nicht übertrieben. Wenn ich tanze, dann anmutig, nicht nuttig. Ich bin eine Löwin, die ihre Beute selbst jagt, und keine Hyäne, die totes

Wenn ich tanze, dann anmutig, nicht nuttig. Ich bin eine Löwin, die ihre Beute selbst jagt, und keine Hyäne, die totes Aas frisst.

Aas frisst. Aus den Augenwinkeln sah ich, dass er nicht weit entfernt stand und mich interessiert musterte. Nach ein paar Songs verließ ich die Tanzfläche und stellte mich in die Nähe meiner Beute. Als ich ganz sicher war, dass er angebissen hatte, ging ich so nah wie möglich an ihn heran und flüsterte ihm unverblümt Tacheles ins Ohr: »Ich fühle mich unheimlich verspannt. Und du bist derjenige, der mir die Verspannungen aus dem Leib vögeln darf. Ich hoffe, du weißt das zu schätzen. Wenn nicht«, raunte ich, »wünsche ich dir noch ein schönes Leben.«

Dann drehte ich mich um und ging in Richtung Ausgang. Als ich mich durch die Menge schlängelte, verspürte ich wieder diesen Kick, der nicht aus dem Erlegen der Beute resultierte, sondern vielmehr aus der Jagd nach ihr, wobei es erst mal keine Rolle spielt, ob sie von Erfolg gekrönt ist. Doch dass ich an diesem Abend nicht allein gehen würde, sah ich, als ich mich noch einmal umdrehte: Er lief mir hinterher wie ein zahmes Kätzchen.

Was anschließend folgte, war intensiver Sex, bei dem ich mir mit jeder Bewegung, die ich auf ihm machte, den ganzen angestauten Ärger der letzten Monate herausbrüllte.

5. GESCHICHTE

»Wir leben in rasanten Zeiten«

Helena (32), Empfangsmitarbeiterin, Leipzig,
über
Ina (23), Empfangsmitarbeiterin, Leipzig,
und
Ivo (38), Geschäftsführer, Leipzig

Also, ich weiß nicht, hast du keine Angst, dass dich mal einer auf dem Heimweg klaut, wenn es solche pikanten Fotos von dir im Netz gibt?«, fragte ich Ina skeptisch und guckte auf ihren Bildschirm.

Wir arbeiteten gerade gemeinsam im Front Office eines Kongresscenters und schoben an diesem Tag Telefondienst. Es war nicht viel los. Folglich konnten wir die ruhige Zeit bis zum Feierabend für Privatkram und anderen Kokolores nutzen.

»Wieso sollte mich einer klauen?«, fragte Ina verständnislos zurück, »so rennt doch heutzutage jeder rum!«

Während ich gelangweilt auf Gala.de via *Style-Check* den Stars erst Vokuhila-Frisuren verpasste und dann über Til Schweiger lästerte, nutzte meine Kollegin die Zeit, um ihre diversen

Fotoseiten aufzupimpen und neue Bilder von sich ins Netz zu stellen. Zu sehen war: Ina im durchsichtigen Hängerchen auf einer Party, Ina posierend mit viel Schaum in der Badewanne, Ina mit lasziven Blick unter der Dusche, im Suff als Brigitte Bardot und knutschend mit einem in Vergessenheit geratenen Viva-Moderator. Während man lediglich ein Foto von mir – ich im Blazer und Peggy-Bundy-Frisur – auf einem Business-Portal finden konnte, nutzte Ina sämtliche Netzwerke, die es gab, für ihr, wie sie es nannte, freizügiges Hobby. Ich hatte von den einzelnen Netzwerken nicht sonderlich viel Ahnung, aber meine liebe Kollegin meinte, das sei die Zukunft, was ich bewundernswert fand. Ich fragte mich nur, woher sie nur die ganze Zeit nahm, die man definitiv benötigt, um seine Profile zu pflegen.

Mittlerweile kursierten von Ina mindestens fünfzig Fotoalben im Netz und wer wollte, konnte sich die Bilder auch runterladen, die nackte Ina als Desktophintergrund verwenden oder sich ihr Foto ausdrucken und an die heimische Klotür, übers Bett oder dem Plüschteddy auf die Stirn tackern.

»Und was machst du, wenn dir mal jemand ans Bein pissen will und deine Schlüppi-Fotos an die Zeitung oder zum Chef schickt?«, fragte ich neugierig, aber Ina konnte meine Sorgen überhaupt nicht verstehen.

»Du bist aber spießig!«, stellte sie nicht sehr diplomatisch fest, während sie eines der Nacktbilder ins Bildbearbeitungsprogramm schob. »Da muss mehr Kontrast rein, mehr Strenge!«, murmelte sie.

Mehr Strenge? Hat sie eben »mehr Strenge« gesagt?, fragte ich mich selbst. Ina sah auf dem Bild aus, als würde sie in Hamburg auf der Reeperbahn arbeiten.

»Weißt du, Helena, ich geh halt ganz offen mit meiner Sexualität um. Wir leben eben in rasanten Zeiten«, sagte sie, »ich finde nichts Schlimmes daran, dass man mich im Netz oben ohne sehen kann. Am Strand bin ich ja auch oben ohne! Und hier, guck doch mal: Für diese Titten muss ich mich ja nun wirklich nicht schämen, oder?«

Ina drehte den Bildschirm ein Stück in meine Richtung und zoomte ihre Möpse näher heran. Ich starrte auf zwei pralle Äpfel und nickte.

»Du, und das ist alles echt, da habe ich nichts dran machen lassen! Die Svenja vom Projektmanagement, die hat gemachte Dinger, das sehe ich sofort!«

Ich fragte die Expertin, ob es von Svenja auch ein paar dieser Bilder gebe, sodass ich mich von der Behauptung persönlich überzeugen könne. Drei Klicks später grinste mich unsere Projektmanagerin Svenja auf Inas Bildschirm an, ebenfalls blankgezogen versteht sich. Ich schluckte.

»Wie viele Kolleginnen gibt es denn außer dir und Svenja noch, die sich im Netz nackig machen?

»Ein paar noch«, sagte Ina und grinste. »Letztens, als ich mit Vivien Dienst hatte, sind wir drei Stunden durchs Netz gesurft. Nach dir haben wir auch gesucht, aber wir haben nur so ein Schlaftablettenfoto gefunden.«

»Also«, versuchte ich mich zu verteidigen, »ich will nicht sagen, dass es von mir nicht auch Nacktfotos gibt, aber eben nur zu Hause und nicht im WWW.«

> *»Am Strand bin ich ja auch oben ohne! Und hier, guck doch mal: Für diese Titten muss ich mich ja nun wirklich nicht schämen, oder?«*

»Spaßbremse!«, erwiderte Ina und widmete sich wieder Photoshop.

Auf manchen Bildern setzte sie kleine Lichtakzente auf ihre Nippel und erklärte: »Das Foto sieht, wenn ich damit fertig bin, besser aus als die burlesquen Nippelhütchen von dieser Dita von Teese.

»Hä?« Ich verstand gar nichts.

»Mann, du bist ja total hinterm Mond«, stöhnte Ina, »ich meine diese kleinen Pasties, die man sich auf die Brustwarzen kleben kann, die mit den Bommeln, die so wackeln und sich drehen, wenn man damit in die Luft springt oder tanzt!«

»Ach die!«, sagte ich und machte eine Handbewegung, aus der man schließen sollte, dass die Dinger hundertfach in meinen Schränken liegen.

»Unglaublich, wie viel verspielte Unterwäsche es mittlerweile überall gibt«, murmelte Ina gedankenversunken vor sich hin, noch immer mit ihren Fotos beschäftigt.

Ina grinste mich selbstbewusst an: »Ich zeig dir jetzt mal, wie man den Chef ganz schnell um den kleinen Finger wickeln kann.«

Während ich über die Frage nachdachte, ob ich es auch wagen sollte, mich im Netz nackig zu machen, sah ich durch die große Glastür, wie der Chef das Front Office ansteuerte.

»Der Zernig ist im Anmarsch!«, raunte ich und pikte Ina warnend in die Seite.

»Pf!«, entfuhr es ihr gleichgültig. Sie blickte dabei weder auf, noch machte sie Anstalten, das Bildbearbeitungsprogramm zu schließen.

»Guck mal das Bild hier«, sagte sie, als hätte sie meine Warnung überhört. »Ich finde, dass ich hier ganz gekonnt mit Andeutungen spiele. Subtiler Sexappeal sozusagen, weißte, was ich meine?«

»Absolut!«, bestätigte ich und grinste den Chef an, der gerade, mit dem Handy am Ohr, zur Tür hereinkam.

Indes sortierte Ina weiter ihre Alben. In Großformat erschienen nacheinander auf dem Bildschirm Fotos von ihr in Spitze und unschuldigem Rosa, in Unterwäsche mit Gucklöchern, verspielt mit Schleifchen und mit koketter Miene in Spitzen-BH und Rüschen-Slip und Seemannsmütze auf dem Kopf. Ich stufte die Situation als brenzlig ein.

»Na, Mädels, Stress?«, fragte der Chef, nachdem er das Telefonat beendet hatte.

Während ich artig »Momentan nicht, Herr Zernig!« antwortete, erwiderte Ina salopp mit einem frechen Augenzwinkern: »Auf keinsten, Ivo!«

Der warf ihr daraufhin einen Blick zu, den ich nicht zu deuten wusste, und sagte, als er an uns vorbei in sein Büro ging: »Na, dann ist ja schön!«

»Sag mal, hat der Zernig dir das Du angeboten?«, wollte ich natürlich sofort wissen.

»Nö!«, erwiderte Ina und grinste wie ein Honigkuchenpferd.

»Und wieso duzt du ihn dann?«, fragte ich ungläubig.

»Weil er drauf steht!«, raunte Ina und setzte diesen abgeklärten Blick auf, den ich auf ihren Fotos gesehen hatte.

»Ich hab halt gemerkt, dass er die Leute, die sich ihm gegenüber frech und aufmüpfig verhalten, freundlicher behandelt als die Kuscher, die sich immer gleich einscheißen, wenn er nur in deren Nähe kommt, you know, honey? Der Zernig ist nicht gern dominant! Und warum ist er nicht gern dominant, meine Liebe, na?« Sie ließ mir einen Moment Zeit und guckte mich herausfordernd an – ich hatte keine Ahnung, auf was sie hinauswollte –, bevor sie ergänzte: »Weil er einer von der devoten Sorte ist. Unterwerfen und Hündchen spielen und so.«

»Was?«, platzte es aus mir heraus. Ich bin wirklich nicht prüde, aber ich wäre bis zu diesem Zeitpunkt im Leben nicht darauf gekommen, mich mit den sexuellen Vorlieben meines Chefs zu beschäftigen.

»Und wenn du es ganz genau wissen willst«, fuhr Ina mit ihrer Analyse fort, »ich könnte schwören, der steht drauf, wenn man ihn ein bisschen verdrischt!«

»Jetzt spinnst du aber!«, entfuhr es mir.

Ina grinste mich selbstbewusst an: »Ich zeig dir jetzt mal, wie man den Chef ganz schnell um den kleinen Finger wickeln kann.«

Entschlossen stand sie auf, warf ihre Haare zurück und zwinkerte mir frech zu. Sie ging rüber zur Bürotür des Chefs, klopfte kurz und trat ohne abzuwarten, sofort ein. Die Tür ließ sie offen, so dass ich alles mitverfolgen konnte, was sich im Büro des Chefs gleich abspielen würde. Herr Zernig saß hinter dem Schreibtisch und guckte Ina neugierig an, als diese wie selbstverständlich in seine Räumlichkeiten reinplatzte und auf ihn zuging. Langsam beugte sie sich wie über einen Billardtisch nach vorn und streckte ihren Arsch weit nach hinten raus. Ich konnte nicht verstehen, was sie zu ihm sagte, aber es löste beim Chef sofort ein nervöses Räuspern aus. Ich rollte mit meinem Bürostuhl noch weiter nach hinten und wäre vermutlich mitsamt meiner Neugier in der nächsten Sekunde hintenübergekippt, wenn der Chef nicht plötzlich an Ina vorbeigeschaut und mir ein strenges »Haben wir nichts zu tun, Frau Hauke?« zugerufen hätte. Ich erschrak und brachte den Stuhl schleunigst zurück in die Ausgangsposition. Mist! Und dann fiel auch noch die Tür zu.

Als Ina nach fünf Minuten noch immer nicht aus Zernigs Büro zurückkam und ich mich bereits ein bisschen langweilte, fiel mein Blick auf ihren Bildschirm. Das Bildbearbeitungsprogramm und einer ihrer Accounts mit den Fotoalben war noch geöffnet. Da sie gerade eben noch ihre Fotos bereitwillig mit mir und der ganzen Welt teilte, beschloss ich, die Wartezeit zu überbrücken und ein bisschen in ihrem virtuellen Fotoalbum zu blättern. Sofort fiel mir ein Unterordner mit dem einfachen Titel »Ivos Pics« auf. Ich zögerte kurz und öffnete ihn. Wieder Fotos von Ina. Diesmal anders. Provokanter. Ina mit Peitsche in Korsage und in hochhackigen Nuttenschuhen auf einem nackten Rücken stehend. Ich konnte es kaum glauben: Meine liebe Kollegin hatte tatsächlich Bilder für Herrn Zernig gemacht! Anscheinend hatte sie spitz gekriegt, dass unser Chef, was die vielseitige Nutzung von diversen Plattformen betrifft, mindestens genauso erprobt war wie sie.

Meine Güte, dachte ich, während meine Augen mit jedem Klick größer wurden, wir leben wirklich in rasanten Zeiten.

6. GESCHICHTE

Auch 'ne Kunst

Alma (28), Assistentin der Kuratorin, Wien,
über
Franz (32), Maler, New York

Sehr geehrte Damen und Herren, liebe Kollegen und Freunde. Es ist vollbracht! Wir freuen uns, Euch am kommenden Samstag zur Neueröffnung unserer Galerie einladen zu dürfen. Beginn: 20 Uhr«, stand auf dem Papier mit Silberrand. Schön. Großartig. Toll.

Das Werk, das angeblich vollbracht war, sah in der Realität so aus: Ich arbeitete 25 Stunden am Tag, stand permanent unter Strom, telefonierte, schrieb Einladungen, stellte Bilder auf, betreute die Künstler, bohrte für die ganze – meines Erachtens überteuerte Kunst – sogar die Löcher in die Wand und hängte den Krempel auch noch allein auf. Ich sei ja schließlich Kunsthistorikerin, so die Kuratorin der Galerie, da kennt man sich aus, und wer sich auskennt, der kann schon mal für den anderen einspringen und eine Schicht übernehmen. Oder zwei. Oder dreißig. Während die Inhaberin der Galerie, eine versnobte Tussi aus der Wiener Kunstszene, in ihren Gemächern gleich neben der Galerie eine Line nach der nächsten zog, durfte ich den Laden allein schmeißen und stand bis zu den Knien im Dreck.

Nach meinem Kunststudium arbeitete ich als Assistentin der Kuratorin in dieser kleinen Galerie in Wien, die sich vorrangig zeitgenössischen Künstlern widmete. Der Stress während der Renovierung und Umstrukturierung machte mich wahnsinnig. Durch die vielen, nicht mehr zählbaren Überstunden fühlte ich mich abgewichst und emotional unterkühlt, wie ein Hamster, der sich angewöhnt hat, im Laufrad zu pennen, weil sich der Gang nach Hause nicht lohnt. Meine Haut war fahl; ich hatte mehr als einen Monat keinen Sex mehr gehabt, meine Lider schmerzten, ich war blutleer, vertrocknet, durstig. Ich war ein beschissener abgefuckter Zombie. So viel zur Ausgangssituation.

»Darling«, sagte meine Chefin, die sich gegen Mittag aufgerafft hatte und im Morgenrock vor mir stand, »meinst du, wir kriegen das bis Samstag hin? Ich bin zuversichtlich. Du und ich: Wir packen das schon. Wir sind doch ein eingespieltes Team, gell?«

Gegen ihre lächerliche Aufmachung hatte ich nichts, ich war längst daran gewöhnt, schließlich befand sich die Galerie in ihrem Apartment. Aber dass sie der Meinung war, dass wir ein eingespieltes Team seien, war definitiv der Tatsache geschuldet, dass das Koks, das sie sich regelmäßig genehmigte, nicht mehr nur ihre Nasennebenhöhlen, sondern wichtige Teile ihres Oberstübchens in Beschlag genommen zu haben schien.

»Na, klar, Frau Sanders, wir packen das!«, schwindelte ich, um sie mir vom Hals zu schaffen.

Mit ihr waren die restlichen Vorbereitungen bis zur Neueröffnung anstrengender als ohne sie. Ich will mich nicht nur beschweren, im Grunde ihres Wesens war sie ja nett. Sie bezahlte mich anständig, ließ mir Freiraum und gab mir die Möglichkeit, Verantwortung zu übernehmen; andererseits glaube ich, dass ich die Einzige war, die es längerfristig mit ihr aushielt. Dass durch den anstrengenden Job zwei meiner Beziehungen in die Brüche gegangen waren, störte mich nicht. Männer interessierten mich im Moment nicht sonderlich. Ich brauchte sie, von kleinen Ausnahmen abgesehen, nur zum Ficken. Vielleicht ist ja am Abend der Vernissage was für mich dabei, dachte ich, ein kleiner zwischen meinen Beinen schwitzender Trostpreis, einer, der mir den Stress der letzten Wochen aus dem Leib vögelt, das wäre eine schöne Abwechslung.

Der Morgen am Tag der Neueröffnung.

»Sind alle Einladungen raus?«, fragte Frau Sanders aufgeregt und flitzte wie von der Tarantel gestochen durch die Galerie. »Das Bild hier hängt schief, Darling! Haben Sie diesen dubiosen Künstler mittlerweile kennengelernt? Hach, wenn ich nur wüsste, wie er aussieht! Schrecklich, diese geheimnisvollen Leute! Jetzt hängen seine Gemälde bei uns aus und ich habe ihn noch nicht einmal sprechen können. Wo sind die Verkaufslisten? Ist genügend Champagner da? Bitte achten Sie darauf, dass keine Fingerabdrücke auf den Gläsern sind, Kindchen! Hach, ich bin so aufgeregt, ich muss mich dringend akklimatisieren. Und zum Friseur muss ich auch. Und zu Rogér! Nein, das hatte ich ganz vergessen, ich werde noch wahnsinnig, Kindchen …«

»Keine Panik, alles wird gut«, versuchte ich die aufgeregte Chefin zu beruhigen. Ein Herzkasper war das Letzte, was ich jetzt gebrauchen konnte. »Sie fahren jetzt geschmeidig zum Friseur, anschließend schauen Sie bei Rogér vorbei und ich sorge dafür, dass alles reibungslos funktioniert, okay?«

Männer interessierten mich im Moment nicht sonderlich. Ich brauchte sie, von kleinen Ausnahmen abgesehen, nur zum Ficken.

Ihre Mundwinkel zuckten gleich weniger nervös. »Ach Kindchen, Sie sind ein Schatz, wenn ich Sie nicht hätte!«, rief sie im Vorbeigehen und verschwand in ihren Gemächern.

Galerieeröffnung.

»Liebe Freunde, verehrte Kunstliebhaber, ich freue mich, Sie in unserer neuen, alten Galerie begrüßen zu dürfen«, sagte die Chefin mit 1a-Föhnwellenfrisur und glasigen Augen. »Zur Feier des Tages lassen Sie mich einen Toast auf unseren Neuzugang aussprechen, Martin F. Kling, leider noch nicht anwesend. Er hat mir aber versichert, im Laufe des Abends zu uns zu stoßen, denn auch mir blieb ein persönliches Kennenlernen bislang verwehrt. ... Und auch auf Sie einen Toast, verehrte Damen und Herren. A votre santé, zum Wohl und Prost!«

Alle applaudierten. Auch die Dielen knackten, als würden sie einen Beitrag zu diesem Auftakt leisten wollen. Schnell war die Vernissage in vollem Gange. Es wurde getuschelt, gebusselt, gesoffen, getätschelt, gelacht und gekauft. Der Abend lief für die Chefin und die Galerie hervorragend – aber für mich war weit und breit kein Trostpreis in Sicht. Ich sah mich schon allein, erschöpft und unbefriedigt auf der Couch einschlafen.

»Schön, schön, Alma. Noch ein Bild verkauft! Käufer aus den Staaten, schön, schön. Roter Punkt, roter Punkt!«, quiekte die erfreute Frau Sanders wie ein Meerschwein.

Ich war geschockt und konnte kaum glauben, dass gerade die Bilder, die besonders gewöhnungsbedürftig waren, weggingen wie warme Semmeln. Die beliebtesten Motive waren: eine Frau auf dem Klo, davor ein hässlicher, herumschnüffelnder Köter; ein Kerl in roséfarbenem Spitzenslip auf einem Kühlschrank sitzend, daneben eine Nackte mit einem Milchglas in der linken Hand und einem Dildo in der rechten.

»Jesus, what the hell is this«, hörte ich im Hintergrund jemanden fragen, als ich den nächsten roten Punkt unter eines der gerade verkauften Bilder klebte.

Ich drehte mich um. Vor mir stand ein Typ mit knabenhaften, fast androgynen Zügen. Zwar sah man ihm an, dass er schon älter sein musste, aber seine Augen strahlten in kindlicher Unschuld. Er trug blaue Turnschuhe und einen Anzug, der an Armen und

Beinen etwas zu kurz war. Sein langes, lockiges Haar hatte er zu einem Zopf gebunden. Mit nur einem Satz und seinem coolen Aufzug hatte er im Bruchteil einer Sekunde meine ganze Aufmerksamkeit gewonnen.

Alma, du musst jetzt irgendetwas sagen, dachte ich und antwortete, noch bevor ich den Gedanken zu Ende gedacht hatte: »Das sagt ja der Richtige! Hast du schon mal in den Spiegel geschaut? Du könntest Jesus' Halbbruder sein oder der von Jonathan Meese!«

»Ich bin Jonathan Meese«, erwiederte er und lachte. Blitzweiße Zähne sprangen mir entgegen.

Mist, verdammter, fluchte ich lautlos, ausgerechnet heute muss mir so ein Malheur passieren. »Oh, das tut mir leid, Entschuldigung, sehr erfreut, Alma Klein, Assistentin der Kuratorin«, entgegnete ich kleinlaut.

Der Typ lachte wieder. Es war ein außerordentlich smartes, sympathisches Lachen. »Zu deiner Beruhigung: Ich bin der Franz«, sagte er mit fester Stimme. »Aber mit Meese wurde ich tatsächlich schon öfter verwechselt, gerade in diesen Kreisen. Ich finde, so frappierend ist die Ähnlichkeit nun auch wieder nicht.«

Ich war erleichtert, dass ich anscheinend nicht die Erste gewesen war, die ihn für einen bekannten Künstler gehalten hatte. Neugierig fixierte ich ihn und verfing mich einen Moment in seinen jetzt schelmisch guckenden braunen Augen. Ist er das, fragte ich mich: Könnte der Typ mein Preis, meine Belohnung für diese wochenlange Schufterei sein?

Indes peilte ein eifriges Kamerateam den falschen Jonathan Meese an, der daraufhin sofort die Flucht ergriff. Ich widmete mich wieder den Gästen, schenkte Champagner aus, nickte, lächelte, begrüßte und tätschelte mordsmäßig viele Schultern, weil die Chefin die Meinung vertrat, eine persönliche Berührung sei verkaufsfördernd. Diese Energie, einhergehend mit einer leichten Berührung der Schulter, würde angeblich sofort in den Arm übergehen und in die Finger fließen. Der potenzielle Käufer, so Frau Sanders, würde nach einer solchen persönlichen Berührung das Portemonnaie wesentlich leichter und unverkrampfter zücken. Zwischendurch ließ ich immer wieder den Blick zu meinem potenziellen Stressbefreiungsfick schweifen. Franz gefiel mir wirklich. Er war der Interessanteste dieser ganzen Kunstposse.

»Auch eine?«, fragte eine Stimme hinter mir. Die Zeit war günstig für eine kurze Pause und ich wollte vor der Galerie ein bisschen frische Luft schnappen. Aus dem Dunkel erschien Franz und hielt mir eine Kippenschachtel hin. Ein Glück, er ist noch hier, ging es mir durch den Kopf.

»Danke«, sagte ich, zog eine Zigarette aus der Schachtel und steckte sie mir an seiner an.

»Wie findest du die Bilder im Separee?«, fragte er.

»Die mit den nackten Frauen?«, fragte ich zurück.

»Ja, genau die.«

»Geht so.«

»Mehr nicht? Geht so. Das ist alles?«

»Na hör mal, hast du dir diese bombastischen Titten mal richtig angeschaut? Ich meine, welche Frau hat solche Brüste? Die Bräute auf den Bildern sehen alle gleich aus, sie erinnern mich an Lolo Ferrari. Entweder hat der Maler einen Ödipuskomplex oder er hat zu viele Russ-Meyer-Filme konsumiert! Dass Typen immer was zum Nuckeln brauchen, ödet mich an.«

»Die Bräute auf den Bildern sehen alle gleich aus, sie erinnern mich an Lolo Ferrari. Entweder hat der Maler einen Ödipuskomplex oder er hat zu viele Russ-Meyer-Filme konsumiert!«

»Und Frauen?«, fragte Franz interessiert. »Brauchen die nichts zum Nuckeln?«

»Ab und zu bestimmt«, grinste ich ihn an, trat die Kippe aus und machte Anstalten, wieder reinzugehen. »Sehen wir uns später noch?«, fragte ich ihn, um auf Nummer sicher zu gehen und ihn nicht aus den Augen zu verlieren.

»Ich bin den ganzen Abend da drin – bei den Bräuten mit den bombastischen Brüsten«, antwortete er und hielt mir die Tür auf.

»Dann bis später«, sagte ich und lächelte, als ich durch die Eingangstür verschwand und dabei meine auch nicht gerade kleinen Brüste stolz rausstreckte.

Franz wirkte unkompliziert, war nicht auf den Mund gefallen, das gefiel mir. Ich hatte einige Male zuvor das Gegenteil gehabt: Männer, die auf prüde machen und bei einem Kuss in der Öffentlichkeit tatsächlich sagen: »Lass das, Schatz!« oder »Nicht hier, Hase.« Und zu Hause wichsen sie dann heimlich wie die Weltmeister.

Die Vernissage näherte sich dem Ende. Als die meisten Gäste gegangen waren, genehmigte ich mir einen Feierabenddrink und suchte nach Franz. Auf einer Bank lümmelnd betrachtete er die Bilder, über die wir draußen gesprochen hatten. Sie waren allesamt mit einem roten Punkt versehen.

»Sieht aus, als würden ziemlich viele Kunstsammler unter einem Ödipuskomplex leiden«, sagte ich und zwinkerte ihn an. »Was meinst du: Ob sich die Käufer die Bilder übers heimische Schlafzimmerbett hängen?«

»Davon gehe ich aus«, erwiderte Franz mit dieser festen Stimme, die mir schon zu Beginn aufgefallen war.

Der Champagner stieg mir in Windeseile zu Kopf. Ich fühlte mich federleicht und konnte das erste Mal seit Wochen wieder durchatmen. Der Alkohol, die Nacht und die Fantasien über meinen Trostpreis ließen die Lust in mir aufsteigen und machten mich geil. Der Stress musste raus aus meinem Körper und Franz war die erste und auch die letzte Wahl. Ich wollte gerne an ihm nuckeln!

»Mein Busen ist zwar nicht so groß wie der Busen auf dem Gemälde dort, aber mindestens genauso appetitlich«, sagte ich provozierend. Dass ich einen Gast so offensiv anbaggerte, während ich mich noch an meinem Arbeitsplatz befand, törnte mich zusätzlich an. Dem schien das auch mehr als nur zu gefallen.

»Was würdest du sagen, wenn *ich* der Künstler dieser Bilder wäre?«, fragte er mich. »Würdest du dann immer noch so frech neben mir sitzen und von deinen Brüsten reden?«

»Logisch!«, antwortete ich sofort, obwohl mir in diesem Moment das Herz stehen blieb. Was, wenn er recht hatte? Was, wenn tatsächlich dieser Franz der Künstler ist, von dem Frau Sanders eingangs gesprochen hatte – von dem keiner von uns wusste, wie er eigentlich aussah? Schnell beruhigte ich mich aber selbst, denn Franz hatte an diesem Abend auch schon vorgegeben, Jonathan Meese zu sein.

»Also, von mir aus kannst du ruhig der Künstler dieser Bilder sein«, überlegte ich laut. »Du könntest auch Zoodirektor, Klempner oder Masseur sein. Letzteres wäre mir am liebsten, ich bin nämlich nach der ganzen Arbeit und dem Stress der letzten Tage extrem verspannt, weißt du?«

Franz lachte. »Ich fass es nicht«, sagte er, »dafür dass du angeblich so fertig auf den Reifen bist, hast du aber ein ziemlich loses Mundwerk. Bist du immer so direkt?«

»Ich kenne Männer, denen das gefällt«, entgegnete ich, sah ihm in die Augen und öffnete die oberen Knöpfe meines Hemds. »Soll ich lieber still sein?«

»Und deine Chefin?«, fragte Franz etwas unsicher und warf einen Blick zur Anliegerwohnung.

»Warte einen Augenblick, ich seh nach. Nicht weglaufen!«, sagte ich und hielt meinen Rock beim Aufstehen einen Moment lang fest, so dass er einen Blick auf meine Beine erhaschen konnte.

Von Frau Sanders war weit und breit keine Spur und auch sonst war niemand mehr da. Vermutlich lag sie längst abgefüllt in ihrem Bett. Auch wenn sie es nicht mehr geschafft hat, Bescheid zu geben, dass sie sich zurückzieht, hatte sie die Galerie immerhin ordentlich abgeschlossen. Franz und ich waren allein.

Erregung durchflutete meinen Körper, ich ging in die Küche, griff nach einer angefangenen Flasche Schampus und einem weiteren Glas und lief zurück zu Franz, der noch immer auf der Lederbank saß und augenscheinlich auf mich gewartet hatte. Ich setzte mich zu ihm und reichte ihm ein Glas Champagner. Er nippte kurz daran, stellte es zur Seite und sah mich an wie ein Kind, das auf die Bescherung wartet.

Ich ließ etwas Zeit verstreichen, öffnete dann mein Hemd noch ein Stückchen mehr und beobachtete, wie seine Augen meinen Händen folgten. Ich nahm seine Hand und führte sie in mein Hemd. Sie war groß, kräftig und warm. Sein fremder fester Griff machte mich noch geiler. Er strich über meine Brüste und ließ jeden Finger einzeln über meine Nippel gleiten. Er drückte sie, er rieb sie, erst sanft, dann fester. Bei alldem sagte er kein Wort, sah mir nur fest in die Augen. Was hätte er auch sagen sollen? So sexuell ausgehungert, wie ich war, wäre ich allein von diesen Berührungen beinahe gekommen. Auffordernd spreizte ich meine Beine und schob Franz' andere Hand vorbei an meinem Höschen zwischen meine feucht gewordenen Schamlippen. Er wurde fordernder. Ich rutschte ganz dicht an ihn heran und widmete mich seiner Männlichkeit. Durch die Hose hindurch streichelte ich seine Hoden. Er stöhnte und ließ mich keine Sekunde aus den Augen. Ich öffnete seinen Reißverschluss und nahm seinen Schwanz in die Hand. Eng an mich gedrückt, stöhnte Franz immer lauter, während wir uns gegenseitig streichelten. Wir konnten uns kaum bewegen, so dicht waren wir aneinandergepresst.

Der Stress musste raus aus meinem Körper und Franz war die erste und auch die letzte Wahl. Ich wollte gerne an ihm nuckeln!

Wir tasteten uns immer weiter vor und trieben dem Höhepunkt entgegen, immer fester, immer fordernder, schneller. Es war kaum auszuhalten, eine der süßesten Qualen überhaupt.

Als Franz fühlte, dass ich unter seinen Fingern zerfloss, konnte auch er nicht mehr an sich halten und ergoss sich mit einem tiefen Seufzer in meiner Hand. Erschöpft sanken wir auf der Bank zusammen.

In der Galerie breitete sich Stille aus.

»Mein vollständiger Name ist übrigens Martin Franz Kling, diese Bilder sind tatsächlich von mir«, flüsterte er mir ins Ohr, nachdem wir uns gesammelt und unsere Klamotten wieder sortiert hatten.

»Das habe ich mir schon gedacht«, flüsterte ich zurück, streckte mich und ergänzte: »Ich finde sie nach wie vor schrecklich. Du hast mich mit deinen Fingern aber zu einem traumhaften Orgasmus gebracht und *das* ist auch 'ne Kunst.«

7. GESCHICHTE

Die Zauberzunge Oder: Autopilot

Clara (29), Jurastudentin, Jena,
über
Sören (30), BWL-Student, Jena

»Ich hab Schluss gemacht!«, schnaubte die wütende Frau vor der Toilettentür und fluchte. »Er hat seinen Kredit restlos aufgebraucht. Wenn er mir noch einmal ankommt, mache ich Kartoffelpüree aus ihm. Der ist doch krank, total krank! Der gehört in die Klapse, glaub mir, der ist irre oder manisch oder als Kind vom Wickeltisch gefallen oder alles zusammen.« Ihre Stimme war zittrig, hielt der Aufregung aber stand. Daneben plätscherte Wasser aus dem Hahn.

»Aber du bist doch immer so auf ihn abgefahren!«, hörte ich eine zweite Stimme im Vorraum sagen. »Ich kann das nicht nachvollziehen, warum du auf einmal keinen Bock mehr auf ihn hast. Du hast doch immer so geschwärmt, dass du endlich mal einen Typen hast, der weiß, was er mit deiner Pussy anfangen soll. Und der das auch noch gern macht. Ich weiß noch, wie neidisch ich war! Mich hat noch nie einer so richtig gut geleckt. Erst ist es ganz nett, aber dann versagen sie doch fast alle.«

Ach, du meine Güte, dachte ich erschrocken, anscheinend bin ich in ein intimes Gespräch unter Frauen geraten. Es war mir unangenehm, ich saß schließlich gerade auf dem Klo, als die beiden Ladys, die sich anscheinend ungestört und ungehört fühlten, über nicht jugendfreie Intimitäten plauderten. Mir könnte so was nicht passieren, dachte ich, ich würde mich versichern, dass kein Dritter mithört, bevor ich schlüpfrige Details aus meinem Sexleben diskutiere. Manche machen sich ja sogar die Mühe und schauen nach, ob sie unter dem Türspalt ein paar Schuhe und runtergelassene Hosen sehen. Die beiden Ladys im Waschraum hatten es nicht so genau genommen, schließlich ging es nur um eine Trennung – von einem Mann, der den Cunnilingus fantastisch beherrschte. Diese Tatsache allein schien der aufgebrachten Frau vor der Toilettentür jedoch nicht mehr zu genügen.

»Weißt du, es war so«, erklärte sie, »er wollte mich ständig lecken, einfach immerzu. Ich habe das nicht mehr ausgehalten! Er wollte mich nachts abschlecken, wenn ich müde war und schlafen wollte, und morgens, bevor ich aufstand. Wenn er spät von der Arbeit kam und ich schon geschlafen habe, bin ich davon aufgewacht, dass er zwischen meinen Beinen lag und mich geleckt hat, obwohl ich augenscheinlich in tiefen Träumen lag!«

»Ist doch toll«, sagte die andere bewundernd. »Lenny leckt mich nie!«

»Ella, du verstehst das nicht! Er wollte mich lecken, wenn wir einkaufen waren, wenn ich verschwitzt vom Sport oder von der Arbeit kam, bei meinen Eltern, im Büro, zwischen den Tiefkühltruhen bei Aldi oder wenn ich mit 180 Sachen über die Autobahn gebrettert bin. Er wollte mich einfach immer und überall beglücken. Ich hab das einfach nicht länger ausgehalten. Er ist krank oder muschisüchtig, was weiß ich. Ich habe ihm auch nicht mehr getraut. Neulich habe ich in seinem Kofferraum so eine Wichsvorlage gefunden, du kannst dir sicher denken, was in diesem Schmutzblatt vorrangig abgebildet war.«

»Oh, verstehe«, sagte Ella.

»Zum Schluss hatte ich, wenn wir unterwegs waren, ständig das Gefühl, dass er sich vorstellt, wie fremde Frauen zwischen den Beinen aussehen.«

»Jetzt übertreibst du aber!«

»Du kannst dich selbst davon überzeugen«, keifte die wütende Frau, die das Lecken leid war, »er ist heute hier. Hat wieder dieses widerliche Rolling-Stones-T-Shirt an. Wenn ich gewusst hätte, dass er seine krankhafte Passion öffentlich zur Schau trägt, hätte ich mich erst gar nicht mit dem Typen abgegeben. Der ist so gaga: Als ich ihm gesagt habe, dass es mit uns nicht mehr funktioniert, hat er mich doch tatsächlich gefragt, ob er mich zum Abschied noch ein letztes Mal lecken darf.«

Ich konnte kaum glauben, was ich da eben gehört hatte. Am liebsten wäre ich mit heruntergelassenem Höschen aus meinem unfreiwilligen Versteck gestürmt, um mehr Details zu erfragen, aber ich hielt den Atem an und presste mir die Hand vor den Mund. Mich erregte die Vorstellung, jemanden zwischen meinen Schenkeln zu haben, der diese seltene Gabe hatte und sie auch noch gern einsetzte. Ich wagte nicht, die Spülung zu betätigen, und wartete lieber ab, bis die unfreiwilligen Informantinnen, die längst zu anderen Themen übergegangen waren, den Waschraum wieder verließen.

»Zum Schluss hatte ich, wenn wir unterwegs waren, ständig das Gefühl, dass er sich vorstellt, wie fremde Frauen zwischen den Beinen aussehen.«

Als ich mir anschließend die Hände wusch, sprangen mir im milchigen Spiegel hektische Flecken entgegen und ein kleiner, spitzer Mund, der auf der Stelle geküsst werden wollte. Unter meinem Kleid war – allein vom Zuhören – Alarm angesagt. Es war lange her, dass mir eine Zunge zwischen meinen Beinen wirklich Freude bereitet hätte – ich konnte Stimme Nr. 2 nur beipflichten –, aber im Gegensatz zu Stimme Nr. 1 liebte ich es fast mehr als den eigentlichen Akt.

Der Gedanke, den Mann mit den fantastischen Fähigkeiten irgendwo in diesem Club zu wissen, ließ nicht nur meine Hände feucht werden.

Vielleicht hätte ich mich wieder beruhigen und den viel zu schnell pochenden Puls unter kaltes Wasser halten sollen, aber es gab in diesem Augenblick nur ein Ziel für mich: Ich musste die Zauberzunge finden.

Der Laden war jetzt noch voller. Überall standen die Leute dicht aneinandergedrängt, lachten, tanzten, unterhielten und küssten sich, prosteten einander zu oder wackelten mit den Hüften. Haut glänzte im kristallinen Licht der Discokugel, ich schlängelte mich an knappen Höschen und kurzen Röcken vorbei, spürte fremde Hände auf meinem Rücken und tauchte ein in einen großen See voller Wortfetzen, Summen und Gekicher. Nach einer halben Runde sah ich ihn, den Typen mit der schnellen Zunge. Er lehnte an der Bar und nippte an einem Cocktail, während das kleine Schirmchen im Glas an seiner Wange zappelte. Ich lächelte leise – dass er seine Leidenschaft so ungeniert auf dem T-Shirt trug, gefiel mir. Und auch sonst war er ganz nach meinem Geschmack: Er war etwas größer als ich, hatte dunkle Augen und ein charmantes, gewinnendes Lächeln. Hinter diesem Lächeln sah ich seine Zunge, die ich in mir spüren wollte. Ohne weiter nachzudenken, steuerte ich ihn an. Heute Abend wollte ich mir etwas gönnen.

»Ich glaube, Mick Jagger steht nicht auf Mojito«, eröffnete ich das Gespräch, nachdem ich mich zu der Zauberzunge an die Bar vorgekämpft hatte.

»Was?«, fragte dieser und wandte sich mir zu.

»Mick Jaggers Lieblingsgetränk ist Tee mit Honig«, erklärte ich grinsend und zeigte auf sein T-Shirt.

»Ach so, das meinst du«, sagte er und stellte das Glas ab, »ich verstehe.«

»Und ich glaube, da gehört auch kein Schirmchen rein«, fügte ich hinzu.

Er lachte. Ich stieg, langsamer als nötig und ziemlich nah an ihm dran, auf die kleine Stufe vor dem Tresen und winkte den Barkeeper heran. Als ich bestellen wollte, kam die Zauberzunge mir zuvor. »Sie hätte gern einen Tee mit Honig! Mit Schirmchen?«, grinste er in meine Richtung.

Der Barmann schaute mich fragend an.

»Nein, nein, hör nicht auf ihn, ich nehme zwei Whisky Sour.«

»Auch nicht schlecht!«, meinte die Zauberzunge anerkennend.

»Ich bin Clara«, stellte ich mich vor, während ich mit einem Auge dem Barkeeper beim Zubereiten der Cocktails zusah.

»Sören«, sagte er.

»Kommst du aus Schweden?«, fragte ich.

»Nee«, antwortete Sören und lachte. »Wieso sollte ich? Fragst du jeden, der einen ausländischen Namen hat, aus welchem Land er kommt? Ist ja abgefahren.«

»Wieso abgefahren«, fragte ich zurück. »Ich finde, dass das eine ganz normale und durchaus berechtigte Frage ist. Ich meine, stell dir doch mal vor, du würdest mir sagen, dass du François heißt. Käme man da nicht auf die Idee anzunehmen, dass du aus Frankreich kommst? Ich kann mir nicht vorstellen, dass es in Jena viele Kinder gibt, die von ihren Eltern François genannt werden.«

»Aber isch 'eiße ja nischt François und isch komme auch nischt aus Schweden, Mademoiselle«, scherzte Sören. Die Art, wie er die Worte aussprach, spornte meine Phantasie weiter an. Als er lachte, schob er seine Zunge leicht durch seine Zähne.

Der Barkeeper hatte die Getränke endlich fertig. Ich zahlte und schob eines der beiden Gläser zu Sören rüber.

»Für mich?«, fragte er und lächelte. »Wie komme ich dazu?«

»Mir gefällt dein T-Shirt, deshalb«, antwortete ich, nahm das Schirmchen aus meinem Glas, strich damit über Sörens Hand und ließ es auf den Tresen fallen. Ich schaute provokativ auf seinen Mund, als ich an meinem Cocktail nippte. »Kann ich deine Kirsche haben?«

»Weißt du, wie das Ding genau heißt?«, fragte er zurück, als er die Kirsche aus seinem Tumbler nahm und sie mir an die Lippen hielt.

»Keine Ahnung, wie?«, fragte ich zurück und öffnete meinen Mund vorsichtig wie bei der Kommunion.

»Maraschinokirsche«, sagte er und ließ sie langsam hineingleiten. Wir schwiegen, wippten zum Beat, nahmen hin und wieder einen Schluck aus unseren Gläsern, unterhielten uns ab und zu, um dann erneut zu schweigen und einander in die neugierigen Augen zu schauen. Mittlerweile war das Knistern zwischen uns beinahe unerträglich. Seine Gegenwart fesselte mich. Es war nicht mehr nur sein kleines Geheimnis, sondern seine ganze Art, die mich erregte: wie er redete, wie er mit den Fingern zum Takt der Musik auf den Tresen trommelte, wie er sich durchs Haar fuhr, wie er sprach, trank, ab und zu mit der Zunge über die Lippen fuhr, wie er spitzbübisch lächelte, wenn wir uns gelegentlich am Arm, am Knie oder an der Hand berührten. Wenn er redete, klebte ich an seinen Lippen, fixierte sie, bewachte sie beinahe – ja, ich kam mir plötzlich wie sein persönlicher Lippen-Bewacher vor. Ob er das bemerkt, fragte ich mich und bestellte sicherheitshalber ein Glas Wasser, um den Vulkan, der bereits in mir brodelte, ein wenig abzukühlen.

»Wasser?«, fragte Sören.

»Ja«, erwiderte ich und lächelte, »ich will mich nicht bis zur Besinnungslosigkeit betrinken, schließlich will ich heute noch was erleben. Ich finde Alkohol anregend, aber zu viel von dem Zeug törnt mich ab.«

»Und was findest du noch alles anregend?«, fragte Sören mit zusammengekniffenen Augen.

Das war die Steilvorlage, die ich brauchte, dachte ich und sah jetzt keinen Grund mehr, noch länger um den heißen Brei herumzureden.

»Deine Lippen«, sagte ich fest. »Ich finde deine Lippen anregend und die Art, wie deine Zunge drüberfährt. Sieht aus, als würden sie fantastisch schmecken.«

Sören verschluckte sich und hustete leicht. Mit dieser Antwort hatte er anscheinend nicht gerechnet. Wahrscheinlich hatte er vorgehabt, mich ein wenig zu verunsichern, aber die Spielregeln machte nun mal ich.

»Ich finde deine Lippen anregend und die Art, wie deine Zunge drüberfährt. Sieht aus, als würden sie fantastisch schmecken.«

»Du bist ganz schön forsch!«, stellte er fest. »Gefällt mir! Sagst du immer so direkt, was du willst?«

»Meistens«, erwiderte ich. Ich atmete tief ein, drängte mich ganz nah an ihn heran und flüsterte ihm ein »Komm mit« ins Ohr. Sören fragte nicht lange, er erhob sich und schob sich mit mir durch die schwüle Enge des Clubs.

»Hier sind wir ungestört!«, sagte ich und zog ihn in einen kleinen, schlauchartigen Gang, in dem sich Getränkekisten bis unter die Decke stapelten, wahrscheinlich der Eingang für die Lieferanten. Es roch nach Bier und Gras. Meine Lust verwandelte sich jetzt, wo wir allein waren, in eine regelrechte Geilheit; zwischen meinen Beinen pochte es so stark, dass ich meinte, auch Sören müsste es hören. Jetzt nur nicht zu viel plappern, dachte ich. Je weniger ich spreche, desto besser. Und sowieso: Sören war nicht zum Reden da.

Am anderen Ende des dunklen Ganges flackerte ein Notausgang-Schild. Ich lehnte an der Wand, Sören stand dicht vor mir. Ich steckte einen Finger in eine seiner Gürtelschlaufen und zog ihn ganz nah an mich heran. Sein Atem war leise, so leise, als wäre er nicht vorhanden. Ich konnte hören, wenn er schluckte, und küsste ihn vorsichtig. Sören erwiderte meinen Kuss. Ich spürte, wie es in seiner Hose jubilierte, und wollte gerade seinen Reißverschluss öffnen, als er mich abrupt zurückhielt.

»Halt!«, nuschelte er, während er mich weiter küsste, und hielt meine Hand fest.

Er küsste mich am Hals, an den Ohren, im ganzen Gesicht, am Dekolleté, ich schmeckte seine Zunge in meinem Mund und hatte dennoch das Gefühl, als würde Sören diese Stellen nur schnell abfrühstücken, um sich anschließend genüsslich einem ganz anderen Stück Fleisch widmen zu können. Mir kam es vor, als würden Mund, Hals und Brüste in diesem Moment lediglich eine Alibifunktion erfüllen und müssten auch gar nicht vorhanden sein – denn Sörens größtes Interesse galt offensichtlich meiner Möse.

Stück für Stück tastete er sich weiter, die Richtung war ganz klar: Es ging nach unten. Sören presste mich an die Wand, ich stützte mich an den Kisten ab und ließ ihn sich vorarbeiten. Als er endlich am Ziel angelangt war, stöhnte ich: Er leckte wie ein Kätzchen. Als er erst seine Zunge und dann einen Finger in mich hineinsteckte, verfiel ich in Trance und vergaß alles um mich herum: die latente Angst, entdeckt zu werden, die Zeit, meinen Namen, mich selbst. Die Welt bestand für mich in diesen Minuten, in denen er seinen Kopf an meinen Unterleib presste, nur aus drei Dingen: meiner Lust, Sörens Zunge und dem See zwischen meinen Beinen. Ich ließ mich vollkommen fallen, überließ der Zauberzunge meine vibrierenden Schenkel, schaltete auf Autopilot und trieb in einem Meer aus Zungen. Als ich kam, fühlte es sich an, als stürze ich ins Bodenlose. Beim sanften Aufprall wurde ich beinahe von Sörens Zunge aufgespießt.

Als er endlich am Ziel angelangt war, stöhnte ich: Er leckte wie ein Kätzchen.

»War's schön?«, fragte er, schaute spitzbübisch nach oben und leckte sich den Mund wie ein zufriedener Kater.

»Du bist, das war, du hast …«, stotterte ich jetzt und zog ihn zu mir rauf. Meine Knie waren weich und zitterten.

»Ich glaube, ich brauch jetzt doch noch einen Drink!«, überlegte ich laut.

»Ich besorg uns noch zwei Whisky Sour«, schlug Sören vor, strich sein T-Shirt glatt und ging langsam Richtung Club.

»Lecker«, freute ich mich, während ich mein Kleid wieder runterzog.

»Du schmeckst besser!«, rief Sören mir zu, bevor er im Dunkel des Ganges verschwand. Das Notausgang-Schild über der Tür flackerte noch immer. Genauso wie ich.

8. GESCHICHTE

Zwei Nummern zu klein

Laura (34), Redakteurin, Lübeck,
über
Angus (22), Student, Perth

Mein Freund hatte mich betrogen. Aber nicht, dass er es mir reumütig gebeichtet hätte – nein, ich stieß durch Zufall auf ein paar seiner Kontoauszüge mit Abbuchungen merkwürdiger Dating-Börsen.

Mein Liebling hatte nicht nur ein Jahres-Abo bei einer Partnerschaftsbörse, ich fand auch in seinen Hosentaschen Restaurant-Rechnungen, Douglas-Quittungen und einen Fleurop-Gutschein.

Am liebsten hätte ich Robert eine Szene gemacht, ihn zur Rede gestellt, ihn mit dem Kopfkissen erstickt oder einen Föhn in die Dusche geworfen, aber ich beschloss, auf eine Gelegenheit zu warten, ihn in flagranti zu erwischen, was auch nicht lange auf sich warten ließ.

»Honey, ich bleibe heute zu Hause!«, sagte Robert. »Ich fühle mich nicht besonders. Wahrscheinlich habe ich die letzte Grippe nicht auskuriert.«

»Okay, alles klar«, rief ich beim Gehen, »ich würde dich gern pflegen, aber du weißt ja, dass es in der Redaktion drunter und drüber geht. Tschüs, mein Armer, ich muss los.«

»Ja, Schatz, geh nur, ich komm schon klar.«

Ich ließ die Tür ins Schloss fallen, fuhr mit dem Fahrstuhl in die Tiefgarage, setzte mich ins Auto, fuhr zwanzig Meter weiter auf einen anderen Stellplatz und wartete ab. Eigentlich hatte ich mich auf eine kleine Verfolgungsjagd inkognito eingestellt, denn ich dachte, Robert würde das Haus verlassen. Aber es kam anders.

Nach zwanzig Minuten fuhr ein schwarzer Mini ein und parkte an der gleichen Stelle, an der ich eben noch gestanden hatte, genau neben Roberts Wagen, auf meinem Parkplatz. Ich duckte mich, um nicht entdeckt zu werden, und beobachtete das Geschehen aus der Ferne. Eine Frau stieg aus, blieb kurz am Wagen stehen, guckte auf ihr Handy und zog sich die Lippen im Autospiegel nach. Sie warf ihre langen blonden Haare zurück, zog ihren BH ein Stückchen nach unten, beugte sich nach vorn, überprüfte in der Autoscheibe ihren Ausschnitt und rückte ihre Brüste zurecht, sodass sie oben ein Stück herausquollen.

Ich konnte es nicht fassen: Treibt es Robert mit einer anderen in unserer gemeinsamen Wohnung? Das wäre der Klassiker schlechthin, dachte ich. So etwas kennt man doch nur aus schlechten Filmen. Irgendwie kam mir dieses Mäuschen bekannt vor, natürlich, es war seine neue Assistentin, eine 22-Jährige, von der er schon mehrmals gesprochen hatte, und soweit ich mich erinnerte, nicht besonders gut. Naiv sei sie, zu nichts zu gebrauchen, albern und ein bisschen zu katholisch erzogen, hatte Robert gelästert. Dass die strenge Katholikin gerade ihre Brüste auf *meinem* Stellplatz zurechtrückte, löste akute Schnappatmung bei mir aus.

In meinem Versteck rang ich um Fassung. Was sollte ich tun? Abwarten, zu Jill fahren und ihr alles erzählen, den Lack von

Mäuschens Mini zerkratzen, die Karre am besten gleich komplett abfackeln, Robert anrufen, bei der Feuerwehr anrufen und einen Brand in einer Anliegerwohnung melden, in der leider schon zwei Mieter bis zur Unkenntlichkeit verkohlt sind, die Bullen informieren, dass ich soeben Zeugin einer wilden Schießerei geworden war, oder einen Termin mit Freddy Krüger und Michael Meyers vereinbaren? Ich hätte am liebsten alles gleichzeitig getan, aber ich packte mein geschwächtes Herz in meine Jackentasche und beschloss, mit dem Fahrstuhl wieder nach oben zu fahren.

Ich stand eine Weile vor meiner eigenen Wohnungstür, meine Hand zitterte, als ich den Schlüssel ins Schloss steckte. Langsam, fast lautlos drehte ich ihn im Schloss und drückte meine Finger dabei so fest zusammen, dass es schmerzte. Im Flur standen Mäuschens Pumps. Aus dem Schlafzimmer, in dem ich bis vor zwei Stunden noch geschlafen hatte, tönte Gackern, Quieken und Gelächter: »Komm schon, mach doch mal«, hörte ich Robert betteln, und sie: »Hihihi, huhuhu, nee, das kitzelt.«

Auf Zehenspitzen schlich ich ins Wohnzimmer, öffnete die Terrassentür, nahm Roberts verschissenen, überteuerten Flatscreen, dann seine Playstation und zum Schluss den neuen Apple und warf den ganzen Mist nacheinander über die Balkonbrüstung. Unten im Hof schepperte es lauter als bei einem Polterabend. Das Balzen verstummte, die Schlafzimmertür wurde aufgerissen und Robert stürmte ins Wohnzimmer, dem verhallenden Scheppern entgegen. Als er mich entdeckte, wurde seine ohnehin schon panische Miene noch einen Tick panischer. Er sah das Sideboard, auf dem jetzt keine Geräte mehr standen, blickte hastig zum offenen Fenster, dann in meine Augen und schließlich beschämt zu Boden. Er sah aus wie ein kleines Kind, das sich aufregen wollte, aber sich doch seiner Schuld bewusst war. Seine Mundwinkel zuckten. Er stotterte: »Es ist nicht so, wie es aussieht, du, Süße, du musst mir das jetzt einfach, es ist nicht …«

Ohne auch nur ein Wort zu erwidern, drehte ich mich um, rauschte zur Tür hinaus und schloss sie hinter mir – und damit ein Kapitel meines Lebens.

»Sei froh, dass du den Arsch los bist!«, meinte Jill, »dieser Wichser hat es einfach nicht verdient, dass du ihm auch nur eine Träne hinterherheulst. Leg ihn ad acta! Gerade *er*, der immer so von großer Liebe und unerschütterlicher Treue spricht, der jedes Mal gleich angepisst ist, wenn du in Gruppen unterwegs bist, in der auch Männer sind, geht fremd. Scheißkerl! Du musst jetzt nach vorn gucken und dich ablenken! Los, lass uns ein paar Tage verreisen!«

Wohin wir auch schauten, es ging zu wie an der Copacabana und wimmelte nur so von schönen Menschen: Frauen in Strings, Frauen oben ohne, Frauen mit Farrah-Fawcett-Frisuren und J.Lo-Popos, die sie stolz präsentierten.

Jill blickte mich erwartungsvoll an. Sie hatte recht, mit allem. Mit Robert sowieso, aber auch die Idee, sich eine kleine Auszeit zu gönnen, war mehr als überzeugend. Kein In-die-Kissen-Heulen, kein Schluchzen bis zum Morgengrauen. Scheißkerl.

»Wie lange bleiben wir überhaupt?«, fragte Jill, während sie ihr Gesicht skeptisch im Autospiegel begutachtete.

»Mal sehen«, antwortete ich, »wie es uns gefällt. Das Haus ist bis zum 13. gebucht.«

»Ach, ich freue mich schon aufs Meer«, sagte Jill verträumt, »das Salzwasser und die Sonne werden meiner Haut guttun.«

»Und hoffentlich *meiner* Seele«, fügte ich hinzu.

Wir checkten für eine ganze Woche in einem süßen, kleinen Ferienhaus am Timmendorfer Strand ein. Endlich mal wieder so ein richtiger Mädchenurlaub – das war genau das, was ich brauchte: den ganzen Tag am Strand lümmeln, sich die Sonne auf den Pelz scheinen lassen und nachts auf den Tischen tanzen, bis es rumst.

»Meinst du, er hat dich betrogen, weil du dir die Haare dunkel gefärbt hast?«, wollte Jill an unserem ersten gemeinsamen

Urlaubstag am Strand wissen, während sie mir den Rücken mit Lichtschutzfaktor hundert einschmierte. »Ich meine, er ist ja schon immer auf Blondinen fixiert gewesen, oder?«

»Du, es ist mir so was von egal, auf welche Bräute Robert fixiert ist«, sagte ich trotzig, »von mir aus kann er eine Vorliebe für Streifenhörnchen oder blau gesprenkelte Mulis haben, ist mir schnurz. Der Typ liegt hinter mir.«

»Und vor dir eine ganze Horde braun gebrannter Beach Boys«, ergänzte Jill begeistert und zeigte auf die Gruppe junger Typen, die einige Meter neben uns lagen und sich wie wir von der Sonne verwöhnen ließen. »Mein, lieber Herr Gesangsverein, guck dir mal den mit dem knappen Höschen an! Für den braucht man ja 'nen Waffenschein.«

»Meinst du, der hat mit Absicht eine Hose an, die zwei Nummern zu klein ist?«, rätselte ich.

Wir gackerten wie kleine Mädchen, die auf dem Schulhof Liebesbriefe bekommen haben, und setzten unsere Sonnenbrillen auf, um die Gruppe unauffälliger beobachten zu können. Der ganze Strand war ein Jahrmarkt der Eitelkeiten. Wohin wir auch schauten, es ging zu wie an der Copacabana und wimmelte nur so von schönen Menschen: Frauen in Strings, Frauen oben ohne, Frauen mit Farrah-Fawcett-Frisuren und J.Lo-Popos, die sie stolz präsentierten.

Als eines dieser perfekten Hinterteile vorbeiwackelte, versank ein halber Strandabschnitt in tiefes Raunen, das sich vermutlich bis Skandinavien hinzog. Der J.Lo-Popo war die Blicke längst gewohnt, ignorierte das Pfeifen und Grunzen und stürzte sich in die sanften Fluten der Ostsee, um dieser wenig später wie Botticellis Schaumgeborene wieder zu entsteigen. Einen Moment lang schien der gesamte Strand in Zeitlupe zu verharren und der Strandmieze dabei zuzusehen, wie sie ihren Revuekörper zurück auf die Decke schwang, wo ihre nassen Locken frech auf ihren Knospen tanzten.

»Meine Fresse, hat die ein Fahrgestell!«, sagte Jill. »Bei mir gibt's heute zum Abendbrot nur Salat.«

»Ach komm«, unterbrach ich sie, »die Lady ist garantiert zehn Jahre jünger als wir. Ich finde, dass wir uns mit unseren Mitte dreißig nicht verstecken müssen.«

Jill musterte daraufhin meinen Hintern, kniff in meine linke Pobacke und stellte fest, dass sich alles noch ziemlich fest und griffig anfühlen würde. Während sie feixte, bemerkte ich, wie die zu enge Badehose zu uns herüberblickte und lächelte. Ich ignorierte es.

»Hat die Badehose gerade zu dir rübergeschaut?«, fragte Jill.

»Kann sein«, antwortete ich desinteressiert.

»Jetzt wink doch mal!«, schlug Jill vor.

»Bist du irre? Warum soll ich dem denn winken?«

»Hallo? Muss ich das wirklich noch erklären? Guck doch mal! Die schönsten Fahrgestelle laufen ständig an ihm und seinen Kumpels vorbei, vor und wieder zurück, vor und wieder zurück, und du ignorierst, wenn er *dich* anlächelt?«

»Was soll ich denn jetzt machen? Soll ich etwa aufstehen und auch an ihm vorbeistolzieren? Der ist doch mindestens zehn Jahre jünger als ich!«

Während ich redete, schaute ich mir den Typen mit der Badehose mal etwas genauer an und musste mir eingestehen, dass mir gefiel, was ich sah. Jill bemerkte meinen Blick und zwinkerte mir zu.

»Aber sein Anblick ist nicht jugendfrei«, flüsterte sie und die Art, wie sie es sagte, wehte die Gewitterwolken der Enttäuschung und Demütigung fort. Ich lächelte.

Jill hatte recht: Warum nicht flirten? Warum sollte ich mich nicht auf ein kleines Urlaubsabenteuer einlassen? Warum mir nicht einen von diesen sexy Beach Boys schnappen und mich so richtig durchvögeln lassen? Schließlich hatte ich nichts zu verlieren.

»Aua!«, schrie Jill plötzlich empört und fasste sich an den Kopf. Eine Frisbee-Scheibe hatte sie frontal erwischt und knallte auf unsere Decke.

»Du blöder Idiot, hast du keine Augen im Kopf?«, zischte sie, als sie die Scheibe zurückwarf.

»Sorry, war keine Absicht!«, rief einer der Beach Boys mit leichter Schadenfreude in der Stimme zurück und widmete sich wieder dem Spiel.

»Dass deine Eltern Geschwister sind, war bestimmt auch keine Absicht!«, pöbelte Jill hinterher.

»Siehste!«, murmelte ich überlegen. »Denen braucht man nicht zurückzuwinken. Die können sich noch nicht mal anständig entschuldigen. Guck dir die Truppe doch bitte mal an: Sämtliche Mädels hier lechzen nach ihnen. Dem Herzchen da drüben läuft schon die Sabber aus dem Mund!«

Jill war nicht zu beruhigen.

Den Jungs, die eben noch unschuldig im Sand gelegen hatten und von der einen Minute zur anderen zu bösen Frisbee-Werfern mutiert waren, galt ihre ganze Wut. Während sie wie ein Rohrspatz schimpfte, musterte ich den kleinen Kratzer auf ihrer Stirn.

»Geht's deiner Freundin wieder besser?«, fragte eine sanfte Stimme neben mir, als ich gerade die letzten Badesachen zusammenpackte. Jill war schon zum Ferienhaus vorgegangen. Ich schaute hoch und sah in das verschmitzte Gesicht der zu engen Badehose. Die Versuchung war zum Greifen nah, ich dachte an Sex.

»Ja, ja, sie beruhigt sich schon wieder. Wenn sie eines Tages heiratet, wird von dem Kratzer nichts mehr zu sehen sein«, fachsimpelte ich.

»Das sagt meine Mutter auch immer! Die Sache mit dem Heiraten meine ich«, so die Badehose.

Gern hätte ich ihn gefragt, wie alt seine Mutter denn war, aber ich schwieg und lächelte vor mich hin. Die Badehose war wirklich nicht ohne! Mir gefiel, dass er sich Sorgen machte, schließlich waren seine Leute für Jills Kratzer verantwortlich! Egal, wie alt das Bürschchen zu sein schien: Anstand hatte er!

»Ich bin übrigens Angus«, sagte er, »wie das Filetsteak.«

»Was?« Ich konnte ihm für einen Moment nicht ganz folgen.

»Black Angus Filetsteak, sag bloß, das kennst du nicht?«

»Aha, du heißt also wie ein Steak. Auch schön. Ich bin Laura. Ich heiße wie meine Großmutter. Kanntest du sie?«, fragte ich.

»Was, deine Großmutter?«, fragte er. »Nee, leider nicht!«

Wir mussten beide lachen. Angus erzählte mir, dass er Student sei, ursprünglich aus Perth stamme und vor zehn Jahren nach Deutschland gekommen sei. Dabei sah er überhaupt nicht schottisch aus! Ich muss gestehen, dass ich im Grunde auch nicht wirklich wusste, wie Schotten aussehen. Ich stellte sie mir auf jeden Fall rothaarig vor. Angus sah aus wie der junge Michael Hutchence von INXS. Seine Lippen waren voll und schön geschwungen, sein Blick war ein bisschen verstört und melancholisch zugleich. Vielleicht lag das ja an seinem zu engen Höschen?

»Bist du morgen wieder hier?«, fragte Angus. Als er merkte, dass ich auf seine Badehose starrte, errötete er. Süß, fand ich und stellte mir vor, wie es wäre, ihn über mir zu spüren.

»Die gehört mir nicht! Ist von einem Kumpel«, versuchte er zu erklären.

»Aha, na dann«, sagte ich verständnisvoll. »Ich muss los, man sieht sich.«

»Hoffentlich«, rief er mir hinterher, »wir sind die ganze Nacht hier und schlafen am Strand!«

Er steht auf mich, dachte ich zufrieden, als ich zurück zum Ferienhaus ging. »Wir sind die ganze Nacht hier und schlafen am Strand« – also wenn das keine Einladung war! Für mich stand fest, dass ich abends nochmals an den Strand gehen würde, um herauszufinden, ob sich dieser braungebrannte Körper genauso anfühlte, wie er aussah.

»Da bist du ja endlich!«, mäkelte Jill. »Während ich hier beinahe an einem Schleudertrauma krepiere, hast du nichts Besseres zu tun, als mit Minderjährigen zu flirten!«

»Entschuldige mal bitte, Darling«, sagte ich schlichtend, »du hast eine dusslige Frisbeescheibe an den Kopf bekommen und keinen Autounfall gehabt! Ich mache mir jetzt natürlich meine Gedanken, ob du nicht einen noch größeren Treffer hast, als du zuvor ohnehin schon hattest.«

»Halt die Klappe!«, lachte Jill und gab mir einen dicken Kuss. »Na, was ist mit der Badehose?«

»Die Badehose heißt Angus«, sagte ich.

»Wie das Filetsteak?«, fragte Jill.

»Genau. Aber woher kennst du das denn? Du bist doch Vegetarier!«

»Steht auf der großen Außenwerbung des Steakhauses an der Untertrave: Black Angus Filetsteak, 200 g, nur 11,99 Euro.«

»Was hältst du eigentlich davon, heute Abend noch mal an den Strand zu gehen? Wir könnten uns einen kleinen Picknickkorb mitnehmen. Ich glaube, wir haben noch Weißwein im Kühlschrank. Und Oliven müssten auch noch da sein«, schlug ich Jill vor.

»Gute Idee, warum nicht?«, sagte sie.

»Ach nee, sieh mal einer an«, rief Jill, als wir am Strand ankamen, »da sind ja wieder unsere Grazien. *Dein* Angus ist auch da!«

Seine Lippen waren voll und schön geschwungen, sein Blick war ein bisschen verstört und melancholisch zugleich. Vielleicht lag das ja an seinem zu engen Höschen?

»Schön«, murmelte ich leise und konnte mir ein Grinsen nicht verkneifen.

Wir suchten uns ein hübsches Plätzchen zwischen den Dünen und wollten gerade unsere Decke ausbreiten, als Angus schon vor uns stand und fragte, ob wir nicht Lust hätten, ihm und seinen Kumpels Gesellschaft zu leisten. Der böse Frisbee-Werfer würde sogar Gitarre spielen, sagte er und vom Grill sei auch noch reichlich da. Jill moserte anfangs zwar ein bisschen herum, aber keine zwei Minuten später saßen wir mit den Grazien tatsächlich gemeinsam auf der Decke. Der Frisbee-Werfer spielte auf der Gitarre Bob Marley und stimmte dann *Let it be* von den Beatles an, das alle Anwesenden auswendig kannten und inbrünstig mitsangen.

Jill hatte ihre Vorsätze, zum Abendbrot nur Salat zu essen, wieder einmal verworfen und knabberte genussvoll an einem Schaschlik-Spieß. Auf ihrem Pappteller türmte sich der Kartoffelsalat neben Hähnchenschenkeln. Aus den Augenwinkeln musterte ich Angus. Er hatte mich zwar irgendwie eingeladen, schien aber plötzlich ziemlich beschäftigt. Er saß Rücken an Rücken mit einem Mädchen in einem tschitscheringrünen Kleid.

Wenn das jetzt seine Freundin ist, dachte ich mir, wird dieser Abend wohl auch unter Enttäuschungen verbucht. Aber noch war das nicht abzusehen, noch gab es keinen Grund, die Flinte ins Korn zu werfen.

Angus spielte mit dem Ende ihres Zopfes und kringelte es um seine Finger. Warum macht er das? Ich war nicht hierher gekommen, um mir den Teller mit Grillzeug aufzuladen und vollgefressen wieder abzuwackeln.

Dennoch konnte ich meine Augen nicht von ihm lassen. Er gefiel mir noch besser als am Nachmittag, was sicherlich auch daran lag, dass er nicht mehr die kleine Badehose anhatte. Angus trug ausgewaschene Jeans und ein löchriges T-Shirt. Während er mit den Löckchen des Mädchens spielte, knabberte sie an einem Maiskolben.

»Wie alt seid ihr eigentlich?«, fragte plötzlich einer der Jungs.

»26. Wir sind 26. Gerade geworden«, log Jill. »Und ihr?«

»Wir sind 25. Außer Angus. Der ist unsere Flitzpiepe und drei Jahre jünger.«

»Ach, Felix, das nervt langsam«, rief Angus daraufhin. Er ließ den Zopf des Mädchens los, stand auf und schlenderte ans

Ufer. Jill warf mir einen komischen Blick zu, mit dem sie mir vermutlich klarmachen wollte, dass ich Angus nachgehen sollte. Ich rollte mit den Augen, dachte aber: Endlich, meine Chance! Bevor ich aufstand, zeigte ich auf Jills mit Grillsauce bekleckerten Kragen. Sie grinste.

»Die Muscheln sind hier alle hässlich«, sagte Angus, als ich mich bückte, um eine aufzuheben.

»Findest du?«, fragte ich.

»Ich nicht, aber Gretchen«, antwortete er.

»Gretchen?«, fragte ich erneut.

»Ja, meine Schwester, die da drüben mit dem grünen Kleid.«

»Ach, das ist deine Schwester«, sagte ich und versuchte, mir meine Erleichterung nicht anmerken zu lassen.

»Was dachtest du denn, wer sie ist? Meine Freundin?«, fragte Angus.

Ich setzte mich in den Sand. Er war noch immer warm von der Sonne. Angus setzte sich neben mich.

»Deine Schwester hat aber einen schönen Namen«, stellte ich laut fest, »Angus und Gretchen heißt ihr Geschwister also, interessante Wahl.«

»Na besser als Michael und Michaela«, sagte Angus.

»Oder Alexander und Alexandra«, fuhr ich fort.

»Fix und Foxi ist auch nicht schlecht«, ergänzte er und lehnte sich zurück, bis er neben mir im Sand lag. Er verschränkte seine Arme hinter dem Kopf und sah mich an. Ich starrte auf sein T-Shirt, das nach oben gerutscht war. Mir wurde plötzlich ein bisschen mulmig. Schließlich war es erst der erste Tag meines gemeinsamen Urlaubs mit Jill. Andererseits würde es ganz bestimmt keinen besseren Zeitpunkt als diesen geben, dachte ich, zögerte aber dennoch. Ich wollte ihn berühren, irgendwie einen Anfang machen und schaute in den Abendhimmel.

»Siehst du die Möwe?«, fragte ich und zeigte nach oben.

»Ja?«, so Angus fragend.

Ohne länger nachzudenken, beugte ich mich zu ihm runter und flüsterte ihm ins Ohr: »Wenn sie nach links fliegt, werde ich dich an einer Stelle berühren, die mich heute Mittag schon besonders angezogen hat. Wenn sie aber nach rechts fliegt, stehe ich auf und gehe.«

Ich spürte das Pulsieren meines Blutes an meinem Hals und bemerkte auch die Anspannung in Angus' Körper. Er schluckte. Beide starrten wir hinauf zur Möwe. Sie flatterte und flog und machte plötzlich einen Bogen nach links. Angus hielt den Atem an, ich wendete mich ihm zu und griff ihm vorsichtig, aber entschlossen in den Schritt. Er war erregt, sehr erregt. Er hielt meine Hand fest und versuchte, mein T-Shirt nach oben zu ziehen. Ich wehrte mich, so gut ich konnte. Aus unseren Neckereien entwickelte sich ein kleiner Kampf. Wir rollten im Sand herum. Mal war Angus der Stärkere, mal ich, mal war er unten und ich oben, dann war es wieder umgedreht; mal flehte er um Gnade, mal ich.

Ohne zu merken, dass wir uns vom Ufer immer mehr in Richtung Wasser entfernten, kämpften wir weiter und schrien gemeinsam auf, als das kühle Nass unsere Knöchel umspielte.

»Mann, ist das kalt«, rief Angus, bevor ich das erste Mal seinen Kopf unter Wasser tauchte.

»Na warte, du Miststück«, schrie er, als er wieder auftauchte, »wenn ich dich kriege!«

Ich rannte durch das Wasser, so schnell ich konnte, aber kam nicht weit. Angus schmiss sich mit einem Satz von hinten an mich heran und bekam mich am Bein zu packen. Ich fiel vornüber und tauchte für einen Augenblick komplett unter. Er lachte sich schlapp und freute sich über seinen Sieg wie ein kleines Kind. Klitschnass liefen wir zurück zum Strand. Wir hörten das Gelächter der anderen und liefen einen kleinen Bogen, um nicht in ihr Blickfeld zu gelangen.

»Wirklich eiskalt, so ohne Handtuch«, sagte Angus und zitterte.

Er zog sein nasses T-Shirt aus und legte sich in den Sand. Ich legte mich neben ihn und sah ihn an. Sein Anblick erregte mich. Ich fand, es war genug mit den Spielchen. Ich wollte ihn: auf mir, in mir.

»Ich hätte Lust, mit dir zu ficken«, überlegte ich laut und richtete mich ein wenig auf. Angus wollte etwas sagen, schwieg dann aber. Sein Brustkorb hob sich und senkte sich wieder, noch immer vor Erschöpfung und Erregung. Er blickte mich erwartungsvoll an. Ich stellte mich über ihn, knöpfte mein nasses Kleid auf, zog langsam mein Höschen aus und ließ meine Hand über meine Brüste und dann zwischen meine Schenkel gleiten. Angus' Augen verfolgten jede meiner Berührungen. Sanft legte ich mich auf ihn. Er wehrte sich nicht. Ich küsste seinen Hals und seine Brust. Seine Haut schmeckte salzig. Ich tastete mich immer weiter nach unten vor, bis zum Bund seiner Jeans. Als ich zu ihm hochsah, hatte er seine Augen geschlossen. Seine Hände berührten meinen Kopf. Mir gefiel, dass es ihm gefiel, und so öffnete ich die Knöpfe seiner Jeans und steckte meine Hand in seine Hose.

Angus trug weder Unterwäsche noch die zu kleine Badehose, die in diesem Moment sowieso aus allen Nähten geplatzt wäre. Mit einem Ruck zog ich ihm die Jeans runter und kniete mich zwischen seine Beine. Angus versuchte, in meine Richtung zu rutschen, aber ich drückte seinen Oberkörper zurück in den Sand, vergrub meinen Kopf in seinem Schoß und schob seinen Schwanz in meinen Mund. Er stöhnte und zitterte vor Erregung. Mit jeder meiner Bewegungen wurde er hektischer, sein Atem ging schneller. Es gefiel mir, dass ich die Macht hatte, ihn von seinem Druck zu befreien oder ihn ein bisschen zu quälen und das Ganze hinauszuzögern.

> *Angus hielt den Atem an, ich wendete mich ihm zu und griff ihm vorsichtig, aber entschlossen in den Schritt. Er war erregt, sehr erregt.*

Als ich das Gefühl hatte, dass er es nicht mehr lange aushalten würde, drosselte ich das Tempo ein bisschen. Dann schob ich mein Kleid nach oben, setzte mich auf ihn und half ihm dabei, in mich einzudringen. Jetzt verlor ich fast die Kontrolle, denn meine Lust ließ mich für Minuten vergessen, wo ich mich befand und vor allem warum. Als meine innere Flut zurückging, fühlte ich mich so frei wie schon lange nicht mehr. Unwillkürlich musste ich lächeln. Angus biss sich auf die Unterlippe, als er kam. Erschöpft sank ich zur Seite. Während ich in den Himmel blickte, musste ich an Robert denken. Ich vermisste ihn nicht im Geringsten.

Ermattet gingen wir den Stimmen der anderen entgegen. Ich bat Angus, Jill auszurichten, dass ich schon in unsere Ferienwohnung gegangen sei. Er sagte kein Wort. Ich wollte mich gerade umdrehen, als er mich schließlich doch mit großen Augen fragte: »Sehen wir uns morgen?«

Ich raunte ihm ein kurzes »Vielleicht« ins Ohr, gab ihm einen Kuss und winkte ein letztes Mal, als ich mich noch einmal umdrehte und Angus mir nachsah.

9. GESCHICHTE

Der pinkfarbene Raum

Maria (27), Personalerin, Frankfurt,
über
Franco (36), Comiczeichner, Frankfurt

Ich war sieben Jahre mit Ruben zusammen, zwei davon verheiratet. Die Luft zwischen uns war, was das Sexuelle betrifft, noch lange nicht raus. Wir probierten viel, spielten Rollenspielchen und schliefen regelmäßig miteinander. Eine Zeit lang hatte ich überlegt, mich von Ruben scheiden zu lassen, aber ich liebte ihn und vermisste nur dieses Kribbeln im Bauch.

Ich war erst Mitte zwanzig und wollte nicht akzeptieren, dass es das nun gewesen sein sollte. Die ersten sechs Jahre haben wir zusammengewohnt, im siebenten beschlossen wir, dass jeder in ein eigenes Apartment zieht. Wir waren überzeugt, dass das wieder mehr Pepp in unsere Ehe bringen würde, noch mehr knisternde Spannung zwischen uns, noch mehr Reibung. Wir fingen sogar an, uns richtig zu verabreden, und hatten einmal in der Woche ein Date. Und damit meine ich nicht, dass ich zu ihm fuhr oder er zu mir und wir eine DVD einlegten oder fernsahen, nein, wir gingen an diesen Tagen stets aus, ins Theater, in Restaurants, in diverse Clubs oder manchmal machten wir auch einfach nur einen Spaziergang.

Einmal hatten wir Karten fürs Theater. Ich stand vor Rubens Tür, wühlte wie jedes Mal vergeblich nach dem Schlüssel in den Tiefen meiner Tasche und klingelte schließlich.

»Schatz, du bist ja schon da!«, rief mein Mann durch die Gegensprechanlage und öffnete die Tür. »So früh habe ich noch gar nicht mit dir gerechnet!«

Ich trat in den Flur, gab Ruben einen flüchtigen Kuss, schmiss meine Tasche in die nächste Ecke und stürmte erst mal ins Bad. Als ich wieder rauskam, hörte ich Ruben im Wohnzimmer mit jemandem reden und lachen.

»Maria, ich hab noch Besuch«, rief er, »kommst du mal? Ich möchte dir jemanden vorstellen!« Auf dem Sofa saß ein dunkelhaariger Mann, den ich noch nie zuvor gesehen hatte. Er sah unverschämt gut aus, rassig, feine Gesichtszüge, fast feminin. Könnte Torero sein, schoss es mir durch den Kopf. Wie plakativ.

»Schatz, darf ich vorstellen? Franco.« Ruben machte eine Geste Richtung Sofa und zeigte auf den Mann, der sich erhob und mich neugierig ansah. Sein Blick aus fast schwarzen Augen trieb meinen Puls in die Höhe. »Franco ist neu in der Firma, er hat den Job von Ulf übernommen, weißt du?«

Ich nickte und raunte ein kurzes »Aha«.

»Franco, das ist Maria, meine Frau«, sagte Ruben und verschwand in der Küche.

»Hi«, sagte Franco, gab mir die Hand und strich sich die gegelten Haare zurück.

»Hallo«, sagte ich und war für einen Moment von seinen Augen völlig gefesselt. Er hatte so was Unruhiges, Verwirrtes und Zügelloses in seinem Blick, wie man es von den Liebhabern aus den Franzosen-Schinken kennt, die bei Arte laufen. Er schaute mich an, dann kurz zu Boden, dann auf die Schrankwand, um anschließend aus dem Fenster und schließlich wieder zu mir zu gucken. Es schien, als würde er nicht genau wissen, ob er sich wieder setzen oder stehen bleiben sollte.

»Du bist also der neue Kollege von meinem Mann«, sagte ich. »Dann sehen wir uns ja in nächster Zeit bestimmt öfter.« Ich versuchte, meine Atmung flach zu halten.

»Ja«, erklärte Franco mit leicht heiserer Stimme, »ich entwerfe mit Ruben die neue Strecke für dieses italienische Lifestyle-Magazin. Ein großer Auftrag!«

»Schön«, sagte ich, während ich in Francos unruhigem Blick versank, »das wird bestimmt toll!«

»Tja, Leute«, rief mein Mann, der gerade aus der Küche kam und entschuldigend die Arme hob, »wir haben keinen Wein mehr im Haus!«

»Aber wir haben doch Karten fürs Theater«, sagte ich und hätte mich für diesen Satz selbst ohrfeigen können, denn ein Theaterbesuch war definitiv das Letzte, worauf ich jetzt Lust hatte.

»Stimmt, das hatte ich ganz vergessen!«, sagte Ruben daraufhin und fasste sich an die Stirn.

»Macht ja nichts!«, erwiderte ich schnell. »Wir sind sowieso zu spät dran. Die Vorstellung beginnt in zwanzig Minuten. Und die Karten waren auch nur ein Geschenk von Maxi, die keine Lust auf Theater hatte.«

Er hatte so was Unruhiges, Verwirrtes und Zügelloses in seinem Blick, wie man es von den Liebhabern aus den Franzosen-Schinken kennt, die bei Arte laufen.

»Ja, dann«, sagte Ruben erleichtert, »steht doch einem gemütlichen Abend bei einem feinen Gläschen Rotwein nichts mehr im Wege! Ich geh schnell runter und hol uns ein edles Tröpfchen.«

Nein, Ruben, geh nicht, lass mich mit diesem Mann jetzt nicht allein, flüsterte das Engelchen auf meiner Schulter. Ich blickte in Francos Richtung. Doch, Ruben, geh und komm die nächsten Stunden nicht zurück, feixte das Teufelchen.

Die Tür fiel ins Schloss, was zugleich erlösend und beängstigend war.

»Ich geh mal eine rauchen«, sagte Franco, öffnete die Glastür und trat auf den Balkon. Sofort breitete sich angenehme Kühle im Zimmer aus. Ich folgte ihm. Er zündete sich eine Kippe an, nahm einen ersten tiefen Zug und pustete den Rauch in den Abend. Unten auf der Straße war es ruhig geworden, der Verkehr stotterte langsam vor sich hin. In der Ferne heulten Sirenen. Ich nahm eine Zigarette aus dem Päckchen vom Beistelltisch und legte beide Hände zum Schutz der Flamme um Francos Hand, der mir Feuer gab.

»Danke«, flüsterte ich.

Franco lächelte. Ich stand jetzt dicht neben ihm. Wir rauchten, schwiegen, schauten in die obere Etage des gegenüberliegenden Wohnblocks und über die Dächer der Stadt. In manchen Wohnungen waren die Jalousien heruntergelassen, andere hatten keine. In einer hell erleuchteten Küche kochte ein Mann in Unterwäsche. Er schien dabei Musik zu hören und schwang die Kelle wie zum Takt einer Melodie. Ein anderer saß an einem Schreibtisch und tippte aufgeregt auf der Tastatur, stand dann plötzlich auf, lief ein paar Mal unruhig im Zimmer hin und her und setzte sich wieder, um kurze Zeit später erneut aufzustehen. Links außen brannte kein Licht. Auf dem Balkon sah man nur eine Silhouette und ab und zu das Aufleuchten eines Glimmstängels.

»Weißt du«, sagte ich leise, »das fasziniert mich an Frankfurt: die Nächte. Sie schlucken den Lärm des Tages runter wie die Leute unten in der Kneipe einen alten Bourbon. In Momenten wie diesen, in denen ich hier mit meiner Zigarette auf dem Balkon stehe und mich in die Nacht hülle wie in eine Decke, wird mir immer wieder klar, warum ich diese Stadt so mag.«

»Willst du mit mir über Frankfurt plaudern?«, fragte Franco plötzlich ziemlich direkt. »Da kann ich leider nicht mitreden, ich bin neu in der Stadt.«

»Mir egal, worüber wir reden«, gab ich zurück.

Wir schwiegen einen Moment.

»Wie lange kennt ihr euch schon, Ruben und du?«, fragte ich, während mein Puls plötzlich wieder in die Höhe ging. Ich klammerte mich ans Balkongeländer.

»Noch nicht lange, ein paar Wochen«, erwiderte Franco. Er nahm erneut einen tiefen Zug von seiner Zigarette. Während ich zusah, wie der Rauch in der Nacht verschwand, fühlte ich mich ein bisschen wie in Trance. Der Herzschlag der Stadt vermischte sich mit meinem eigenen und die Geräusche der Straße nahm ich nur noch gedämpft wahr, so als durchliefen sie zuvor einen Filter. Ich fühlte mich wie Laura Palmer in David Lynchs *Twin Peaks – Fire Walk With Me*, als sie den *pinkfarbenen Raum* betritt, hinter dessen Vorhänge einen pure Lust und Neugier treiben, auch wenn man ahnt, dass das einem zum Verhängnis werden kann.

»Mein Mann und ich leben in getrennten Wohnungen, hast du das gewusst?«, fragte ich diesen Menschen, den ich nicht kannte, dessen Anwesenheit aber eine Erregung in mir auslöste, wie ich sie selten gespürt hatte.

Franco war es sicher gewohnt, den Ton anzugeben, aber meine Frage ließ seine Augen für einen Augenblick nervös zucken. »Warum erzählst du mir das?«, fragte er mit zurückhaltender Stimme.

Eine kühle Abendbrise tänzelte über mein Gesicht. Ich schloss die Augen und wünschte mir einen Moment lang, der Wind würde seine Frage davontragen. Sie war berechtigt. Warum erzähle ich ihm das überhaupt?, fragte ich mich selbst. Weil du von Franco gefickt werden willst, antwortete eine Stimme in mir. Trotz der Kühle wurde mir heiß. Ich hielt mich mit beiden Händen am Geländer fest, lehnte mich zurück, warf den Kopf in den Nacken, drehte ihn langsam in Francos Richtung und flüsterte: »Warum ich dir das erzähle? Weil ich ein mir selbst nicht erklärbares Verlangen habe, mit dir zu schlafen.«

Franco zog erneut an seiner Zigarette.

»Kinder, seid ihr jetzt total irre?«, rief Ruben, der nun mit einer Flasche Rotwein in der Hand im Wohnzimmer stand. »Kommt schnell rein und macht die Tür zu, hier drin kühlt doch alles aus!«

Franco drückte seine Kippe im Aschenbecher aus und ging rein. Ich zog noch einmal an meiner Zigarette, folgte ihm und schloss die Balkontür. Ruben öffnete den Rotwein, ich holte Gläser und nahm etwas Käse aus dem Kühlschrank. Während ich zwei Sorten anrichtete, fragte ich mich, ob Franco mein Verlangen so verstanden hatte, wie ich es gemeint hatte. Ich schnappte mir die Käseplatte und die Gläser und ging zurück ins Wohnzimmer. Ruben redete die meiste Zeit über das gemeinsame neue Projekt. Franco hörte ihm aufmerksam zu und steuerte seine Ideen bei, während ich wiederum an seinen Lippen hing und mich beinahe allein der Käseplatte widmete. Zwischendurch trafen sich immer wieder unsere Blicke. Ich spürte, dass er verstanden hatte.

»Was, schon zwei Uhr? Ich muss los!«, sagte Franco irgendwann. »Nicht dass mir die letzte Bahn vor der Nase wegfährt. Das fehlte mir noch.«

»Tatsächlich! Wir haben uns ganz schön verquatscht«, stellte mein Mann fest. Während Franco im Bad verschwand und Ruben die leeren Gläser in die Küche räumte, kramte ich schnell einen Zettel raus und schrieb eine Uhrzeit, ein Datum und meine Adresse darauf.

Das Manövrieren in freien Gewässern hatte Ruben in unsere Ehe eingebracht. Zwar hatte bis jetzt noch keiner von uns beiden ein Verhältnis gehabt, aber es war eben doch eine mögliche Konsequenz.

»Also, ich gehe dann mal!«, sagte Franco, als er aus dem Bad zurückkam und seine Jacke anzog. »Danke für den tollen Abend!«

»Warte, ich komm mit«, rief ich, »die Haustür ist garantiert abgeschlossen.«

»Okay«, sagte Franco.

Mein Mann verabschiedete sich und ging in die Küche, um das Geschirr zu spülen. Er würde niemals schlafen gehen, ohne vorher den Abwasch getätigt zu haben.

Schweigend lief ich mit Franco die Treppe hinunter. Ich schloss die Tür auf, öffnete sie aber nur einen kleinen Spalt, sodass sich Franco nah an mir vorbei hindurchquetschen musste. Als er mich dabei streifte, stellte ich ein Bein nach vorn und zwang ihn, stehen zu bleiben. Ich streckte mich zu ihm hoch, roch an seinem Hals und drückte ihm den Zettel in die Hand.

»Deine Entscheidung«, flüsterte ich ihm ins Ohr, ließ ihn frei und verschloss die Tür hinter ihm.

Zwischen diesem Abend und dem Datum auf dem Zettel lag eine Woche. Ruben verhielt sich wie immer, also konnte ich davon ausgehen, dass Franco mein unmoralisches Angebot für sich behalten hatte. Aber selbst wenn er es Ruben gesagt hätte, wäre das für mich in Ordnung gegangen, denn das Manövrieren in freien Gewässern hatte Ruben in unsere Ehe eingebracht. Zwar hatte bis jetzt noch keiner von uns beiden ein Verhältnis gehabt, aber es war eben doch eine mögliche Konsequenz. Wer mit dem Feuer spielt, kann sich verbrennen. Das gilt für alle Beteiligten.

Es kam der Tag, den ich mit Spannung erwartete. Exakt um die Uhrzeit, die ich aufgeschrieben hatte, klingelte es an der Tür. Ich drückte, ohne zu fragen, wer da war, den Summer, schaute noch einmal in den Spiegel und musste zugeben, dass mir gefiel, was ich sah. Ich trug ein leichtes, dunkelblaues Abendkleid und Strapse. Ruben hasst diese Strümpfe, aber ich mag meine Beine darin. Auf Unterwäsche hatte ich verzichtet, denn ich hatte nicht vor, mich lange mit Small Talk aufzuhalten.

Es klopfte an der Wohnungstür. Ich öffnete und blickte in Francos Gesicht. Wortlos bat ich ihn herein, nahm seine Jacke, legte sie auf die Kommode im Flur und ging ins Wohnzimmer.

Er folgte mir, musterte die Umgebung und strahlte pures Selbstbewusstsein aus. Ich stellte mich direkt vor ihn und spürte bei seinem Anblick wieder diese animalische Begierde.

»Möchtest du was trinken?«, fragte ich.

Er verneinte. Ohne auch nur ein Wort zu verlieren, wussten wir beide, warum er hier war.

Ich trat noch näher an ihn heran und griff ihm in den Schritt, ich packte hart zu. Er zuckte leicht, verzog aber keine Miene. Dann streichelte ich ihn sanft, ging um ihn herum, legte meine Arme um ihn, fuhr durch sein Haar und streichelte über seinen Nacken. Er bewegte sich kaum, ließ es geschehen. Ich ließ ihn wieder los und ging an ihm vorbei.

»Komm«, lockte ich ihn, »der pinkfarbene Raum wartet auf uns.« Ich war sicher, dass er keine Ahnung hatte, wovon ich sprach, aber er folgte mir ins Schlafzimmer. Ich dämpfte das Licht, machte eine CD an und legte ihm ein Kondom auf den Bettrand. Franco stand in der Tür und beobachtete jede meiner Bewegungen. Ich sah ihn an und zog mein Kleid hoch. Dann krabbelte ich langsam auf allen vieren über mein Bett, so dass er mir direkt auf den Hintern schauen konnte. Am Kopfteil angekommen, drehte ich mich um und legte mich auf den Rücken. Franco stand immer noch in der Tür, jetzt sichtlich erregt, sein Blick war fiebrig.

Ich winkelte meine Knie an, zog mein Kleid bis über meine Brüste, spreizte langsam meine Beine und flüsterte: »Komm her und fick mich.«

Mein Herz schlug heftig, ich spürte die Feuchtigkeit zwischen meinen Beinen. Zu wissen, dass er gleich in mich eindringen würde, brachte meinen Körper zum Glühen. Franco ging ein paar Schritte auf das Bett zu und zog sich aus, ohne seinen Blick auch nur eine Sekunde abzuwenden.

Beim Anblick dieses nackten und gutgebauten fremden Mannes, der sich vor meinem Bett gerade das Kondom überzog, überfiel mich eine bis dahin nie gekannte Ekstase. Ich fuhr mit der Hand zwischen meine Schenkel und begann mich selbst zu streicheln. Franco kam zu mir aufs Bett und schob seinen nackten Körper auf meinen. Er packte mich mit sanfter Gewalt an den Handgelenken und legte meine Arme über meinen Kopf. Dann begann er, meine Nippel zu liebkosen, glitt an meinem schwitzenden Körper hinunter, fuhr mit seiner Zunge an meinen Schamlippen entlang, um dann mit einer Präzision meine Klitoris zu berühren, die mich fast schon zum Orgasmus brachte. Ich wollte aber noch nicht kommen und zog ihn mit einem Ruck wieder zu mir nach oben. Wir küssten uns leidenschaftlich. Als er endlich begann, mich zu ficken, schloss ich die Augen und wurde sein willenloses Spielzeug.

Draußen krabbelte die Nacht durch die Straßen.

Ich habe nur dieses eine Mal mit Franco geschlafen und obwohl ich ihn noch öfter bei Ruben antraf, haben wir nie ein Wort über diese gemeinsame Nacht verloren. Ruben und ich wohnen wieder zusammen. An Trennung denke ich heute nicht mehr. Ich liebe meinen Mann.

10. GESCHICHTE

Kein Problem?!

Pia (27), Tänzerin, Stuttgart,
über
Mark (38), Choreograf, Stuttgart

Der neue Choreograf will alle persönlich kennenlernen«, sagte Jessie, eine Kollegin von mir, stinkig.

Wieder so ein Kunstheini, schoss es mir durch den Kopf, als ich davon hörte. Ich hatte schon etliche Engagements als Tänzerin gehabt. Der Job ist hart. Man muss täglich stundenlang proben. Das erfordert eiserne Disziplin, macht aber Spaß. Was oft keinen Spaß macht, ist die Zusammenarbeit mit bestimmten Choreografen, die sich irgendwann nicht mehr nur als kreative Gestalter, die gemeinsam mit dem Ensemble Bewegungen für die Bühne einstudierten, sondern als große Künstler sahen. Immer wenn diese Tanzkünstler auftauchten, ging es nicht mehr allein um die Choreografie, sondern vor allem um das große Ganze, den Kosmos und so. Es wurde dann nur noch davon geblubbert, dass wir Tänzer zu einer großen Welle gehörten und lernen müssten, die Energie, die durch uns durchfließt, zu fühlen, weiterzugeben, zum Vibrieren zu bringen und zu speichern. Shanti!

Ich bin Tänzerin. Als Tänzerin will ich tanzen und nicht den Sinn des Universums erforschen.

»Wir sollen für den neuen Baryshnikov eine Mappe anfertigen, nichts Großes, nur ein paar Eckdaten, Ansichten und ein aktuelles Foto«, stöhnte Jessie.

Ich hätte kotzen können. Um das neue Engagement zu bekommen, habe ich die Mappe natürlich angefertigt und abgegeben, schließlich wollte ich den Job unbedingt.

Ich saß mit den anderen Bewerbern auf dem Gang vor den Garderoben des Staatstheaters und wartete. Nacheinander wurden wir zum Vortanzen auf die Bühne gebeten, vor der der neue Maestro saß und unsere »innere Struktur« abchecken wollte. Wie lächerlich, dachte ich, aber was macht man nicht alles, um so eine begehrte Anstellung zu kriegen?

Nach einer unruhigen Nacht, in der ich noch einmal versuchte, ihn bescheuert zu finden, und die ganze Unterhaltung zwischen uns wieder und wieder durchspielte, musste ich mir eingestehen, dass Mark mir sehr gefiel.

»Du bist dran, ich drück dir die Daumen!«, sagte Jessie, die mit mir gemeinsam wartete.

Ich holte tief Luft und ging auf die Bühne. Obwohl ich Mark, den neuen Choreografen, schon gesehen hatte und von seinem Äußeren mehr als angetan war, fand ich diese ganze Mappenaktion befremdlich. Dieser Typ hat sich bei den Tänzern schon unbeliebt gemacht, bevor die ersten Proben stattgefunden hatten und man noch nicht einmal wusste, ob man den Job überhaupt bekommt.

Als ich auf die Bühne ging, war ich auf das Schlimmste gefasst. Ich war bereit, die glücklichen Schwingungen der Grashalme zu fühlen und dabei zuzusehen, wie die Aggression aus meinem Körper entschwindet, während ich auf meinen Herzschlag höre. Gleich werde ich bestimmt immer leichter und leichter und kann garantiert das Windspiel wahrnehmen, das dreihundert

Kilometer weiter auf einer Terrasse einsam sein Lied in die Welt spielt. Zu diesem Windspiel werde ich vermutlich tanzen. Das wird ganz toll, dachte ich ironisch.

Stattdessen empfing mich der neue Choreograf mit freundlicher, fast heller Stimme und bat mich, erst einmal am Bühnenrand Platz zu nehmen. Die Situation hatte sofort den Touch eines netten Plausches bei ihm zu Hause. Mark sagte nicht »Nr. 35« oder so, sondern nannte mich beim Namen. Die Art, wie er mit mir sprach, war so persönlich, so sensibel, als würde er nur mit mir so sprechen, als ginge es nur um mich, um mein Befinden, meine Wünsche, Träume und Ziele. Er hatte ein bisschen was von einem Arzt, der sich um jeden Patienten so rührend kümmert, als wäre er sein einziger. Ich fühlte mich geborgen.

Marks Fragen waren keine stereotypen, die er nacheinander abarbeitete, weil sie auf einer Liste standen, sie waren speziell, persönlich, individuell und berechtigt. Fast schien es, als wären manche nur für mich bestimmt. Mark fragte mich, warum ich mit dem Tanzen begonnen habe, weshalb ich manche Schritte anders tanze als die anderen und es mit einer Knieverletzung begründe.

»Ich hab mir ein paar Aufzeichnungen von dir angeschaut«, sagte er, »hauptsächlich Proben, zwei Auftritte waren dabei. Es ist weder das rechte Knie noch das linke, hab ich recht?«, fragte er mich wie ein Anwalt, dessen Klient kurz vor dem Geständnis steht.

»Ja«, sagte ich und schluckte, »weder noch.«

»Und warum tanzt du die Schritte anders?«, fragte er, so als läge ihm alles daran, mich zu verstehen.

»Weil sie sich so besser anfühlen, weil sie, so wie ich sie tanze, einfach richtiger sind, geschmeidiger, nicht so abgehakt«, versuchte ich mich zu rechtfertigen und fühlte mich dabei ertappt.

Er hörte mir aufmerksam zu und erklärte ausführlich, wie er sich die Zusammenarbeit mit mir vorstellte und in welche Richtung sich das neue Projekt entwickeln sollte. Alles, was er sagte, erschien mir einleuchtend und ich hatte das erste Mal das Gefühl, dass ein Choreograf nicht danach urteilt, wie viel Erfahrung ein einzelner Tänzer mitbringt oder ob er bereits in New York oder Paris getanzt hat, sondern nur danach, was er sich selbst zutraut.

»Was ich brauche«, sagte er mit fester Stimme, »sind superdisziplinierte Leute, die der Sache offen gegenüberstehen. Ich brauche niemanden, der hier sein eigenes Ding durchziehen will, koste es, was es wolle, und die anderen dafür benutzt. Die Gruppe macht die Show. Der Erfolg hängt von jedem Einzelnen ab, aber du bist ein Teil der Gruppe und für dich gibt es keine Extrawurst. Wenn du das akzeptieren kannst, bist du dabei.«

Ich fühlte mich glücklich und schuldig zugleich. Es war ein merkwürdiges Gefühl, als ich von der Bühne ging.

Meine Meinung über den neuen Choreografen hatte sich grundlegend geändert. Seine ganze Art, wie er mir Fragen stellte, wie er mich ansah, wie er redete, lächelte, nachhakte, hinterließ Spuren, unsortierte Gefühle und einen bleibenden Eindruck. Nach einer unruhigen Nacht, in der ich noch einmal versuchte, ihn bescheuert zu finden, und die ganze Unterhaltung zwischen uns wieder und wieder durchspielte, musste ich mir eingestehen, dass Mark mir sehr gefiel. Ich versuchte, meine Gefühle unter das Kopfkissen zu packen und zu vergessen, aber wann immer ich ihn in den folgenden Tagen zu Gesicht bekam, entfachte das wieder ein kleines Feuer in mir, das ich jedes Mal zu löschen versuchte, um die Proben und den Arbeitsprozess nicht zu stören. Irgendwann hatte ich das Gefühl, innerlich zu verbrennen, wenn ich ihn sah.

Jeden Tag begehrte ich ihn ein Stück mehr, blieb länger bei den Proben, arbeitete härter. Nach ein paar Tagen musste ich mir meine Gefühle eingestehen und gab meiner Leidenschaft allmählich nach. Natürlich verhielt ich mich während der Proben und im Beisein der anderen Tänzer professionell, vielleicht ein wenig zu unterkühlt, aber wenn ich mitbekam, dass er auch nur an eine der anderen Tänzerinnen erklärend Hand anlegte, hätte ich ihr die Augen auskratzen können.

Wann immer ich die Gelegenheit hatte, Mark außerhalb der Proberäume anzutreffen, warf ich ihm verführerische Blicke zu. Mein Körper signalisierte in diesen kurzen Momenten pure Leidenschaft. Ich wusste schon immer, wie ich ihn einzusetzen habe, und war mir sicher, dass das von Mark nicht unbemerkt bleiben würde. Er zeigte sich anfangs unbeeindruckt. Seinen Ansagen während der Proben konnte ich aber entnehmen, dass es ihn beschäftigte, dass *ich* ihn beschäftigte, und vor allem, dass es ihn irritierte, nicht zu wissen, ob er die Dinge richtig deutete.

»Es gab in den letzten Wochen nicht eine Nacht, in der ich vor dem Einschlafen nicht an dich gedacht hätte.«

Es gab ein, zwei Momente, in denen Mark mit einer Frage auf den Lippen auf mich zukam, die er sich aber verkniff, als ich mich abwendete oder so tat, als führte ich gerade ein angeregtes Gespräch mit einer der Kolleginnen. Es gefiel mir, ihn zu verunsichern. Ich signalisierte ihm mit eindeutigen Blicken, dass ich mehr in ihm sah als nur meinen Trainer, und unterstützte das mit ebenso eindeutigen Gesten, die ich – spätestens wenn er begann, sie für sich zu deuten und sich darin wohlzufühlen – wieder unterließ. Mal berührte ich ihn beim Üben einer Hebefigur länger, als es die Szene verlangte, dann wieder umklammerte ich ihn ruppig und hart oder ließ mich absichtlich fallen.

»Pia, warte mal!«, rief Mark nach einer der Proben, als ich gerade in mein Auto steigen wollte. »Sag, mal, bist du wegen irgendwas sauer auf mich? Hab ich dich verärgert?«

Das war der Moment, auf den ich gewartet hatte. Er kam an wie ein geprügelter Hund und fühlte sich wegen Dingen schuldig, die er nie begangen hatte. Ich lächelte erst eine Weile, bevor ich ihm etwas Neues zum Grübeln gab, denn es war an der Zeit, ihm klarzumachen, worum es mir eigentlich ging. Ich warf mein Haar zurück und antwortete mit Engelsstimme: »Nein, wieso? Wie kommst du denn darauf? Im Gegenteil.« Ich hielt inne, er wartete, dann fuhr ich fort: »Es gab in den letzten Wochen nicht eine Nacht, in der ich vor dem Einschlafen nicht an dich gedacht hätte.«

Mark blinzelte verwirrt, als ob er sich gerade verhört hätte.

»Wie, an mich gedacht?«, fragte er neugierig. »Du, du meinst, wegen der Proben? Hat es was mit den Proben zu tun?«

»Nein, mit den Proben hat das garantiert nichts zu tun«, antwortete ich und stieg, ihn noch immer anblickend, in meinen Wagen, schloss die Tür und fuhr los.

Im Rückspiegel sah ich, wie er immer noch unbeweglich auf dem Parkplatz stand und mir nachsah. Die Vermutung hatte ich schon lange gehabt, aber jetzt war ich mir sicher, dass seine Neugier geweckt war.

Während der Proben am folgenden Tag machte ich wieder auf unnahbar und war vollkommen in die Übungen vertieft. Ich spürte zwar Marks fragende Blicke, gab ihm aber keine Möglichkeit der Entspannung oder Erklärung. Erst nach der Probe auf dem Parkplatz sollte sich die Sache klären. Ich stand mit dem Wagen neben seinem und wartete, bis er kam. Als er gerade einsteigen wollte, ließ ich die Beifahrerscheibe runter und rief ihm zu: »Hey Mark, alles klar?«

Er beugte sich zum offenen Fenster herunter und sah mich gespannt an.

»Wenn du mich auf einen Drink einlädst, erzähle ich dir von den Gedanken, die ich nachts vor dem Einschlafen habe«, blitzte ich ihn an.

»Gern!«, sagte Mark sichtlich erleichtert und fügte hinzu: »Lässt du dein Auto stehen und steigst bei mir ein?«

»Klar«, sagte ich und fand, dass Mark irgendwie so entwaffnet wirkte, so unsicher, fast schon unterwürfig. »Lass uns zu *Frau Clara* fahren«, schlug ich ihm vor, als ich bei ihm einstieg. Mark lächelte handzahm.

In der Bar angekommen, wurde er lockerer. Wir plauderten über alles Mögliche: das Tanzen, Kollegen, Engagements, das Wetter. Wir redeten und redeten und tranken und redeten wieder. Zwischendurch verlor ich mich in Gedanken, weshalb ich mit Mark überhaupt in dieser Bar war. Während er das Thema schon wieder vergessen zu haben schien, gewannen die Gedanken, die ich vor dem Einschlafen hatte, immer mehr Raum. Ich wollte Sex mit ihm, ich wollte Mark mit nach Hause nehmen und in mein Bett ziehen. Ich wollte ihn überall küssen, ich wollte ihn schon am Tag davor küssen und die Woche davor auch, ich wollte das seit jenem Gespräch auf der Bühne. Nachts, wenn ich nicht schlafen konnte, stellte ich mir vor, wie es wäre, mit ihm in der Garderobe Sex zu haben. Wir müssten ganz leise sein und würden jedes Mal innehalten, wenn sich ein paar Wortfetzen vom Gang aus zu uns verirrten. Vielleicht würden wir, während wir miteinander schliefen, auf der Bühne jemanden musizieren oder singen hören. Vielleicht hörten wir aus der Kantine nebenan ein paar Kollegen lachen, Gläser klirren oder eine Spülmaschine rattern. Vielleicht, so stellte ich mir vor, würde ich beim Aufflackern des Garderobenlichts sehen, wie an der Wand *Ich liebe dich* oder *Fuck you* geschrieben stünde, und es unter Marks heftigen Stößen wieder vergessen.

Ich war so weit. Es war allerhöchste Zeit, das Quatschen zu beenden und den Heimweg anzutreten. Ich beschloss, wieder die Kontrolle zu übernehmen.

»Von dir gefickt zu werden«, sagte ich in Marks lächelndes, vom Wein gerötetes Gesicht.

»Was?!«, fragte er irritiert.

»Von dir gefickt zu werden ist mein letzter Gedanke vor dem Einschlafen. Das wolltest du doch wissen, oder?«

Sein Lächeln erstarrte.

»Komm mit.« Ich stand auf, zahlte für uns beide und ging zum Ausgang. Mark folgte mir auf dem Fuße.

Auf dem Heimweg war er wie Wachs in meinen Händen. Er war schön, so unheimlich schön und ich so unheimlich geil. Im Fahrstuhl zu meiner Wohnung presste ich mich das erste Mal an ihn und öffnete seine Lippen mit meinen. Seine Zunge war zögerlich und hatte ein paar Probleme mit der Orientierung.

»Sorry, ich bin nicht so der Küsser«, entschuldigte sich Mark und grinste verlegen.

»Kein Problem«, entgegnete ich und stutzte zugleich über meine Antwort. Kein Problem?! Hab ich gerade *Kein Problem* gesagt, fragte ich mich selbst und fand, dass das sehr wohl ein Problem war. Doch ich wischte es weg wie Dreck unter den Abtreter.

Was in meiner Wohnung folgte, war ein Desaster. Meine Leidenschaft zerschellte an seiner Unfähigkeit wie ein Piratenschiff an einer Klippe bei stürmischer See. Ich wurde unfreiwillig Zeugin der langweiligsten Sexnacht meines Lebens! Mark verhielt sich so öde und leidenschaftslos, dass ich es mir schamlos selbst machte, bevor meine Lust in den Abfluss sickerte. Meine Instinkte hatten mir einen leidenschaftlichen Liebhaber versprochen, was ich bekam, war Petting auf Grundschulniveau. Als mir seine Entschuldigungen und dürftigen Erklärungen die letzten Illusionen raubten, komplimentierte ich meinen Choreografen freundlich, aber bestimmt aus der Wohnung. Als ich die Tür hinter ihm schloss, hätte ich angesichts der wochenlangen Zeitverschwendung schreien können.

Professionell ging es am nächsten Morgen mit den Proben weiter. Über die Nacht verloren der Star-Choreograf und ich kein einziges Wort mehr. Ich zählte die Tage bis zur Aufführung, die – im Gegensatz zu unserem Techtelmechtel – ein Erfolg auf ganzer Linie war.

11. GESCHICHTE

Marlas Jagdrevier

Sophie (34), Kindergärtnerin, Berlin,
über
Marla (31), Psychologin, Berlin,
und
»Nachtbus« (40), Tischler, Berlin

Wenn ein Mann drei Frauen pro Woche abschleppt, ist er ein Held. Wenn eine Frau sich das Gleiche herausnimmt und ihre Bettpartner so oft wechselt wie ihre Strümpfe, ist sie eine Schlampe. Mit mir nicht, Leute, mit mir nicht!«, sagte Marla oft.

Ich finde, diese Aussage klang aus ihrem Mund ganz besonders abgeklärt. Obwohl Marla sehr wählerisch war, liefen ihr in ihrem Jagdrevier immer wieder geeignete Typen vor die Flinte. Marla ist Psychologin und arbeitet als Therapeutin und Einzelfallhelferin. Und als Psychologin wird sie schon wissen, wie man die Männerwelt für sich begeistert, dachte ich. Was ich dabei gern ausblendete, war, dass Marla zwei Kinder hatte und deswegen nicht so leicht Männer kennenlernte wie kinderlose Single-Frauen. Und schon gar nicht so häufig, weil sich ihr schlichtweg nicht so viele Möglichkeiten boten. Wenn ich die Nacht zum Tag machte und feuchtfröhlich bis morgens durch die Clubs zog, hing Marla in Partner- und Dating-Börsen rum und checkte neugierig die freie Wildbahn. Schließlich, so betonte sie immer wieder, sei die Sache mit dem Jagen und Erobern nicht mehr nur ein reines Männerding.

»Du, ich war gestern wieder bei ForeverLove. Da haben sich etliche Typen aus Charlottenburg angemeldet, einer heißer als der andere! Ich hab zur Sicherheit gleich mehrere angeschrieben. Mal gucken, was passiert«, feixte sie.

»Erstens will ich keinen festen Freund an meiner Seite, zweitens möchte ich meinen Spaß und drittens bin ich ungefickt. Seit fünf Wochen!«

»Hast du erzählt, dass du alleinerziehende Mutter bist?«, fragte ich Marla zum x-ten Mal, weil ich mir einfach nicht vorstellen konnte und wollte, dass sie keinen Mann fürs Leben suchte, sondern lediglich einen fürs Bett, fürs Auto, fürs Treppenhaus, für ihre riesige Lust eben.

»Ich will den Männern nicht erzählen, wie mein Alltag aussieht oder dass ich Mutter bin, Sophie, kapier das doch endlich mal!«, stöhnte Marla.

»Die Kinder haben einen Vater, die brauchen keinen neuen! Und wenn ich den Männern aus der Kontaktbörse sage, dass ich auch noch Psychologin bin, denken die sofort, ich würde sie für irgendwelche Analysen oder Studien brauchen, und schwuppdiwupp – meldet sich keiner mehr bei mir! Es würde für mich nicht mal ein bisschen Knutscherei im Treppenhaus drin sein, verstehst du? Du kannst dir nicht vorstellen, wie sehr ich darauf Bock habe und das vermisse!«

»Doch Marla, das kann ich«, sagte ich, wohlgemerkt noch immer auf dem Schlauch stehend oder auf der langen Leitung oder worauf auch immer. Tatsache war: Marla bestellte sich die Männer wie Pizza. Das war einfach zu viel für mich! Ignorant redete ich weiter auf sie ein: »Wenn du diesen Kontaktbörsen-Heinis ständig verschweigst, dass du Mutter zweier halbwüchsiger

Jungs bist, wirst du immer Schwierigkeiten haben, jemanden zu finden, der mehr will als nur ein Abenteuer, Knutschereien im Keller oder Sex im Treppenhaus. Die meisten Männer ziehen garantiert den Schwanz ein, wenn sie erfahren, dass sie eventuell für das Übernehmen leichter väterlichter Pflichten in Betracht kämen. Dass du in deinem Profil kein Sterbenswörtchen davon erwähnst und dich lieber im kleinen Schwarzen präsentierst, ist ja okay. Aber in den persönlichen E-Mails solltest du die Karten auf den Tisch legen – und zwar relativ zeitnah! Stell dir vor, so ein armer, ahnungsloser Typ aus der Börse steht unverhofft mit 'nem Strauß Blumen vor der Tür und dein pubertierender Sohn fragt ihn noch frech, ob es ihm was ausmachen würde, den Müll gleich mitzunehmen, wenn er wieder runtergeht. Ich garantiere dir: Der ersehnte Treppenfick verpisst sich aus deinem Jagdrevier, bevor er es markiert hat! Reingeschnuppert, geguckt, von dannen gezogen. Wenn du aber von Anfang an mit offenen Karten spielst, kannst du davon ausgehen, dass sich nur diejenigen bei dir melden, für die das kein Problem ist. So trennst du die Spreu vom Weizen, verstehst du?«

»Ich flipp aus«, brüllte Marla, »du willst es einfach nicht begreifen, Sophie! Erstens will ich keinen festen Freund an meiner Seite, zweitens möchte ich meinen Spaß und drittens bin ich ungefickt. Seit fünf Wochen!«

Ein hoffnungsloser Fall, wie ich fand. Zu meiner Beruhigung versicherte Marla mir, dass in diesen Börsen ganz normale Leute mit einem ganz normalen Leben, normalen Berufen, normalen Hobbys und erfüllbaren Wünschen seien. Leute wie Marla und ich.

Einmal rief sie mich mitten in der Nacht an, kicherte durchs Telefon und sagte, sie wäre gerade »mit dem Nachtbus im Gruselwald«.

Als sie mich mit dieser merkwürdigen Aussage aus den Träumen riss und ich noch ein bisschen benommen war, schoss es mir durch den Kopf: Das war's! Jetzt fährt sie schon mitten in der

Nacht in ihrer Geilheit mit dem Bus auf einen dieser Parkplätze, die meist an versifften Autobahnraststätten, unweit irgendwelcher Ausfahrten liegen, und treibt es mit einem dubiosen Unbekannten am Waldrand, während ein heimlicher Kumpel des dubiosen Unbekannten die ganze Chose filmt und das Video anschließend auf irgendwelche Sex-Portale stellt.

Vielleicht bin ich durch zu viel *Tatort*-Gucken gebrandmarkt, denn ich malte mir sofort ein Tötungsdelikt an Marla aus. Schließlich kannte ich solche Fälle zur Genüge aus den Ermittlungen der Kommissare Thiel und Boerne oder Lena Odenthal. Die Phantasie ging mit mir durch. In meiner Vorstellung sah ich eine schrullige Pressesprecherin der Berliner Polizei, mit Dexter, dem coolen Forensiker und unentdeckten Serienmörder aus der gleichnamigen Ami-Serie, gemeinsam vor die Kamera treten und sagen:

»Die Polizei bittet die Bevölkerung um Mithilfe bei der Identifizierung einer nackten Leiche. Es handelt sich bei der Person um eine Frau mittleren Alters, schätzungsweise dreißig, vielleicht älter. Sie ist schlank und hat langes, dunkles, gelocktes Haar. Die Frau war vermutlich Raucherin und pichelte kurz vor ihrem Ableben mindestens eine Pulle Rotwein, worauf die stark bläulichen Verfärbungen an den Zähnen und auf der Zunge hinweisen.«

»Den Spuren nach zu urteilen«, würde Dexter fortfahren, »könnte es sich bei dem Rotwein um eine preisgünstige Marke aus der nahe gelegenen Raststätte handeln. Einem eventuellen Zusammenhang mit einem Anruf des Tankstellenbesitzers bei der Polizei wegen Ladendiebstahls werde derzeit nachgegangen. Es könnte sich hierbei natürlich um einen Zufall handeln, aber auch um das Motiv des Täters, der ebenfalls nackt und stark alkoholisiert vielleicht immer noch irgendwo da draußen rumrennt. Weitere besondere Kennzeichen der unbekannten Toten: Den Steiß ziert ein mittelgroßes Arschgeweih. Die Fliegen, die es sich unmittelbar nach ihrem Ableben darauf gemütlich gemacht haben, leuchten in phantasmagorischem Grün.«

Dann würde Dexter noch ein paar Blutproben von Marla nehmen und die Blutspuren an den Bäumen sichern und die Polizeisprecherin würde noch mal in aller Dringlichkeit an die Bevölkerung appellieren: »Wer kann Angaben zur Person oder Hinweise zu ihrem letzten Aufenthaltsort geben? Sachdienliche Hinweise, die zur Ergreifung des Täters führen, werden mit 5000 Euro belohnt.«

Und ich würde die Polente dann anrufen und dem Kommissar, der an dem Fall arbeitet, mitteilen: »Die Tote ist meine Freundin Marla! Sie ist schon immer eine derjenigen gewesen, die es mit der eigenen Sicherheit nicht so genau nahmen. Das hat sie nun davon! Ich habe ihr einen solchen Tod prognostiziert, müssen Sie wissen, Herr Hauptwachtmeister, aber nein: Sie wollte ja nicht auf mich hören! Jetzt ist Marla vermutlich aus ihrem eigenen Jagdrevier in die ewigen Jagdgründe eingegangen und baut sich im Himmel ein neues auf. Und ich bin um 5000 Euro reicher!«

»Hallo, Sophie bist du noch da? Du antwortest ja gar nicht! Sorry, dass ich dich so spät aus der Koje klingle, aber hast du nicht gehört, was ich gesagt habe? Ich bin mit dem Nachtbus im Gruselwald!«

Ihre helle Stimme riss mich aus meinem Kopfkrimi und schob die sinistren Gedanken über Marlas möglichen Beinahe-Tod schnell zur Seite. »Doch doch, ja! Ich bin da. Ich höre dich klar und deutlich, aber das muss ja nicht zwangsläufig bedeuten, dass ich irgendwas von dem kapiere, was du da faselst!«

Marla erklärte mir daraufhin, dass es sich bei ihrem »Nachtbus« um ein Pseudonym handle und Nachtbus kein Nachtbus sei, sondern ein cooler Typ namens René, mit dem sie gerade in einer »total abgefuckten Kneipe« rumhänge und gleich schön rumknutschen würde. Ich ging davon aus, dass es sich bei der Kneipe um den besagten »Gruselwald« handeln musste.

»Ich bin total scharf auf ihn!«, schwärmte Marla. »Dieser Nachtbus macht mich einfach an und ist unheimlich süß.«

Sie wolle auch gar nicht sofort mit ihm ins Bett, meinte sie. Lediglich ein bisschen knutschen, das reiche ihr schon.

»Allerhöchstens blase ich ihm einen, aber dann ist Schluss!«, rief Marla noch, pfefferte ein glückliches Tschüüüüüüs durch den Hörer und legte auf. Als sie das letzte Mal mit einem Typen aus der Börse abgezogen ist und wie sie sagte, einen mordsmäßigen Blowjob hingelegt hatte, konnte sie hinterher von seiner Wohnung aus 'ne halbe Stunde zur S-Bahn latschen und gefühlte zwanzig kalte Stunden warten, bis mal eine kommt. Ich konnte das nicht begreifen, aber ihr machte das überhaupt nichts aus. Marla war wirklich ein weiblicher Macho! Sie verschlang die Männer reihenweise, liebte es, sich auszuprobieren und immer wieder neue Typen, Stellungen und Orte kennenzulernen. Ich glaube, die Männer wussten das und mochten ihre unkomplizierte Art. Als sie sich am nächsten Morgen, nachdem sie »mit dem Nachtbus im Gruselwald« war, bei mir meldete, erzählte sie mir die ganze Geschichte mit all ihren kleinen, versauten Details: dass sie ihm gleich gesagt habe, dass sie kein Höschen trage; dass er sie fingerte, während die Kellnerin zwei neue Gläser Wein an den Tisch brachte; dass sie sich gegenseitig heiß machten, indem sie sich immer schmutzigere, obszönere, schamlosere Worte ins Ohr flüsterten. Marla schwärmte, wie der Nachtbus sie an einem Fahrradständer nahm und es allmählich hell wurde, als sie kam. Da sie den gleichen Heimweg hatten, gingen sie anschließend noch ein Stück gemeinsam. Sie knutschten ein letztes Mal unter einem Blumenkasten und gingen dann jeder für sich allein nach Hause. Marla war noch immer ganz aufgekratzt von diesem Erlebnis.

»Und rufst du ihn heute Abend mal an?«, fragte ich.

Aber Marla meinte, sie wolle erst mal gucken, was die Börse so Neues im Angebot habe, und sich erst dann entscheiden.

12. GESCHICHTE

»Einen Feigen-Smoothie, bitte!«

Mareike (29), Studentin der Landschaftsarchitektur, Berlin,
über
»Pierre«, Berlin

Mareike, kannst du heute Abend länger bleiben? Wir hatten gestern Abend extrem viel Laufkundschaft und Justus war ziemlich im Stress«, bat mich meine Chefin.

»Ja, klar, kein Problem!«, rief ich und hätte mir für diese Antwort selbst in den Hintern treten können. Ja, klar! Mareike macht. Mareike bleibt länger, auch wenn der Job beschissen bezahlt ist. Mareike stellt die Stühle hoch, schließt ab, macht Kassensturz, verpasst die letzte Bahn und zahlt dann wieder das Taxi für die Heimfahrt, das einen halben Tageslohn veschlingt. Es kotzte mich an. Alles. Die Uni, die Diplomarbeit, die ewig nicht fertig werden wollte, der schlecht bezahlte Job, aber vor allem Frank – immer noch. Ich war drei Jahre mit Frank zusammen gewesen. Drei Jahre zu viel! Eigentlich müsste ich froh sein, dass ich ihm vor ein paar Wochen den Laufpass gegeben hatte, aber der Mensch gewöhnt sich im Laufe der Zeit ja leider an alles. Auch an den größten Mist. Daran, dass Frank im Bett einfach nicht überzeugen konnte, habe ich mich nie gewöhnt. Ich habe alles versucht. Habe ihm Anweisungen gegeben, Ratschläge und Unterricht. Aber Frank hat in drei Jahren Beziehung einfach nicht gerafft, wie man eine Pussy streicheln muss, dass sie schnurrt. Schade um jeden Gedanken an ihn! Schade um die ganze vergebliche Liebesmüh. Die Sache mit Frank war für die Katz gewesen. Ich wollte mich gar nicht mehr darüber ärgern, und nun war das Blöde, dass ich mich darüber ärgerte, dass ich mich ärgerte. Verzwickte Situation!

Wenn ich wenigstens mal wieder einen anständigen Typen hätte! Es muss ja nicht gleich wie bei Romeo und Julia sein; ein guter Fick würde mir schon reichen.

Die WG-Geschichte, nachdem ich bei Frank ausgezogen bin, ist auch vollkommen in die Hose gegangen. Als unser Loveboat gesunken war, zog ich bei Bernd und Jonas ein. Ich dachte, das Zusammenleben mit zwei Schwulen sei unkompliziert.

Es war aber mindestens genauso anstrengend wie mit Frauen, nur dass die Typen eben nicht auf mich, sondern auf sich selbst und noch ungefähr zehn andere Typen pro Woche abgefahren sind. Eine eigene Bude konnte ich mir von dem beschissenen Kellner-Job nicht leisten, also blieb mir nichts anderes übrig, als wieder in mein altes Kinderzimmer zu ziehen. Es war ja nur für ein paar Monate. Nur so lange, bis ich endlich diese Scheiß-Uni hinter mich gebracht hatte. Das Gute daran: Bei Mutti war es billig, gemütlich und bequem, und das Beste war: Es gab zwei warme Mahlzeiten am Tag. Das hatte es in drei Jahren Fast-Ehe mit Frank nicht gegeben. Und Frank war Koch! Vermutlich ein schlechter.

Ich band mir die Bistroschürze um, nahm Eimer und Lappen und begann die Tische auf der Terrasse für das Tagesgeschäft klarzumachen. Bald bin ich hier weg, kann nicht mehr lange dauern, murmelte ich gebetsmühlenartig vor mich hin, während ich mit leicht angepisster Miene die Tische abwischte. Wenn ich wenigstens mal wieder einen anständigen Typen hätte! Es muss ja nicht gleich wie bei Romeo und Julia sein, ein guter Fick würde mir schon reichen.

»Haben Sie schon geöffnet?«, riss mich eine tiefe Stimme aus meinen Gedanken.

»Ja, schon seit acht. Was darf es sein?«, fragte ich, ohne aufzuschauen.

»Ich hätte gern einen großen Caffè Latte zum Mitnehmen«, sagte der Typ, der vor mir stand und an seinem Anzug zupfte.

Als ich aufblickte, traute ich meinen Augen kaum. Genau das ist die Sorte Mann, die mir gefällt, schoss es mir durch den Kopf. Ich eilte nach drinnen, um ihm seinen Wunsch gleich zu erfüllen. Mir gefiel der Gedanke, dass er mir vielleicht auf den Hintern guckte, während er Richtung Theke folgte. Als ich mich kurz umdrehte, fing ich seinen Blick auf. Unwillkürlich musste ich grinsen.

Aufgeregt wie ein Teenie schäumte ich die Milch seines Caffè Latte auf und versuchte mit gespielt desinteressierter Miene einen weiteren Blick auf ihn zu werfen. Zu meiner großen Freude trug er keinen Ring. Meine Gedanken schwirrten wild durcheinander, am liebsten hätte ich ihn gleich mit nach Hause genommen und ihm dies – gleich hier und jetzt – auch unmissverständlich klargemacht, aber ich musste schließlich noch ein paar Stunden arbeiten. Ob er merkt, dass ich ihn gerade mustere? Ich muss mich um die Milch kümmern, ich darf nicht so offensichtlich zu ihm rüberstarren, befahl ich mir selbst, obwohl ich meine Augen nur schwer von ihm lassen konnte. Der Typ sah mir beim Milchaufschäumen zu – weswegen ich mir damit besondere Mühe gab – und kramte in seinem Portemonnaie nach Kleingeld. Er war vielleicht Anfang vierzig und hatte eisblaue Augen. Genauso wie dieser Achtziger-Jahre-Typ, in den ich in der neunten Klasse verknallt war: Pierre

Cosso. Sein Haar war dunkel und schon etwas schütter, was er aber gut kaschierte. Er trug einen maßgeschneiderten Anzug und war nicht sehr groß, aber durchtrainiert, das konnte ich sehen. Auf jeden Fall wollte ich seinen Knackarsch so früh am Morgen in keiner Jeans sehen, denn schon sein Anblick in diesem Anzug war definitiv nicht jugendfrei, dachte ich, als er seinen Caffè Latte nahm, sich umdrehte und ich ihm, zugegebenermaßen etwas sehnsüchtig, hinterhersah.

»Der kommt seit Neuestem fast jeden Morgen. Trinkt immer Caffè Latte und sieht aus, als hätte man ihn in den Anzug reingenäht«, sagte Justus, der mit mir zusammen Schicht hatte. Ihm war nicht entgangen, wie ich Pierre Cosso auf den Hintern gestarrt hatte.

Der Typ ist genau das, was ich jetzt brauche, sinnierte ich. Er bringt meine Hormone zum Vibrieren – was Frank nie geschafft hat. Ein heißer Stammgast mit Knackarsch ist hundertmal besser als ein Frank in Bart-Simpson-Boxershorts. Ich freute mich schon auf das nächste Wiedersehen. Justus ahmte meinen verträumten Blick nach. Ich musste lachen und zwickte ihm in die Seite. Er versuchte, mit einer coolen Abwehrhaltung zu reagieren, die er in irgendeinem alten Hongkong-Streifen gesehen hatte. Wir lachten. Von Justus erfuhr ich auch, dass Pierre Cosso nicht nur morgens, sondern auch abends käme: »Der Typ trainiert wohl im Fitnesscenter obendrüber. Nach seinem Training kommt er immer noch mal runter und bestellt einen dieser sündhaft teuren Gesundheits-Shakes, Apfel-Glück Energy Drink oder Popeye-Obst-Smoothie oder so was.«

Von mir aus hätte er auch Leitungswasser direkt aus dem Hahn oder den Popeye-Ginseng-Tee trinken können, solange er nur wieder aufkreuzen würde. Auf einmal erschien mir die Aussicht, länger im Laden bleiben zu müssen, doch nicht mehr so schlimm.

An dem Abend ließ sich der Typ leider nicht mehr blicken und so blieben mir nur meine Träumereien ... Aber am nächsten

Abend – ich hatte diesmal eine fluffige Ausrede erfunden, um länger zu bleiben, und ein Grinsen und eine blöde Grimasse von Justus geerntet – war es so weit.

»Hallo, einen Feigen-Smoothie, bitte, Medium ohne Crash-Eis«, so die Order *meines* Pierre Cosso, der tatsächlich wieder auf der Matte stand. Genau wie Justus gesagt hatte: Er kommt immer kurz vor Ladenschluss.

Hatte seine Gegenwart mich gestern nervös gemacht, wurde ich jetzt ganz ruhig und konzentriert. Der Gedanke, wohin dieser Abend mich, ihn oder vielleicht sogar uns beide noch führen könnte, erregte mich.

»Sie bestellen sonst Caffè Latte«, versuchte ich ihn sofort in ein Gespräch zu verwickeln, während ich die Milch in den Mixer goss.

»Ja, stimmt«, antwortete Pierre verhalten und blieb, als ich mich extra tief zur Spülmaschine runterbückte, um ein Glas rauszufischen, an meinem Ausschnitt hängen.

Er bemerkte sofort, dass ich es bemerkte, was ihm ein bisschen peinlich zu sein schien, denn er wühlte plötzlich unkontrolliert und nervös in seinem Portemonnaie herum.

»Ist schon okay«, grinste ich süffisant, »geht aufs Haus.«

Der Blauäugige lächelte verlegen, schnappte sich seinen Shake und ließ sich in einem unserer Ohrensessel nieder.

Ich weiß, es ist nicht sonderlich nett, aber die Unsicherheit, die von ihm ausging, wirkte auf mich wie eine Einladung, ihn zu erlegen. Ich konnte mich kaum konzentrieren. Selbst in seinem Trainingsoutfit sah er heiß aus, er roch frisch geduscht, ein Hauch von Davidoff lag in der Luft. Unwillkürlich musste ich daran denken, wie Josh Holloway in der gleichnamigen Werbung seinen scharfen Körper aus dem Wasser schwingt.

Justus war bereits gegangen, das konnte mir nur recht sein. Ich begann, die Kaffeemaschine zu reinigen. Sicherheitshalber schloss ich vorher die Eingangstür ab, denn ich hasste es, wenn kurz vor Feierabend noch eine Horde Touristen aufschlägt und nicht schnallt, dass der Laden eigentlich schon geschlossen hat. Pierre, der vermutlich gar nicht Pierre hieß, blickte zu mir rüber, als ich mit einer gewissen Vorfreude die Schlüssel im Schloss herumdrehte.

»Ich bin gleich weg!«, rief er und war sichtlich bemüht, sich mit dem Trinken zu beeilen.

»Nein, nein, lassen Sie sich ruhig Zeit! Ich werde noch eine ganze Weile brauchen, um hier klar Schiff zu machen«, rief ich.

Dass ich nebenbei auch noch etwas mit ihm vorhatte, war nur meinem Lächeln und meinem vermutlich etwas zu übertriebenen Augenaufschlag zu entnehmen. Ich wischte die Tische ab und schwang meine Hüften dabei etwas mehr, als für diese Arbeit notwendig gewesen wäre. Dann legte ich meine Schürze ab, zupfte Bluse und Rock zurecht und drehte die Musik lauter. Die Spannung stieg. Beim Zählen der Tageseinnahmen hoffte ich, dass den Blauäugigen nicht die Panik packen und er die Fliege machen würde.

Plötzlich musste ich an Frank und eines unserer Streitthemen denken. Er hatte mir oft vorgeworfen, dass wir Frauen es viel leichter hätten, wenn es darum ginge, Männer kennenzulernen. Wir bräuchten so gut wie nichts zu machen, denn die ganze Vorarbeit, so Frank, würden die Männer leisten. Ich fand diese Ansichten veraltet und hielt dagegen, aber Frank rückte nie von seiner Meinung ab, was mich manchmal zur Weißglut gebracht hatte.

»Wann macht denn eine Frau schon mal den ersten Schritt?«, hatte er oft gefragt. Es seien immer die Männer, die die Sache anleiern und sich ins Zeug legen müssten, sie müssten uns Frauen einladen, Komplimente machen und nach der Nummer fragen. Und dafür würden sie sich auch noch einen Korb oder schlimmstenfalls sogar eine Ohrfeige einhandeln. »So ist das, genau so und nicht anders!«, hatte er immer gern philosophiert und am Ende resümierend festgestellt, dass Undank eben der Männer Lohn sei.

Ja, ja, dachte ich mir, ihr armen Männer! Wir Frauen sind so furchtbar zu euch! Wir prahlen nur nicht so viel mit unseren Fähigkeiten, wir sind subtiler im Vorgehen und erfolgreicher im Ergebnis … Mir kamen Franks verzweifelte Bemühungen in den Sinn, mir einen Orgasmus zu verschaffen. Aber daran wollte ich nun wirklich nicht mehr denken!

Ich biss mir fest auf die Unterlippe, legte die Hand auf meine Brust und fühlte, wie es darunter viel zu schnell pochte. Schnell erledigte ich die letzten Handgriffe hinter der Theke, um mich wieder dem männlichen Exemplar im Raum zu widmen.

Wenn er nicht gevögelt werden will, dachte ich, kann er mir das gern sagen.

»Wollen Sie den restlichen Smoothie?«, rief ich in Pierres Richtung und hielt den Mixer hoch, den ich extra noch nicht gespült hatte.

»Oh, ja gern!«, rief dieser erfreut und wollte sich mit seinem halb vollen Glas gerade aus seinem Ohrensessel erheben.

Nicht nötig. Ich rief ihm zu, dass er ruhig sitzenbleiben solle, ging zu ihm rüber, stellte mich ganz dicht neben ihn und schenkte ihm den Rest der Vitaminbombe ein. Dabei berührte ich ihn mit meinem linken Knie am Oberschenkel. Er wirkte, als fühle er sich leicht bedrängt, was mich nur noch mehr anmachte. Es durchströmte mich heiß und kalt. Wenn er nicht gevögelt werden will, dachte ich, kann er mir das gern sagen. Ich machte auf dem Absatz kehrt, ging zurück zur Theke, stellte den Mixer ins Spülbecken, nahm meine Tasche und machte im Laden das Licht aus. Die Musikanlage hatte einen Timer und würde sich in den nächsten Minuten von selbst ausschalten. Die Schaufensterbeleuchtung warf ein gedämpftes Licht auf die Tische.

Ich ging wieder rüber zu Pierre, der sich gerade an seinem Telefon zu schaffen machte, legte meine Tasche auf einen der Sessel neben ihn, stellte mich direkt vor ihn und fixierte ihn. Erneut berührte ich ihn mit meinen Knien. Pierre legte das Handy zur Seite und sah mich mit großen, erwartungsvollen Augen an. Sein Mund stand ein bisschen offen. Er zupfte an seinen Klamotten, rutschte auf dem Sessel hin und her und räusperte sich dreimal hintereinander, während ich auf ihn runterblickte. Er schien mir mit der Situation etwas überfordert. Ich beschloss, den Armen langsam zu erlösen. Mit meinen Knien schlug ich abwechselnd leicht gegen seine und drängte mich ein Stückchen zwischen seine Beine.

Pierre sah mich an, erwiderte meinen Blick und schaute dann wieder weg. Er lächelte verlegen, blickte zur Seite, hinter uns und wieder zu mir hoch. Sein Atem ging unregelmäßig.

Männer ticken doch irgendwie alle gleich, dachte ich. Sie brauchen nur im rechten Moment einen Schubs in die gewünschte Richtung.

»Also, ähm, ich …«, stammelte er.

»Psst!«, flüsterte ich, legte meinen Zeigefinger auf seinen Mund, nahm seine Hände und führte sie zu meinen Beinen. Pierre schien langsam zu begreifen, was hier gleich passieren würde. Er berührte vorsichtig meine Knie, zog seine Hände zurück, fing kurz darauf aber von selbst wieder an. Er glitt mit den Handflächen langsam und vorsichtig über die Innenseiten meiner Schenkel.

Ich sah ihn dabei an und schloss wie zur Bestätigung kurz die Augen, als er sich höher vortastete. Männer ticken doch irgendwie alle gleich, dachte ich. Sie brauchen nur im rechten Moment einen Schubs in die gewünschte Richtung. Pierre fühlte sich sicherer, ließ seine Hände unter meinen Rock gleiten und berührte mich genau an der richtigen Stelle. Er beugte sich nach vorn und presste mich an sich, während er mit der anderen Hand weiter streichelte. Ich stöhnte leise und machte die Beine ein bisschen mehr auseinander. Plötzlich griff er nach mir und zog mich mit einem Ruck auf seinen Schoß.

Die Schüchternheit in seinen Augen war einem fiebrigen Blick gewichen, der mich noch geiler machte. Endlich war ihm klar, dass ich ihn jetzt ficken würde. Als er seine Trainingshose herunterzog, stand ich schnell auf und entledigte mich meines Höschens. Dann setzte ich mich wieder auf seinen Schoß. Wir sahen einander tief in die Augen, als Pierre in mich eindrang.

Ich bewegte mich auf ihm, wie es mir gerade in den Sinn kam, schnell, langsam, fordernd; ich gab den Rhythmus vor. Pierre ließ es geschehen und schien zu genießen, den passiven Part einzunehmen. Ich spürte, dass er gleich so weit war. Als er kam, war das für mich nur zweitrangig, denn ich wollte ja auch auf meine Kosten kommen. Ich presste mich noch enger an ihn. Langsam ritt ich ihn weiter, wohl merkend, dass ihm das etwas unangenehm wurde. Als ich kam, schrie ich laut über seinen Kopf hinweg, befreit. Erschöpft sank ich auf ihm zusammen. Einen Moment lang bildeten wir eine große schwitzende Einheit.

Als wir uns schweigend wieder anzogen, fragte ich mich kurz, ob ich ihn nach seinem richtigen Namen fragen sollte, aber es erschien mir unwichtig. Ich brauchte keinen zweiten Frank, denn ich hatte mir eben selbst bewiesen, dass sich auch eine Frau nehmen kann, was sie begehrt. Das wollte ich erst mal ein bisschen auskosten. Erschöpft und leise lächelnd führte ich Pierre zum Ausgang. Ich küsste ihn noch einmal zum Abschied und schloss die Tür. Im Hintergrund brummte die Lüftung leise in den Abend.

13. GESCHICHTE

Mr. Lover Lover

Thea (26), Maskenbildnerin, Hamburg,
über
Ralf (39), Schauspieler, Berlin

Es gibt Männer auf dieser Erde, die sollte es lieber nicht geben, hat meine Oma mal gesagt. Das trifft nicht immer zu, aber leider immer noch oft genug.

Wir steckten mitten in den Dreharbeiten für eine TV-Produktion. Ich arbeitete als Maskenbildnerin und hatte wieder mal mit Ralf zu tun, Hauptdarsteller des Films und seines Zeichens bekannter Schauspieler, der es gewohnt war, dass ihn alle hofierten und ihm in den Arsch krochen. Roter Teppich hier, Goldene Kamera da, Autogramme natürlich. Dazwischen Affären.

Ich habe schon bei anderen Produktionen mit ihm zusammengearbeitet, vielleicht sollte ich sagen: Ich habe mit ihm zusammenarbeiten müssen, denn Ralf war für mich ein arrogantes Arschloch, dem der Ruhm die letzten grauen Zellen vollkommen ruiniert zu haben schien. Doch die Branche ist hart und ich war stets bemüht, meine persönlichen Antipathien außen vor zu lassen und mich, so gut es ging, auf meinen Job zu konzentrieren.

Am Set herrschte das gewohnte Gewusel. An der einen Ecke fehlte ein Kabel, an der anderen sollten noch die Schienen für die Kamera befestigt werden. Komparsen kamen zu spät und mussten in Windeseile geschminkt und eingekleidet werden, der Regisseur hatte noch ein paar Änderungen in petto und ich hatte diesen sogenannten Star vor mir sitzen. Selbstgefällig grinste er sich im Spiegel an, während ich ihn abpuderte: einfach zum Kotzen! Es hatte längst überall die Runde gemacht, dass der Charmebolzen gern mal hier und dort sein Rohr verlegte.

In der Überzeugung, zur Königsklasse der deutschen Schauspielzunft zu gehören und eine wichtige Rolle im internationalen Filmgeschäft zu spielen, latschte er durch die Welt und kriegte einen Ständer, wenn er auf der Straße erkannt wurde und Mädchen fast hyperventilierten, während sie ihn um ein Autogramm baten. Er hielt sein Talent für Kunst und weil Künstler auch immer ein bisschen eigen und kühn sind, war er der Ansicht, dass sein schauspielerisches Œuvre eine Bereicherung der deutschen Filmgeschichte war. Ich malte mir immer gern aus, wie er sich morgens mit Mundgeruch von einer Frau verabschiedete, deren Vorname ihm beim Ficken leider entfallen war, oder wie er in Cafés die Gazetten nach seinem Namen durchsuchte, während er sich mit der Hand über seinen gut bezahlten Schädel fuhr.

»Thea, jetzt mach schon, beeil dich mal ein bisschen!«, fuhr Ralf mich an und tat so, als sei ich schuld, dass sich die Szenen nach hinten verschoben hatten. Er saß auf einem Schemel, zappelte, scharrte mit den Füßen auf dem Boden und gab dem Regie-Sklaven unentwegt Anweisungen, der daraufhin mit rotem Kopf und gesenktem Blick herumrannte und tunlichst darauf bedacht war, keine Fehler zu machen. Die erste Szene war noch nicht im Kasten, als Ralf schon unmissverständlich klargemacht hatte, um wen sich gefälligst alles zu drehen hatte. Nach den üblichen Bemerkungen über Leute, die ihren Job nicht richtig machen, konnte es endlich losgehen. Fabelhaft.

Bei allem Widerwillen, den ich gegen ihn hegte, war er trotzdem immer eines: professionell. Das Set war seine Bühne. Er bewegte sich durch die einzelnen Szenen, als seien sie für ihn das Selbstverständlichste und Gewöhnlichste überhaupt, als hätte er sein ganzes Leben lang nie etwas anderes getan, als diese eine Szene zu spielen. Eben noch total versnobt und das Arschloch vom Dienst, konnte Ralf herzergreifend schluchzen und in sich zusammensacken, sobald der Regisseur »Bitte!« rief.

Er mimte den Melancholiker, der am Weltschmerz zerbricht, so gut, dass man vor Mitgefühl am liebsten in die Szene gerannt wäre, um ihn zu trösten.

»Danke und Pause, Leute!«, rief der Regisseur irgendwann.

Es hatte längst überall die Runde gemacht, dass der Charmebolzen gern mal hier und dort sein Rohr verlegte.

Ich wollte ein bisschen Ruhe haben und nicht mit dem ganzen Tross in der Kantine Futter fassen, daher holte ich mir schnell einen Teller Kartoffelsuppe und setzte mich auf den Beobachtungsmonitor der Tonleute. Als ich gerade genüsslich meine Suppe löffelte, hörte ich hinter einer der Schiebewände Ralfs Stimme.

Erst dachte ich, er würde einzelne Sätze proben, aber schnell bemerkte ich, dass er mit Micha, einem der Nebendarsteller, über die weiblichen Neuzugänge am Set sprach: welche davon zum Ficken zu gebrauchen wären und welche nicht in sein Beuteschema passen würden. So ein Wichser, dachte ich, als ich Micha plötzlich auch meinen Namen sagen hörte.

»Okay, die ist ganz süß, aber lass bloß die Finger von der!«, waren Ralfs warnende Worte. »Ich habe schon mit der zusammengearbeitet, die ist optisch bestimmt nicht zu verachten, aber glaub mir, Alter, die Braut ist total anstrengend: immer ein bisschen zu hochnäsig, immer ein bisschen zu reserviert, wie ein kalter Fisch, wahrscheinlich 'ne Lesbe!«

»Lesbisch?«, fragte Micha daraufhin ungläubig. »Die sieht doch scharf aus!«

»Hat damit nix zu tun«, stellte Ralf fest, »gibt auch Lesben, die scharf aussehen! Diese Thea zeigt mir immer die kalte Schulter! Ich meine, wenn ich will, kann ich jede haben. Aber wie Thea sich mir gegenüber verhält – dieser Blick, diese hasserfüllten Augen: Die muss lesbisch sein. Ganz sicher!«

Ich glaubte, mich verhört zu haben. Fast hätte ich mich an meiner Suppe verschluckt. So redet also dieser kleine hinterfotzige Pisser hinter meinem Rücken über mich und setzt Gerüchte in die Welt. Zu gern wäre ich sofort aus meiner Ecke hervorgestürmt, um diesen Flachhans zur Rede zu stellen, aber stattdessen schluckte ich meine Wut mit dem Rest der Suppe runter und beschloss, unserem Frauenversteher eine Lektion zu erteilen.

»Jetzt sitz doch bitte mal eine Minute still!«, befahl ich Ralf, als ich ihn für die nächste Szene schminkte.

»Du kannst ja sprechen!«, bemerkte er daraufhin und grinste überheblich.

Ich stand zwischen seinen Beinen, beugte mich ein wenig zu ihm nach vorn, nahm seinen Kopf in meine Hände, sah ihm in die Augen und dachte: Na warte, du Wichser! Dann drehte ich ihn zur Seite, als würde ich noch einmal prüfen, ob sein Make-up exakt sitzt und alle Schatten perfekt ausgeblendet sind. Während er versuchte, einen Blick in meinen Ausschnitt zu erhaschen, streifte ich mit einem kalkulierten Schritt seinen Schwanz, tat aber so, als hätte ich es nicht bemerkt. Schließlich kam ich ja schon wegen des Make-ups nicht drum herum, ihn zu berühren. Ralfs Coolness geriet für einen Moment ins Wanken, es zuckte in seinem Gesicht. Er sprang sofort darauf an. Da ich jetzt wusste, dass ich ihm optisch gefiel, war es für mich ein Leichtes, ihn heiß zu machen. Natürlich ging ich weiter professionell meinem Job nach, aber jetzt ließ ich keine Gelegenheit aus, ihn eindeutig zu berühren, was ich sonst peinlichst vermieden hatte.

Es gefiel ihm. Ralf schaltete unverzüglich in den »Ich wusste doch, dass du auf mich stehst, Baby«-Modus und grinste mich blöde an. Am liebsten hätte ich ihm in seine Visage gespuckt, aber ich riss mich zusammen und machte weiter auf Lämmchen. Ich tat so, als hätte es bei mir eben einfach länger gedauert, bis ich gemerkt hatte, dass ich Mr. Lover Lover verfallen war. Ralf genoss die neue Aufmerksamkeit von meiner Seite sichtlich und fummelte an seinem Gürtel. Ich überlegte, ihm eine Gürtelschnalle mit meinem Foto anfertigen zu lassen, sodass er mich öffentlich und voller Stolz über seinen Eiern tragen könnte.

Ich hielt auch am dritten und vierten Drehtag durch und spielte das Spielchen mit. Sein dummes Gequatsche und sein selbstverliebtes Gehabe hatten langsam die äußerste Grenze des Erträglichen erreicht. Ich kicherte, quiekte und klimperte mit den Wimpern, wenn ich ihm begegnete.

> *Ralf schaltete unverzüglich in den »Ich wusste doch, dass du auf mich stehst, Baby«-Modus und grinste mich blöde an.*

In der Mittagspause fand ich Ralf rauchend vor der Halle. Als er mich sah, ging er sofort in Checker-Pose und grinste mich an. Ich blickte erst wieder ganz scheu zu Boden und schlenderte dann auf ihn zu. Wir quatschten ein bisschen.

»Sag mal, Süße«, fragte er mich selbstgefällig, »woher kommt die späte Einsicht?«

»Keine Ahnung«, log ich, »es hat einfach plötzlich klick gemacht. Vielleicht wusste ich es aber auch schon vorher und wollte es mir nur nicht eingestehen, weißt du.«

»Mmh, verstehe, verstehe«, sagte Ralf und machte auf einfühlsam, »ist ja auch klar, dass man bei so jemandem wie mir erst mal Hemmungen hat und sich nicht rantraut.«

Er kam einen Schritt auf mich zu, legte einen Arm um meine Hüfte und kniff mir in den Po.

»Vor mir musst du keine Angst haben«, raunte er mir vertraulich zu und grinste dreckig. Ich blieb in seiner Umarmung und schob mich ganz dicht an ihn heran.

»Darf ich dich was fragen?«, säuselte ich.

»Na, klar!«

»Ich weiß nicht so recht.«

»Immer raus damit!«, versuchte er mich zu animieren.

»Könnten wir demnächst mal was zusammen essen gehen? Ich meine, ich würde dich gern näher kennenlernen«, flüsterte ich, nahm die Hände über den Kopf, drückte die Brust raus und sah ihn mit unschuldigem Schulmädchenblick von unten an.

»Hohoho, das sind ja ganz neue Töne, Thea«, prustete er, »du meinst, wir haben ein Date? Du und ich ein Date? Hohoho.«

Er zog eine neue Kippe aus seiner Brusttasche, schnippte sie sich in den Mund und zündete sie an. Nach einem tiefen Zug blies er Ringe in die Luft und fragte mich dann: »Wann hast'n Schluss?«

»Halb acht«, gab ich mit scheuem Blick zurück.

»Okay, dann stehe ich um acht am Tor!«, erwiderte er mit schmierigem Grinsen.

»Aber sei bitte pünktlich, ich möchte nicht noch lange auf dich warten müssen«, sagte ich mit leichtem Kommando-Ton.

»Hohoho«, so seine Reaktion.

Beim Gehen streifte ich ihm provozierend über seinen Hintern.

Ralfs Brust schwoll an. Er war ganz in seinem Element, nicht ahnend, dass diesmal ein Hai durch seine Gewässer schwimmt, der sein Ego mit nur einem Biss verschlingen wird. Ich ging zurück in die Halle, bereitete mich mental auf den Abend vor und versuchte meine Emotionen, so weit es mir möglich war, auf Null zu schrauben.

»Wo sollen wir essen gehen?«, fragte er lässig, als er mich pünktlich um acht mit seinem Sportwagen abholte und ich mich in den tiefen Beifahrersitz fallen ließ.

»Ach, können wir das Essen nicht ausfallen lassen?«, fragte ich zurück und trat damit in die erste Phase meines Ralf-Erziehungskurses: den Fisch in ruhige Gewässer lotsen.

»Und was machen wir dann?«, fragte er interessiert.

»Vielleicht an einen Ort fahren, wo wir ungestört sind?«, fragte ich weiter, lehnte mich zu ihm rüber und streichelte ihm über den Oberschenkel, knapp an seinem Schwanz vorbei. Jede Pore seines Körpers verriet, dass ihn das geil machte.

»Na, wenn du mal nicht direkt zur Sache kommst!«, stellte Ralf fest. »Thea, du überraschst mich heute schon zum zweiten Mal. Ich mag Frauen, die ihre verschiedenen Facetten ausleben und ihre Wünsche offen äußern!«

»Schön«, flüsterte ich und strich noch einmal über sein Bein. Sein Schwanz war inzwischen hart geworden.

»Hey, Süße, ich hab noch 'ne Zweitwohnung hier in Hamburg! Da fahren wir jetzt hin.« Ich nickte. Er beschleunigte.

In seiner Wohnung, einem kleinen hübschen, teuer eingerichteten Apartment im spanischen Stil, machte Ralf sich gar nicht erst die Mühe, mir etwas zu trinken anzubieten, sondern begann noch im Flur, an mir herumzunesteln. Phase zwei nahm ihren Lauf: Das Fischchen lässt den Hai in seine Höhle.

»Wo ist dein Schlafzimmer?«, hauchte ich und warf ihm einen betörenden Blick zu. Ralf lächelte wie eines dieser männlichen Pornohäschen und ging voran. Ich folgte ihm.

»Tu jetzt genau, was ich dir sage!«, befahl ich ihm, als wir im Schlafzimmer waren. »Und beweg dich nicht!«

»Hohoho!«, war das Einzige, was ihm dazu einfiel.

Er stand jetzt mit dem Rücken zu mir vor seinem Bett. Langsam zog ich ihn aus. Wann immer er versuchte, auch mich zu berühren, wich ich ihm kichernd aus.

»Ah, strippen, ja?«, fragte er in freudiger Erwartung. »Strippst du gleich?«

Ich kicherte wieder und streichelte über seinen Po, griff in seine Backen, erst zart, dann fester, glitt mit den Fingern von hinten nach vorn und umklammerte seinen harten Ständer.

»Willst du mich ficken?«, flüsterte ich.

»Und wie«, stöhnte er.

Ich streichelte seinen Schwanz weiter, rubbelte ihn und nahm seine Eier in die Hand.

»Ja, Süße, ja«, stöhnte er immer unkontrollierter. »Ich will dich ficken.«

Diesen Moment und dieses Bild ließ ich einen Augenblick auf mich wirken, dann war es an der Zeit für die dritte und letzte Phase: Der Hai frisst das Ego des kleinen, zappelnden Fischmännchens.

Ich ließ seinen steifen Schwanz los, der jetzt sinnlos in die Luft ragte, und sagte laut: »Ich dich aber nicht, du arroganter kleiner Pisser!«, und ging einen Schritt zurück.

Ralf drehte sich entsetzt um und sah mich erschrocken an.

Ich ging in Richtung Tür und rief beim Gehen: »Ich bin übrigens keine Lesbe, aber wenn es auf dieser Welt nur noch Typen wie dich gäbe, würde ich mir das noch mal überlegen.«

Dann schlug ich die Tür zu und ließ ihn mit dicken Eiern zurück.

Für den Rest der Produktion überließ ich es einer Kollegin, Ralfs Visage für die Aufnahmen vorzubereiten. Wenn wir uns begegneten, wich er mir aus oder tat so, als würde er mich nicht sehen. Ich weiß nicht, was er bei dieser Lektion gelernt hat, aber für mich war es eine zutiefst befriedigende Erfahrung.

14. GESCHICHTE

G-man 3 Punkt 9

Emma (32), Werbekauffrau, Hamburg,
über
Konstantin (27), Model, Hamburg

Danke, dass du so aufmerksam zuhörst«, pflaumte Evi mich an, »ich weiß nicht, warum ich dir überhaupt vom Wochenende erzähle. Genauso gut könnte ich auch mit der Yuccapalme da drüben quatschen.«

Es war Donnerstagmorgen und meine liebe Kollegin Evi nutzte die morgendliche Ruhe stets, um mir von ihren Wochenenderlebnissen ausführlich Bericht zu erstatten.

»Sorry, Süße, was hast du gerade gesagt?«, fragte ich und starrte sie verdattert an.

»Och, Mensch!«, meckerte sie. »Ich bin doch kein Diktiergerät, das man zurückspulen kann. Ich erzähl die Chose jetzt nicht noch mal. Also echt!«

»Komm schon«, sagte ich mit Welpen-Blick, »ich werde mir die wichtigste Passage imaginär rot anstreichen und mir im Oberstübchen ganz vorne hinpappen. Dann hab ich sie heute den ganzen Tag auf dem Schirm.«

Evi grinste. »Sag mal, wo guckst du eigentlich die ganze Zeit hin?«, fragte sie neugierig und ließ ihren Blick durchs Großraumbüro schweifen, in dem sich in diesen frühen Stunden nur wir, die Putzfrauen und zwei Typen, die ich nicht kannte, befanden.

Ich machte eine zackige Kopfbewegung und zeigte nach rechts.

»Ah, deswegen ist Madame mit ihren Gedanken ganz woanders«, sagte sie. »Hätte ich mir ja auch gleich denken können.«

»Wer is'n das?«, fragte ich neugierig. »Der sieht ja aus wie James Dean.«

Evi überlegte. »Keine Ahnung«, antwortete sie, »wenn der Typ aussehen soll wie James Dean, dann aber für Arme! Ich glaube, er ist einer von den neuen Melkmaschinen. Die machen ja heutzutage alles, um in den Laden reinzukommen ... Will nicht wissen, wem der dafür die Stange polieren musste.«

Ich arbeitete in einer erfolgreichen Werbeagentur. Als »Melkmaschinen« bezeichneten wir Praktikanten, die unsere Creative Directors nur unter einer einzigen, allgemein bekannten Prämisse einstellten: Ausbeutung. Den Melkmaschinen wurde in unserem Laden suggeriert, dass sie das ganz große Los gezogen hätten und nun beweisen müssten, dass sie es verdienten – aber vor allem das Potenzial hatten –, sich für eine Firma wie die unsere den Arsch aufzureißen. Sie produzierten Ideen am Fließband, für die sie keinen Cent sahen, sondern lediglich mit einem Lob vom Boss abgespeist wurden. Die meisten halten die sechs Monate unentgeltliche Buckelei durch und denken, sie würden damit an einen fetten Job rankommen. Hinterher fliegen sie trotzdem wieder raus. Denn inzwischen türmten sich auf den Schreibtischen der Creative Directors unzählige Bewerbungen neuer po-

Ich wollte Konstantin haben, mehr noch als die Zuchtperlen meiner Großmutter, die sie mir nicht geben wollte und die ich mir – vielleicht gerade deshalb – einfach genommen habe.

tenzieller Melkmaschinen. In unserem Laden gab es deshalb alle sechs Monate Frischfleisch-Nachschub.

»Wie viele Stangen musstest *du* eigentlich polieren?«, fragte ich Evi scherzhaft und zupfte an einem ihrer Lockenkringel.

»Nur eine, Darling«, rief sie triumphierend, »und deren Besitzer ist jetzt mein Ehemann.«

Nachdem Evi mir ihre Geschichte vom Wochenende erzählt hatte, die sich von der Geschichte des vorherigen Wochenendes nicht wesentlich unterschied, machte ich mich an die Arbeit. Ich hatte mir vorgenommen, in den nächsten drei Tagen zehn Kampagnen-Entwürfe durchzuackern, was kein Zuckerschlecken war. Den Neuen ließ ich dabei nicht eine Minute aus den Augen.

»Hallo, wir sind uns noch nicht vorgestellt worden, glaube ich«, rief ich, als er sich gerade an mir vorbei Richtung Kaffeeküche schleichen wollte. »Ich bin Emma.«

»Konstantin«, sagte der Neue und reichte mir die Hand. »Angenehm.«

»Ebenso«, sagte ich und grinste wie ein Teletubbie.

Konstantin ging in die Küche. Er sah wirklich aus wie James Dean, den ich schon immer unglaublich sexy fand. Ab dem Moment konnte ich an nichts anderes mehr denken als an Sex, Sex, Sex. Es war mir beinahe ein bisschen blöde. Schließlich hatte ich eine Menge durchzuarbeiten und der Tag hatte noch nicht mal richtig angefangen, aber die Vorstellung, meinen nackten, schwitzenden Körper in diesen Typen zu verkeilen, legte sich wie ein Schleier über meinen grauen Arbeitsalltag. Man kann sich die Uhrzeit eben nicht aussuchen! Oh, es ist zu früh, um an Sex zu denken, es darf sich erst ab 19 Uhr was regen – das hatte bei mir noch nie funktioniert! Ich konnte schon immer auch morgens poppen, da brauche ich nicht erst einen Kaffee und ein Brötchen vorher.

Dass mich Konstantins Anblick so unverhofft in lustvolle Schwingungen versetzte, faszinierte mich. Imaginär klebte sein

Schweiß schon an meiner Haut. Er ist ein Fremder, versuchte mein Verstand dazwischenzufunken. Er könnte ein Arsch sein, ein dummes Schwein, ein Hühnerficker, ein Kleinkrimineller oder ein fieser Steuerhinterzieher, der sämtliche Bank-Miezen in Liechtenstein bumst, damit sie nicht auf die dämliche Idee kommen, eine CD mit seinen Kontodaten an die deutsche Regierung zu verscherbeln. Er könnte auch der Kumpel von John Doe, dem Killer aus *Sieben*, sein und Leute abschlachten wie Vieh.

Nun ja: In meiner Phantasie blieb er dennoch nackt. Nackt und verschwitzt. Nackt und willig. Nackt und zu allem bereit.

Ich beschäftigte mich mit dem Gedanken, wie ich es anstellen sollte. Ihn einfach ansprechen, umgarnen, bezirzen? Ihn für mich arbeiten lassen, Aufgaben erteilen, ihn für jeden Pups hochgradig loben?

Während ich an meinem Eroberungszug feilte, schwitzte ich zwischen meinen Beinen, als hätte ich meinen fleischfarbenen Winter-Wollschlüpfer an. Ich wollte Konstantin haben, mehr noch als die Zuchtperlen meiner Großmutter, die sie mir nicht geben wollte und die ich mir – vielleicht gerade deshalb – einfach genommen habe.

Ich ging in die Küche, wo Konstantin sich gerade an der Spülmaschine zu schaffen machte.

»Du musst das nicht machen, das ist nicht deine Aufgabe!«, sagte ich und berührte ihn dabei an der Schulter.

»Macht mir nichts aus«, entgegnete er, ohne aufzuschauen.

Ich stand hinter ihm und sah ihm dabei zu, wie er, als sei er ferngesteuert, Teller übereinanderstapelte, Wasserflecken von den Messern polierte und Kaffeetassen einräumte. Scheiße, dachte ich, sie haben ihm schon am ersten Tag seine Aufgaben klargemacht. Die arme Sau.

»Ist dir auch so heiß?«, fragte ich, noch immer hinter ihm stehend.

»Was, hier? Nee, dir etwa?«, erwiderte er auf meine zugegebenermaßen nicht sehr einfallsreiche Frage. »Ist hier nicht alles mit Klimaanlage ausgestattet?«

»Ja, bloß die fällt leider öfter aus und dann ist es hier kaum auszuhalten«, sabbelte ich, nur um etwas zu sagen. Irgendwie musste ich ja schließlich ein Gespräch in Gang bringen. Konstantin vor der Klotür aufzulauern und »Ficken?« zu fragen war nicht mein Ding, auch wenn ich in letzter Zeit öfter von Evi gehört hatte, dass auf dem Klo zu vögeln – und nicht zu wissen, wer gerade eine Wand weiter sitzt – der Sache noch mal einen Extra-Kick verleihen würde. Für mich kam so ein Stelldichein nicht infrage, zumal ich davon ausging, dass Männer, die auf dem Klo sitzen, wahrscheinlich nicht zum Pinkeln da waren. Allein diese Vorstellung törnte mich ab wie der Duft von frisch gekochtem Rosenkohl.

»Ich finde, man kann in dieser Enge leicht zum Wahni werden«, versuchte ich erneut das Gespräch anzukurbeln.

»Ja, hat ein bisschen was von Kajüte, das Kabuff«, sagte Konstantin, drehte sich um und versuchte, den Stapel Teller an mir vorbeizubalancieren. »Weißt du, in welchen Schrank die Sachen kommen?«, fragte er.

Ich zeigte ihm das Fach und rutschte ein Stück zur Seite. Konstantin räumte die Teller ein. Er sortierte sie nach Größe und Form. Bis dato hatte jeder der Kollegen, der auch nur auf die Idee kam, sich dem Ausräumen der Spülmaschine zu widmen, das Geschirr in den Schrank geräumt, wie es halbwegs passte. Keiner trennte tiefe Teller von flachen oder Suppenschüsseln von großen Teetassen. Wenn gerade nichts anderes da war, wurde eben der Kaffee auch aus Suppenschüsseln gesoffen. Who cares? Nicht so bei Konstantin! Bei ihm, so viel stand fest, herrschte Ordnung. Er ist bestimmt ein Küchen-Nazi, dachte ich und rutschte wieder näher an ihn heran.

»Kennst du den Film *Der Feind in meinem Bett*?, fragte ich, während ich ihm beim Sortieren des Geschirrs zusah. Ich musterte seine Hände, sein Gesicht, den Schwung seiner Augenbrauen und seiner Haartolle.

»Was? Nee!«, antwortete er. »Muss man den kennen?«

»Nö, muss man nicht. Du hast mich nur gerade an eine Szene aus diesem Film erinnert«, sagte ich grinsend und zeigte auf das von ihm akkurat einsortierte Geschirr.

»Erzähl mal!«, forderte Konstantin mich auf.

»Also«, sagte ich und holte tief Luft, »in dem Film geht es um eine Ehefrau, gespielt von Julia Roberts. Sie hat einen perfektionistischen, widerlichen Schmierlappen mit Pornobalken geheiratet, ein Sadisten-Schwein vor dem Herrn, der sich aber erst später als solches entpuppt. Eine Weile lässt sie sich von diesem pedantischen Sackgesicht die Fresse polieren, verpisst sich dann aber, indem sie ihren eigenen Tod fingiert, und fängt ein neues Leben an, irgendwo weit weg von dem Flachwichser. Und als sie eines schönen Tages nach Hause kommt und sich 'ne Suppe machen will oder so, bemerkt sie, dass alle Schränke in der Küche picobello aufgeräumt sind – eine Marotte des Ehemanns – und da weiß sie, dass der Arsch sie gefunden hat.«

»Verstehe ich nicht«, sagte Konstantin skeptisch und zog die Stirn in Falten. »Der Typ lauert der Ehefrau auf und als er sie gefunden hat, räumt er als Erstes ihre Schränke auf?«

»Ja, genau das hat er gemacht!« Ich nickte wie ein Wackeldackel. Hinterher gab es natürlich noch 'ne fette Ballerei, aber vorher war erst Ordnungmachen angesagt.«

»Und diese Szene hat dich jetzt also an mich erinnert, so so«, murmelte Konstantin nachdenklich, kam ein Stück näher an mich heran und legte im Spaß plötzlich beide Hände um meinen Hals:

»Uhhuhu, ich bin der Mörder mit dem Reinlichkeitsspleen und dem Ordnungsdrang! Ich werde dir heute Abend in deiner Wohnung auflauern und schlachte dich mit deinem eigenen Küchenmesser ab! Hinterher putze ich die Fliesen blank und wenn ich dann noch Zeit hab, räume ich deine Schränke auf. Schade, dass du dann schon im Nirwana bist.«

Ich quiekte. Mit so viel Humor hatte ich nicht gerechnet. Er hatte nicht nur einen sensationellen Körper, sondern war auch noch witzig. Ich war in seine Falle getappt, auch wenn Konstantin diese sicher nur instinktiv und nicht bewusst aufgestellt hatte.

»Morgen ist Casual Friday. Wenn du Lust hast, können wir danach noch was trinken gehen und ich erzähl dir ein bisschen was über die Firma«, schlug ich vor und zog imaginär langsam meinen Fuß wieder aus der süßen Falle. In Gedanken plante ich bereits eine viel größere verführerische Falle aufzustellen.

Konstantin stutzte ein wenig und sagte dann aber entschlossen: »Na klar, warum nicht?«

Stolz wie Bolle, weil ich innerhalb einer halben Stunde ein Date ausgemacht hatte, ging ich erst mal aufs Klo, um mich etwas frisch zu machen. So eine Erregung hatte ich zum letzten Mal gespürt, als mein Ex mich am helllichten Tag stehend von hinten am offenen Fenster genommen und ich nicht genau gewusst hatte, ob die Nachbarin, die mich gern mal anschnauzte, weil ich die Treppenreinigung nie machte, hinter ihren Gardinen stand und heimlich lunschte.

Ob Heidi Klum bei McDonald's auch nebenbei ein paar Dunstabzugshauben geschrubbt hat, fragte ich mich und hatte ernsthafte Zweifel.

Casual Friday. »Hast du Konstantin schon gesehen?«, fragte ich Evi neugierig, die mir gerade frisch gebrühten Kaffee auf den Tisch stellte.

»Wen?«, fragte sie zurück.

»Na, der von gestern«, versuchte ich sie zu erinnern, »der James-Dean-Verschnitt!« Bei Evi klingelte es nicht. »Der Praktikant! Der Neue!«, sagte ich mit leicht gereiztem Unterton.

»Ach der«, rief sie, »du, aber Praktikant ist der nicht!«

»Was'n dann?«, fragte ich verdutzt.

»Wenn du die neue Kampagne aufmerksam studiert hättest, wüsstest du es. Guck mal im Computer! Unter *G-man 3 Punkt 9* müsstest du fündig werden.«

Ich guckte nach. Konstantin war das Gesicht der neuen Kampagne! Eine große Kosmetikfirma, mit der wir schon etliche Male gut zusammengearbeitet haben, hatte ihn für den neuen Rasierwasser-Werbespot engagiert! Meine Güte, kam ich mir dämlich vor! Während Professionalität gegenüber dem Kunden das Credo – ach was sag' ich! –, oberste Prämisse, Maxime und Manifest unserer Firma war, hatte *ich* nichts Besseres zu tun, als das Gesicht der neuen Kampagne blöde in der Küche anzumachen. Scheiße, Scheiße, Scheiße, dachte ich und begann schon wieder zu schwitzen.

Aber war er daran nicht auch irgendwie selbst schuld? Räumt bei uns die Spülmaschine aus! Er hat es ja förmlich darauf angelegt, dass ich ihn für einen Praktikanten hielt. Welches Model räumt denn bitte schön die Küche seines Auftraggebers auf? Ob Heidi Klum bei McDonald's auch nebenbei ein paar Dunstabzugshauben geschrubbt hat, fragte ich mich und hatte ernsthafte Zweifel.

»Hi, Emma, na, alles schick im Staate Dänemark?«, fragte Konstantin, der plötzlich vor mir stand und mich anlächelte wie Michel aus Lönneberga.

Ich war förmlich versessen darauf, in Erfahrung zu bringen, ob Konstantin genauso gut schmeckte und fickte, wie er aussah.

»Hör mal, das ist mir jetzt aber selten blöde, du bist ja gar kein Praktikant«, stammelte ich, »ich dachte … du hast doch … was räumst du denn auch die Spülmaschine bei uns aus?«

»Ich mach das halt gern!«, entgegnete Konstantin. »Hausarbeit beruhigt mich!«

»Aha, na dann«, raunte ich und sah mein Date schon von dannen fliegen. Um einen Versuch war ich dennoch nicht verlegen. Warum sollte ich auch einen Rückzieher machen, mich peinlich pikiert verkriechen oder hinter meinem Bildschirm verstecken? Bei genauerer Betrachtung gab es dafür überhaupt keinen Anlass und daher fragte ich Konstantin ganz direkt: »Und was ist mit unserer Verabredung?«

»Steht! Ich warte auf dich ab sechs auf dem Besucherparkplatz, es ist der grüne BMW«, antwortete er, lächelte und verschwand mit dem Chef in dessen Büro.

Erleichtert blickte ich auf meine Tastatur und tat, als würde ich arbeiten. Die Vorfreude kam zurück und verdrängte die Verlegenheit, die mich kurzzeitig überfallen hatte, und ich konnte mich wieder meinen Fantasien von unseren beiden feuchten Körpern hingeben, die mich in der gestrigen Nacht bis in meine Träume begleitet hatten. Ich war förmlich versessen darauf, in Erfahrung zu bringen, ob Konstantin genauso gut schmeckte und fickte, wie er aussah. Die Stunden bis zum Abend schlichen dahin.

»Spielst du jetzt den persönlichen Rasierwasser-Tester?«, rief Evi lachend die Treppe hinunter, als sie mich nach Feierabend Richtung Ausgang laufen sah. Grinsend warf ich ihr eine Kusshand zu.

Ich sah Konstantins Wagen schon von Weitem, schlenderte gelassen hin und klopfte an die Scheibe der Beifahrertür.

»Was möchtest du machen?«, fragte er mich, als wir losfuhren.

Mich an dich schmiegen, deinen Duft einatmen, meinen Körper an deinem reiben, deine Zunge in mir spüren, deinen Schwanz lutschen und die ganze Nacht von dir gefickt werden, antwortete ich ihm in Gedanken. »Ach, was hältst du davon, wenn wir runter an die Alster fahren und uns dort ein nettes Restaurant suchen?«, hörte ich mich sagen.

Es war ein schönes uriges Restaurant. Wir aßen Kabeljau und Zander. Ich merkte ziemlich schnell, dass Konstantins Coolness nicht unbedingt gespielt, aber eben auch nicht Hauptbestandteil seiner Natur war. Angeregt sprachen wir über die Firma, die Kampagne und die Verwechslung, über die ich jetzt herzhaft lachen konnte. Die Ansicht, dass er nicht unbedingt der Mann fürs Leben war, drängte sich ziemlich schnell auf, hatte aber nicht den geringsten Einfluss auf das, was ich mit ihm vorhatte. Ich wollte schließlich von ihm genommen werden, nicht geheiratet!

Im Sonnenuntergang gefiel er mir immer besser. Obwohl er fast nur über seine Modelwelt philosophierte und als Partner auf Augenhöhe nicht infrage kam, hatte er eine ansteckend witzige und charmante Art, die ich mochte. Während ich ihm weiter zuhörte, befasste sich meine Neugierde wieder mehr mit dem, was mein Mund mit seinem Körper anstellen könnte, als mit dem, was aus seinem Mund kam. Die Barriere zwischen meinen Gedanken und meinen Worten begann allmählich zu bröckeln.

Als wir gezahlt hatten, standen wir einen Moment vor dem Restaurant. Dass er ein offenkundiges Interesse an mir hatte, erkannte ich daran, wie er mit mir sprach und mich ansah. Bevor ich ihm nun klarmachen würde, was als Dessert auf meiner Speisekarte stand, nämlich sein Schwanz, überließ ich ihm erst mal die Führung und wartete ab, in welche Richtung er uns steuern wollte.

»Das war lecker!«, war sein Kommentar. Er setzte an, um noch etwas sagen, unterbrach sich dann aber selbst. Wir schwiegen ein paar Sekunden und es hatte nicht den Anschein, dass von ihm noch was kommen würde.

Emma, das ist dein Zeichen, dachte ich. Warum mutieren Männer immer zu kleinen Kindern, wenn sie es mit selbstbewussten Frauen zu tun haben? Ich nahm also seine Hand und fragte, während ich ihn langsam an mich zog, ob er nicht Lust habe, noch ein Stück die Alster entlangzuspazieren. Er willigte mit gespielt cooler Miene ein, sichtlich froh darüber, dass ich nicht gesagt habe, dass ich nach Hause wollte.

Die Sonne war inzwischen vom Horizont verschwunden. In der Dämmerung liefen wir schweigend am Ufer entlang. Das Laternenlicht ließ die Szenerie wie eine kitschige Rosamunde-

Pilcher-Schmonzette wirken. Ich hatte mich bei ihm eingehängt und spürte seinen leicht angespannten Körper. Das ist *der* Moment, dachte ich. Entweder ficken wir jetzt, oder ich gehe heim, denn nach Romantik stand mir nun wirklich nicht der Sinn.

Ich schaute mir sein schönes James-Dean-Gesicht von der Seite an und drückte seinen Arm fester.

»Kann ich ehrlich zu dir sein?«, fragte ich, so sanft ich konnte.

»Ja, klar«, sagte er gespannt.

Ich holte tief Luft. »Okay, ich möchte, dass du mir jetzt einen Moment zuhörst, und bitte unterbrich mich nicht, ja?«

Er nickte.

»Ich bin zurzeit nicht auf der Suche nach einer festen Bindung, aber ich mag dich und ich fand den Abend bis jetzt sehr schön.«

Ich merkte, wie er unruhig wurde. Auch bei mir kribbelte es vor Spannung. Ich fuhr fort: »Du bist süß und ich kann dir sagen, dass ich dich wirklich, wirklich heiß finde.« Mein Herz pochte. Die Erregung unter meinen Muskeln suchte ihren Weg nach draußen. »Wir arbeiten in den nächsten Wochen zusammen und ich möchte nicht, dass sich bei der Arbeit irgendwelche Probleme entwickeln. Ich denke, wir haben jetzt zwei Optionen: Wir beenden den Abend. Jetzt, hier und gleich und jeder geht heim …« Ich hielt einen Moment inne. Konstantin sah mich fragend an. »… oder aber wir machen endlich das, was ich vom ersten Moment an mit dir machen wollte. Und von dem, was sich daraus vielleicht entwickelt, lassen wir uns einfach überraschen!«

Ich machte eine weitere Pause. Mein Herz klopfte mir bis zum Hals und meine Vorfreude auf das, was jetzt kommen könnte, steigerte sich langsam in Geilheit. Ich beschloss, auch den letzten Funken Romantik, den die Kulisse um uns zauberte, zu löschen. Mir seiner Erregung bewusst, sprach ich aus, was ich schon den ganzen Abend gedacht hatte: »Ich will von dir gefickt werden. Jetzt.«

Er schluckte. Für einen Moment dachte ich, er würde abhauen, aber er blieb. Ich packte ihn an der Hüfte und atmete in sein Ohr: »Und was willst du?«

Konstantin rührte sich nicht.

»Jetzt oder nie«, fügte ich mit erregter Stimme hinzu, denn ich wollte ihn endlich in mir spüren.

»Okay«, war seine leise, aber für mich verbindliche Antwort. Ich drückte meine Lippen auf seinen schönen Mund und zog ihn, wie eine Katzenmutter ihr Junges, in die Dunkelheit des Alsterufers.

15. GESCHICHTE

Die Verführung des D'Artagnan

Julia (17), Schülerin, Königswinter,
über
Paul, Immobilienmakler, Düsseldorf

Ich lernte Paul beim Kellnern kennen. In den Sommerferien habe ich manchmal in der Pension meiner Eltern ausgeholfen, obwohl ich dazu nie sonderlich viel Lust hatte. Da ich aber in der Schule, was die Noten und die Zulassung fürs Abi betraf, auf der Kippe stand, dachten meine Eltern, es könnte nicht schaden, die Zügel etwas anzuziehen und mich in den Ferien bei ihnen schuften zu lassen. Vielleicht hatten sie recht und ich war wirklich ein verwöhntes Gör, das zu oft auf Partys und Konzerte ging, aber von diesen Erziehungsmaßnahmen hielt ich überhaupt nichts, zumal ich für meine Arbeit nicht bezahlt wurde. Mein Alter motzte schon den halben Sommer lang rum, dass ich im Familienbetrieb mit anpacken müsse und die Tage des Rumlungerns gezählt seien.

»Solange du deine Füße unter unseren Tisch stellst, wirst du machen, was wir dir sagen«, so einer seiner Lieblingssprüche.

Dass ich aber meine Füße schon seit jeher unter den Tisch meiner Eltern stelle und eigentlich nie gemacht habe, was sie mir gesagt haben, haben sie anscheinend nicht gemerkt. Und auf einmal wollten sie mit Strenge nachholen, was sie in meiner Kindheit und Jugend verpasst hatten.

»Julia, kommst du bitte, wir haben Gäste«, rief mein Vater.

Es kotzte mich an. Während Flo, Max und Hannah am See faulenzten und sich die Sonne auf den Pelz scheinen ließen, musste ich zu Hause bleiben und auf Bedienung machen. Dass meine Mutter mit einer Freundin in den Urlaub gefahren war, kam meinem Vater gerade recht, jetzt sollte ich mit anpacken.

Auf dem Brusthaartoupet trug er ein goldenes Medaillon an einem Lederband. Ich fragte mich, ob da ein Bild von seiner Frau drin war.

»Ja, ich komme gleich«, ätzte ich.

»Julia, sofort!«, schimpfte mein Alter.

»Ja, ja. Ich bin schon da«, motzte ich zurück und schlenderte zur Rezeption.

»Fräulein, ich warne dich«, ermahnte er mich, »du reißt dich gefälligst zusammen oder ich verspreche dir, dass wir dich ein für alle Mal rausschmeißen! Treib es nicht zu weit! Draußen sitzen Gäste. Hopp, Hopp! Hier ist das Tablett und nimm endlich diesen bekloppten Kaugummi aus dem Mund!«

Ich nahm den Kaugummi raus, klebte ihn unter den Tresen, schnappte mir das Tablett und schlurfte lustlos nach draußen. Es war nicht viel los in diesem Sommer und mein Vater war über jeden Gast froh, der sich zu uns verirrte. Demzufolge beherrschte er das Arschkriechen aus dem Effeff. Mir lag das überhaupt nicht. Die Gäste gingen mir am Arsch vorbei.

»Die Herrschaften wünschen?«, fragte ich die einzigen Gäste auf der Terrasse.

»Ja, also, Fräulein, wir nehmen zuerst vier große Hefeweizen und dann hätten wir gern die Speisekarte!«, sagte einer der

Männer, während die anderen drei mich anglotzten und blöde grinsten. Auch das noch, dachte ich und verdrehte die Augen. Jetzt wollen die hier groß dinieren! Heißt: *Mise en place*, Brot schneiden, Besteck polieren, Tisch eindecken. Die Freude darüber stand mir ins Gesicht geschrieben. Ich latschte zurück ins Haus, gab die Getränkebestellung an meinen Vater weiter, brachte den Herrschaften die Speisekarte und schleppte anschließend die bis an den Rand gefüllten Hefeweizengläser an den Tisch. Die Gäste ignorierten mich komplett, als ich die Getränke servierte, sie rückten nicht zur Seite, als ich mit dem Tablett kam, und machten keinen Platz, als ich die Gläser abstellen wollte. Anscheinend waren sie in eine äußerst wichtige Unterhaltung vertieft, sie hatten permanent die Köpfe zusammengesteckt und redeten über irgendwelche wichtigen Abschlüsse und hohe Provisionen. Immer wieder hörte ich heraus: »Wenn wir *den* Deal an Land ziehen, wenn wir *den* Deal an Land ziehen ...

Während die Herrschaften ihr Deal interessierte, interessierte mich lediglich die Frage, wie lange ich die Langweiler am Hals haben würde.

»Sei gefälligst freundlich!«, befahl mir mein Vater. »Das sind Immobilienmakler aus Düsseldorf, die haben für drei Tage eingecheckt! Wehe, es gibt wegen dir wieder Ärger!«

Toll! Für mich bedeutete diese Ansage definitiv: Dreimal Frühstück, Mittagessen und Abendbrot servieren und drei Tage lang nicht mit Hannah, Max und Flo am See abhängen können. Meine Laune, die ohnehin schon schlecht war, sank in den Keller.

»Hallo!«, rief der Gast, der auch die Hefeweizen bestellt hatte. »Wir wären dann so weit, können wir bestellen!«

»Na, dann mal los!«, seufzte ich desinteressiert und hielt sicherheitshalber Zettel und Stift bereit, weil ich schon oft Bestellungen auf dem Weg in die Küche vergessen und damit jedes Mal ein mittleres Desaster ausgelöst hatte, weil ich meinem Alten dann natürlich irgendwas Falsches gesagt habe.

»Wir nehmen viermal Forelle Müllerin«, sagte einer für alle. »Und ich bekomme bitte noch ein Hefeweizen«, ergänzte einer der vier, der nicht nur das Wörtchen *bitte* kannte, sondern auch optisch aus der Bande von alten Knackern herausstach.

Komisch, dass der mir nicht vorher aufgefallen ist, dachte ich, als ich mit der Bestellung zurück in die Küche ging. Diese Leute sahen auf den ersten Blick alle gleich aus, ich meine, so wie Business-Leute eben aussehen, aber dieser eine passte optisch nicht ins Schema. Er trug – als Einziger der vier – Jeans und war nicht wie die anderen bis obenhin zugeknöpft und mit Krawatte garniert, sondern er hatte ein komisches Rüschenhemd an. Damit erinnerte er mich irgendwie an D'Artagnan von den drei Musketieren aus einem Buch, das ich kurz vorher gelesen hatte. Er hatte etwas längere braune Haare, braune Rehaugen und einen schönen, sonnengebräunten Teint. Er war schon etwas älter, vielleicht so dreißig.

Als ich ihm das Weizenbier brachte und gegen das leere Glas austauschte, konnte ich einen Blick in sein geöffnetes Hemd werfen. Auf dem Brusthaartoupet trug er ein goldenes Medaillon an einem Lederband. Ich fragte mich, ob da ein Bild von seiner Frau drin war. Oder seines Kindes? Ob er verheiratet war? Bestimmt war er verheiratet! So ein Typ war hundertprozentig in festen Händen! Aber selbst wenn, war mir das egal. Von mir aus hätte er auch mit seiner eigenen Großmutter oder seiner Cousine dritten Grades verheiratet gewesen sein können: Es änderte nichts daran, dass ich ihn heiß fand. Und ich hatte mir soeben den perfekten Zeitvertreib für die nächsten drei Tage im Familienbetrieb ausgesucht. Ich beschloss, in die Rolle der Madame de Chevreuse zu schlüpfen und nicht Athos, sondern D'Artagnan zu verführen.

Sexuell gesehen war ich kein Kind von Traurigkeit, seit zwei Jahren ließ ich nichts anbrennen. Hannah zog mich deswegen manchmal ein bisschen auf, indem sie mich »Miss Teflon« nannte. Die meisten Jungs waren aber in meinem Alter oder vielleicht zwei, drei Jahre älter. Dieser hier war mal was Neues! Also startete ich mein Projekt: Die Verführung des D'Artagnan.

»Die Forelle Müllerin bringe ich den Gästen mal lieber selbst!«, grummelte mein Vater misstrauisch. »Du kannst für morgen noch das Besteck polieren und für den Rest des Tages bist du freigestellt. Morgen früh stehst du aber Punkt neun Uhr wieder auf der Matte, ist das klar?«

»Ja, ja, is' klar«, antwortete ich und schwirrte ab.

Während ich das Besteck polierte, überlegte ich mir, wie ich D'Artagnan am schnellsten auf mich aufmerksam machen könnte. Alles sollte nicht nur ausgereift, sondern nahezu perfekt sein. Unsere Pension hatte einen großen Innenhof. Von einigen Zimmern aus konnte man direkt in die anderen Apartments gucken. Ich wusste, dass eines der Zimmer, in die ich von meinem aus gut reingucken konnte, belegt war. Schnell rannte ich nach oben und tatsächlich, das Glück war auf meiner Seite: Das Zimmer, das auf gleicher Höhe im ersten Stock schräg neben meinem lag, musste D'Artagnans sein. Perfekt.

Nach dem Küchendienst sonnte ich mich im Garten, zum See konnte ich ja auch morgen noch gehen. Von der Männerrunde war aber weit und breit keine Spur, leider. Als die Sonne unterging und es kühler wurde, ging ich in mein Zimmer. Ich machte das Licht an, zog die Vorhänge zurück und öffnete die Terrassentür. Mein Musketier saß mit Laptop auf dem Schoß im Bett und tippte eifrig auf der Tastatur. Ich machte Musik an, scharwenzelte an die Balkonbrüstung und starrte ungeniert in seine Richtung. Dieser Typ blickte kein einziges Mal auf und starrte nur auf seinen Bildschirm, fast so, als sei die Welt darauf zusammengeschrumpft. Ich ging zurück ins Zimmer, legte eine CD von Aphex Twin ein, klickte bis zum Track *Every Day* vor, schob den Lautstärkeregler weit nach oben und bewegte mich tanzend auf die Terrasse.

D'Artagnan legte plötzlich das Laptop zur Seite, stand auf, trat auf den Balkon und sah zu mir rüber. Er schüttelte den Kopf, schloss die Terrassentür und zog die Vorhänge zu. Es schien, als habe ich nicht seinen Musikgeschmack getroffen, was mich im Grunde aber auch nicht verwunderte. Ich sah meine erste Aktion einer Kontaktaufnahme als gescheitert an, als in seinem Zimmer das Licht ausging.

»Sag mal, bist du wahnsinnig?«, zischte mich mein Vater am nächsten Morgen an. Er sah an mir runter und zeigte auf meinen Bikini. »Wie rennst du denn rum? Wir haben Gäste im Haus, du kannst doch hier nicht halbnackt mit dem Schlauch im Garten stehen! Mach gefälligst, dass du reinkommst, und zieh dir auf der Stelle was Vernünftiges an!«

»Aber ich muss doch mein Beet gießen«, sagte ich mit Unschuldsmiene. »Es hat seit Wochen nicht geregnet! Die blöde Sonne versengt mir komplett die Hirsekolben für Paris und Hilton!«

»Das ist mir egal«, schimpfte er, »dann kaufst du den Wellensittichen eben normales Futter! Du kannst hier nicht so rumlaufen, wenn wir Gäste haben, das habe ich dir schon hundertmal gesagt.«

Mein Vater hatte immer was zu motzen. Er konnte in seiner kleinen, spießigen Bauspar-Mentalität einfach nicht kapieren, dass man bei 30 Grad im Schatten eben nicht viel anzieht. Sein Genörgel ging bei mir zum einen Ohr rein und zum anderen wieder raus. Schließlich war mir wichtig, dass die selbst gepflanzten Hirsekolben für meine Vögelchen in der brennenden Hitze nicht verdorrten. Außerdem brauchte ich mich für meinen Körper wirklich nicht zu schämen. Ich stellte den Sprenger auf und machte mich anschließend an den Küchendienst. Ob D'Artagnan schon wach war?

Den ganzen Morgen ließ mein Vater es sich nicht nehmen, sich persönlich um die Gäste zu kümmern. Er erklärte ihnen die Speisekarte, Hausrezepte und die Umgebung. Ich musste ihnen nicht mal den Brotkorb an den Tisch bringen, aber mit meinen Freunden an den See durfte ich – als Strafe für mein Verhalten, das ich dringend überdenken sollte – auch nicht. In der Mittagspause setzte ich mich auf die Hollywoodschaukel und beobachtete ihn, wie er die Gäste hofierte und den Bückling spielte: »Darf ich Ihnen dieses? Möchten Sie noch jenes? Wir empfehlen heute Folgendes …«

Schrecklich, diese Arschkriecherei, dachte ich, setzte meine Kopfhörer auf und genoss schaukelnd die Sonne auf meinem Bauch, die Musik in meinen Ohren und die verstohlenen Blicke der männlichen Gäste. Manchmal guckte mein Vater ermahnend zu mir rüber.

Mein Vater hatte immer was zu motzen. Er konnte in seiner kleinen, spießigen Bauspar-Mentalität einfach nicht kapieren, dass man bei 30 Grad im Schatten eben nicht viel anzieht.

»Mach endlich den Sprenger aus, Julia«, rief er mir irgendwann zu. Genervt legte ich die Kopfhörer zur Seite, rückte meinen Bikini zurecht und schlenderte in Richtung Sprenger. Bevor ich den Hahn zudrehte, stellte ich mich aber noch einmal drunter, quiekte ein bisschen albern und drehte mich ein paarmal um meine eigene Achse. Beim Weg zurück ins Haus blieb ich neben dem Tisch der Gäste stehen und schüttelte mein nasses Haar.

»Na, da haben Sie ja ein Früchtchen. Stört es Sie denn gar nicht, wenn Ihre Tochter sich so benimmt?«, fragte einer von D'Artagnans Kollegen meinen Vater.

»Den stört grundsätzlich alles, was ich mache«, rief ich im Vorbeigehen und hüpfte pfeifend in die Küche. Hinter mir hörte ich lautes Lachen und ein paar Erklärungsversuche meines Vaters.

»Mögen Sie meine Musik nicht?«, fragte ich D'Artagnan, der abends auf der Terrasse seines Zimmers saß und augenscheinlich ein bisschen chillte.

»Na ja«, rief er zu mir rüber, »ich weiß nicht, ob man diesen Radau überhaupt als Musik bezeichnen kann.«

»Wieso nicht? Jede Form von kontrollierten Klängen ist doch eine Art Musik! Was einem gefällt und was nicht, kann sich doch jeder selbst aussuchen«, rief ich zurück und zupfte wieder an meinem Bikini herum, den ich noch immer trug, obwohl es schon fast zu kühl dafür war.

»Ja, da hast du eigentlich recht«, stimmte er mir zu.

»Was hören Sie denn so?«, fragte ich, während ich mich auf das Geländer setzte.

»Alles Mögliche, ich hab keine speziellen Lieblingsbands«, sagte er, als er einen Schritt in meine Richtung machte. »Was machst du eigentlich die ganze Zeit hier? Sind nicht Sommerferien?«

»Stubenarrest!«, antwortete ich kurz.

D'Artagnan lachte. »Das Wort habe ich schon eine halbe Ewigkeit nicht mehr gehört – gibt es so was überhaupt noch? Aber ich muss noch was arbeiten«, rief er und machte eine Geste Richtung Zimmer.

»Warten Sie«, rief ich, »ich muss Sie noch was fragen.«

D'Artagnan zögerte einen Moment. »Ja?«

»Wie heißen Sie eigentlich? Warum haben Sie schon seit zwei Tagen so komische weiße Rüschenhemden an? Haben Sie davon mehrere? Was ist in Ihrem Medaillon? Hat Ihnen schon mal jemand gesagt, dass Sie in diesem Hemd aussehen wie D'Artagnan von den drei Musketieren?«

»Was?« Sein Lachen schallte über die Terrasse und kletterte bis in die Baumkronen der Birken im Garten. »Ich heiße Paul«, rief er, schnappte sich sein Laptop, ging in sein Zimmer und ließ die Terrassentür diesmal geöffnet. Gut, dachte ich, Kontaktaufnahme geglückt. Das Vorhaben, mit diesem Musketier zu schlafen, war nun nicht mehr nur eine fixe Idee. Mir vorzustellen, dass ich mit einem älteren, erfahrenen Mann Sex haben würde, machte mich ganz hibbelig.

Mir vorzustellen, dass ich mit einem älteren, erfahrenen Mann Sex haben würde, machte mich ganz hibbelig.

Ich blieb noch etwas auf der Terrasse, tanzte lasziv herum, fand, dass der Name Paul zu ihm passte, und summte in den

Abendhimmel. Paul starrte die meiste Zeit auf seinen Bildschirm, aber ab und zu guckte er doch rüber. Irgendwann drehte ich die Musik leiser, setzte mich auf einen Liegestuhl und legte die Beine über das Terrassengeländer.

Gelegentlich blickte ich zu ihm rüber. Er starrte noch immer unentwegt auf seinen Computer und tat so, als würde er es nicht bemerken, aber ich spürte, dass er wachsam war. Er sah mich auch, ohne seinen Kopf zu heben. Während ich dem Nachtkonzert der Grillen lauschte, cremte ich meine Mückenstiche ein, flocht mir einen Zopf und pulte zum x-ten Mal den kleinen Mückenstich am Knie auf, der inzwischen die dritte Schorfschicht hatte. Als bei Paul das Licht ausging, die Terrassentür aber geöffnet blieb, rief ich laut: »Gute Nacht, John Boy!«

»Gute Nacht, Julia«, tönte es aus dem Dunkel zurück.

Ach, er kannte meinen Namen! Ich stand auf, ging in mein Zimmer, legte mich aufs Bett und starrte an die Decke. Ein siegessicheres Lächeln konnte ich mir jetzt nicht verkneifen. Ich stellte mir vor, wie es wäre, wenn er zu mir rüberkommen, mich berühren, küssen – und mit mir schlafen würde. Dieser Gedanke machte mich so heiß, dass ich kaum einschlafen konnte.

In der Nacht schlief ich dann auch schlecht. Ich drehte und wälzte mich und wachte immer wieder auf. Gegen drei Uhr morgens sah ich in Pauls Zimmer ein schwaches Licht. Anscheinend schläft auch er nicht, dachte ich, warf die Bettdecke zurück und ging auf die Terrasse. Paul saß in seinem Bett und tippte wieder auf seinem Laptop herum. Diese laue Nacht, ich nur bedeckt mit einem hauchdünnen Nachthemd und dieser Mann nur wenige Meter von mir entfernt: Was könnte es Besseres geben? Das war meine Chance.

Er bemerkte nicht, wie ich über das Terrassengeländer stieg, an der Blumenleiter seitlich herunterkletterte – dass sie halten würde, wusste ich schon aus anderen Nächten – und an der gegenüberliegenden Seite wieder rauf. Ich kletterte über die Brüstung auf seine Terrasse und holte tief Luft, in meinem Bauch kribbelte es. Leise schlich ich mich durch die offene Tür in sein Zimmer. Als er aufblickte und mich ansah, schoss das Adrenalin durch meine Venen. Ich war hellwach. Paul war vollkommen ruhig, so als würde jede Nacht ein junges Mädchen in seinem Schlafzimmer stehen. Er sah mir direkt in die Augen und lächelte fast schon ein bisschen arrogant. Mein Wunsch, mit ihm zu vögeln, wurde noch größer. Dass ihn meine nächtliche Attacke nicht aus der Ruhe brachte, gefiel mir. Mein Herz pochte und ich spürte weder Angst noch Aufregung, nur Lust.

Mit einer ruhigen Bewegung stellte Paul den Rechner zur Seite und richtete sich auf. Er sah mich mit einem fast spöttischen Blick an und zog die linke Augenbraue nach oben. Ich fragte mich, was ich von diesem Blick halten sollte. Seine selbstsichere Art verunsicherte mich plötzlich doch ein bisschen, aber mein Verlangen nach ihm ließ sich davon nicht beirren. Ich beschloss zu handeln und streifte mir die Träger meines Nachthemdchens von den Schultern, das sofort auf den Boden fiel. Ich stand jetzt vollkommen nackt vor ihm und mein Puls begann wieder zu rasen. Paul sagte immer noch kein Wort und sah ruhig auf meinen nackten Körper. Obwohl mir das Herz bis zum Hals schlug, genoss ich seine Blicke. Das zeigte mir, dass Paul ein ganz anderes Kaliber war als die Jungs, mit denen ich es sonst so zu tun hatte.

Er setzte sich aufs Bett, legte die Decke zur Seite und schaute mich auffordernd an. Ich sah dies als endgültige Einladung an, setzte mich neben ihn und drückte langsam seinen Kopf runter aufs Kissen. Dann beugte ich mich über ihn, so dass meine kleinen Brüste direkt vor seinem Gesicht waren. Ich spürte seinen Atem. Einen Moment lang verharrten wir so, keiner von uns beiden bewegte sich.

Endlich erlöste er mich und wurde aktiv. Er legte seine Hände um meine Hüfte und nahm meine Brüste in den Mund, liebkoste meine Nippel. Seine rechte Hand ließ er zwischen meine Beine gleiten. Jede seiner Berührungen bewies, dass Paul ganz genau wusste, wie der weibliche Körper funktioniert, welche Stellen er wie zu berühren hatte. Welche Richtung auch immer er vorgab, ich folgte. Madame de Chevreuse hatte ihr Ziel erreicht.

Ich habe in dieser Nacht zweimal mit Paul geschlafen. Mit dem ersten Hahnenschrei machte ich mich auf den Rückweg in mein Zimmer. Er stand so lange auf der Terrasse und wartete, bis ich drüben war. Bevor er hinter den Vorhängen verschwand und ich noch ein letztes Mal zu ihm rüberschaute, zwinkerten wir einander zu. Erschöpft und befriedigt fiel ich sofort in einen tiefen Dornröschenschlaf. Ich erwachte erst, als mein Vater wütend gegen die Zimmertür klopfte und schrie: »Wir hatten neun Uhr Küchendienst verabredet, Fräulein! Komm in die Gänge! Die Kartoffeln schälen sich nicht von allein!«

Ich sprang aus dem Bett und duschte schnell, schlüpfte in ein Kleidchen und Badeschlappen und lief runter an die Rezeption. Mein Vater zählte Geld.

»Die haben eben ausgecheckt«, sagte er, »du kannst dich jetzt wieder wie die Axt im Walde benehmen. Aber vorher hilfst du in der Küche und bei den Zimmern!«

Bevor ich in die Küche ging, warf ich einen Blick in Pauls Zimmer. Die Laken waren noch zerwühlt, die Terrassentür stand offen. Ich setzte mich aufs Bett, um zu prüfen, ob es noch warm war. Als ich mit den Fingern unter das Kopfkissen glitt, fand ich Pauls Kette. Ob er sie absichtlich vergessen hat, fragte ich mich, als ich sie mir umband. Neugierig öffnete ich das Medaillon, gespannt darauf, wessen Bild ich wohl sehen würde. Es war, bis auf ein bisschen Sand, der sofort herausrieselte, leer.

Jede seiner Berührungen bewies, dass Paul ganz genau wusste, wie der weibliche Körper funktioniert, welche Stellen er wie zu berühren hatte.

16. GESCHICHTE

Schöne Frauen sind schlecht fürs Herz!

Janine (24), Hotelfachfrau, Trier,
über
Eric (29), Fitnesstrainer, Wittlich

Ich bin nicht schlank. War ich noch nie! Und ich werde auch nie aussehen wie die Frauen in diesen Modezeitschriften, es sei denn, ich fummle in meinen Fotos ein bisschen mit Photoshop rum. Schön und schlank zu sein kann auch Nachteile haben. Wenn man gut aussieht, ist das nämlich noch lange keine Garantie dafür, dass man Glück in der Liebe hat und sowieso: Schöne Frauen sind schlecht fürs Herz! Das ist wissenschaftlich belegt, ich hab's in einer Studie gelesen: Männer, die mit attraktiven Frauen flirten, gehen das Risiko ein, jämmerlich an Herzkasper zu krepieren.

Der Körper eines Mannes soll beim Flirten mit einer schönen Frau nämlich enorm viele Stresshormone produzieren und zwar entschieden mehr, als eigentlich gut ist. Bedeutet im Klartext: Je schöner die Frauen, desto mehr Stresshormone werden ausgeschüttet, und je mehr Stresshormone produziert werden, desto größer ist das Risiko lebensbedrohlicher Herzrhythmusstörungen. So sieht's aus!

Ich empfehle den Männern daher eindringlich, sich vorher genau zu überlegen, ob sie mit allzu schönen Frauen flirten wollen. Wenn sie sich schon auf so ein lebensgefährliches Intermezzo einlassen, sollten sie zumindest einen nicht zu unterschätzenden Aspekt vorher abklären und fragen: »Schätzchen, hast du schon mal einen Erste-Hilfe-Kurs belegt?«

Bei meinem Anblick ist bis dato noch kein Mann aus den Latschen gekippt, was jetzt nicht heißen soll, dass ich unattraktiv bin. Ich bin eben nur keine dieser filigranen Mode-Püppis. Ist es nicht beruhigend zu wissen, dass sich Männer – sollten sie die Absicht haben, mit mir zu flirten – keine Sorgen machen müssen, ob sie ihren nächsten Geburtstag noch erleben? Ich finde ja.

Wie gesagt: Ich war noch nie schlank, hatte aber mal etwas zu viel auf den Rippen. Ungefähr zwanzig Kilo. Ich will nicht sagen, dass ich fett war, das haben andere getan. Vor einem gefühlten Jahrhundert war ich zum Beispiel mit einer Freundin auf einem Volksfest. Ein Typ mit süßen Elvis-Presley-Grübchen forderte mich zum Tanzen auf. Hinterher begleitete er mich zurück an den Tisch und flüsterte mir einen phänomenalen Satz ins Ohr, den ich zeitlebens nicht mehr vergessen werde:

»Du hast wirklich ein süßes Gesicht, aber du bist mir einfach zu fett.«

Ich probierte erst einmal die ausgewogene, nicht überall akzeptierte Keks-Diät aus und legte noch mal schlappe drei Kilo zu.

Bong! Das hatte gesessen!

Ich will keine Ausreden erfinden, aber genau in der Zeit, als mein tanzendes Elvis-Grübchen so ehrlich war, mir den Spiegel vors Gesicht zu halten, hatte ich gerade meine Ausbildung zur Hotelfachfrau beendet. Und genau das ist, wie man so schön sagt: des Pudels Kern. In meinem Ausbildungsbetrieb, einem schicken

Hotel an der Mosel, wurden wir Azubis rumgereicht wie Keksdosen auf Geburtstagspartys. Als in der Küche also wieder mal dringend Bedarf an frischen Mitarbeitern bestand, wurde ich eins fix drei von der Rezeption zum *Commis de Cuisine* abkommandiert. Es traf mich hart! Ich erwischte die Spargelzeit und schmeckte auf Befehl des Küchenchefs sämtliche Variationen seiner selbstgemachten Sauce hollandaise ab. Dass ich von Ma(h)l zu Ma(h)l mehr auf den Rippen hatte, passierte so schleichend, dass ich es nicht sofort bemerkte. Es war ja nicht so, dass ich eines Morgens aufgewacht wäre, in den Spiegel gesehen und festgestellt hätte: Mädchen, du bist über Nacht aber ganz schön aus dem Leim gegangen!

Als aber mein feuriger Tanzpartner mir ehrlich und unverblümt ins Gesicht sagte, dass er mich zu fett fand, machte es im Oberstübchen klick: Ich habe mich nach diesem peinlichen Vorfall sofort auf die Küchenwaage gesetzt und vor Schreck fast einen Zuckerschock erlitten, als der Zeiger verdächtig nach oben ausschlug und bei bedrohlichen 82 Kilo stehen blieb. Aber ich bin eine Frau, die im entscheidenden Moment die Ärmel hochkrempelt, statt in Tränen auszubrechen. Das bedeutete für mich in dem Fall aber nicht, dass ich sofort in einen anstrengenden Diäten-Marathon verfallen wäre, im Gegenteil: Ich probierte erst einmal die ausgewogene, nicht überall akzeptierte Keks-Diät aus und legte noch mal schlappe drei Kilo zu.

Wenn ich mich im Spiegel betrachtete, musste ich schon zugeben, dass Hebefiguren oder Rock'n'Roll-Überschläge mit mir als Tanzpartnerin tatsächlich etwas schwierig gewesen wären. Es sei denn, ich hätte als Partner Dolph Lundgren oder Hulk Hogan gehabt, und das wollte ich niemals! Also zog ich Konsequenzen: Ich meldete mich im Fitnesscenter an. Am wichtigsten war mir dabei, dass ich nicht in so einem Ding lande, wo nur 90-60-90-Mäuschen in komischen Gymnastikhöschen rumlaufen. Die kannte ich nämlich zur Genüge aus den Aerobic- und

Hops-Videos, die ich mir vom heimischen Sofa aus manchmal anschaute. Die Frauen in den komischen Zweiteilern sahen mir zu blöde aus, zu billig, zu grotesk. Ich wollte in ein Fitnesscenter, in dem normale Frauen trainierten: schlanke Frauen, dicke Frauen, alte und junge und von mir aus auch einige heiße Bräute.

Ich landete tatsächlich in einem Verein mit einer gesunden Mischung: Leipziger Allerlei sozusagen. Meine Trainerin für die ersten Wochen war sehr nett. Sie war so nett, dass sie schnell von einem anderen Fitnesscenter abgeworben und mir ein neuer Trainer zur Seite gestellt wurde, der mir die Geräte und Übungen richtig erklären sollte, sodass ich mir keine bösen Zerrungen holte. Der Trainer war der Klassiker schlechthin: Er sah aus, als hätte man ihn direkt von Lagerfelds Laufsteg geklaut und in unsere Muckibude geschleppt. Ich ärgerte mich. Was sollte ich denn mit Lagerfelds Protegé anfangen? Ich wollte lieber eine Frau, die mich und meine Rettungsringe ein bisschen verstand. Ich wollte keinen Typen, der mich mitleidig betrachtete und sich vielleicht die Frage stellte: Wie konnte die sich nur so gehen lassen? Am liebsten hätte ich einen Trainer gehabt, der sogar etwas bescheidener aussah als ich selbst, denn in jener Zeit lebte ich frei nach Garfields Motto: »Willst du eine gute Figur machen, verkehre stets mit Menschen, die dicker sind als du.«

»So, Janine, hier hast du deinen neuen persönlichen Fitness-Plan«, sagte Eric – so hieß mein moderner Wikinger – und hielt mir drei A4-Blätter vor die Nase. »In den ersten Wochen machst du primär Übungen, um deine Kondition zu verbessern. Du musst deine Fettverbrennung ankurbeln und das schaffst du vor allem mit viel, viel Bewegung, gesunder, fettarmer, eiweißreicher Ernährung und eiserner Disziplin, klar?«

Wenn ich eine reiche Promi-Tante gewesen wäre, hätte ich einen solchen Trainer sofort entlassen! Konnte Eric kein Programm vorschlagen, das weniger anstrengend klang? Fettverbrennung ankurbeln. Schönen Dank!

Mein Wikinger wies mich in die Geräte ein, erklärte mir die Einstellungen für den Stepper, die Rudermaschine und das Laufband. Manchmal, wenn ich mich auf dem Stepper abmühte und in meinem eigenen Schweiß zu ersaufen drohte, stand er neben mir und feuerte mich an: »Nicht aufhören, Janine! Weiter, immer weiter!«

Ich kämpfte, ich mühte mich ab, ich schwitzte und biss die Zähne zusammen. Eric behielt mich immer im Auge und eilte mir zu Hilfe, wenn er beispielsweise mitbekam, dass ich mit den Zeiteinstellungen für die Rudermaschine nicht zurechtkam. Er half natürlich nicht nur mir, sondern auch anderen, aber mir schien es manchmal, als würde er bei mir immer ein bisschen länger bleiben. Das konnte jetzt an meiner netten, unkomplizierten Art liegen – oder aber daran, dass ich mich dämlich angestellt und viele Übungen erst nach dreimaligem Erklären kapiert habe. Die anfängliche Scheu, die ich Eric gegenüber empfand, minimierte sich wie die Anzeige auf der Waage. Viele Übungen, die ich anfangs ermüdend und langweilig fand, machten mir auf einmal Spaß und waren überhaupt nicht mehr anstrengend. Mein Selbstbewusstsein kletterte von Stufe 3 auf Stufe 6.

Ich nahm ihn nicht mehr nur als Trainer, sondern auch als Mann wahr. Das ließ die neue Frau in mir nach mehr verlangen.

Dank Eric nahm ich innerhalb eines halben Jahres 15 Kilo ab und hatte damit tatsächlich wieder fast Normalgewicht. Und nicht nur das: Durch die vielen Sit-ups besaß ich sogar Bauchmuskeln! Ich fühlte mich wie neugeboren und war förmlich süchtig nach Bewegung und Sport. Endlich war ich nicht mehr außer Atem und japste rum, bloß weil ich ein paar Treppen nach oben gestiegen war. Aber das Schönste: Ich passte wieder in eine 40. Durch meine rundumerneuerte Weiblichkeit und mein gesteigertes Selbstbewusstsein sah ich Eric jetzt mit ganz anderen Augen. Ich nahm ihn nicht mehr nur als Trainer, sondern auch als Mann wahr. Das ließ die neue Frau in mir nach mehr verlangen. Ich beschloss, eine kleine Party zu geben und ihn einzuladen.

»Wow, Janine«, sagte Eric, als ich ihn am Empfang des Fitnesscenters traf. »Dich habe ich ja noch nie in Zivil gesehen, nicht schlecht, Madame! Aber was machst du hier, du trainierst doch donnerstags gar nicht!«

»Ja, das stimmt, ich bin auch nur deinetwegen hier«, antwortete ich und zwinkerte ihm zu.

»Meinetwegen?«, fragte Eric mit gespielt panischem Blick. »Ist alles okay? Bin ich verhaftet?«

»Nein, nein, ich schmeiß am Wochenende 'ne kleine Party«, beruhigte ich ihn. »Du bist herzlich eingeladen! Ich würde mich freuen, wenn du vorbeikommen würdest. Ach ja«, ergänzte ich, »und bring ruhig noch jemanden mit, damit du dich unter so vielen Fremden nicht so nackig fühlst!«

Eric lachte und meinte, dass er mal gucken müsse, ob sich das so kurzfristig überhaupt einrichten ließe, denn er habe am Wochenende eigentlich Dienst. Er wollte versuchen, eine Schicht zu tauschen, aber versprechen konnte er nichts.

Die Party war nett, aber weit und breit keine Spur von Eric. Alle lobten mich ob meines neuen Aussehens und ich bedankte mich in alle Richtungen. Aber er kam nicht! Kein Grund, Trübsal zu blasen, dachte ich, war aber trotzdem ziemlich enttäuscht. Vielleicht hatte er seinen Dienst nicht tauschen können, versuchte ich mich zu trösten, vielleicht hatte er schon eine andere Verabredung oder was Besseres vor, vielleicht hat er es einfach vergessen.

Ich bemühte mich, die Sache nicht länger zu hinterfragen und abzuhaken. Schließlich war er nur mein Trainer und vermutlich war ich auch nicht die Einzige, die ihn auf Privatpartys einlud, um mit ihm vor den Freunden anzugeben nach dem Motto: »Schaut her, Leute, das ist der Mann, der mich wieder in Form gebracht hat«, während Eric selbst bescheiden und artig lächeln würde, obwohl er den ganzen Schmus schon hundertmal gehört hatte und er ihm längst zum Halse raushing. Darauf hätte ich auch keine Lust gehabt.

Ich hatte nur plötzlich ein bisschen Angst, er könne mich für eines dieser Mäuschen halten, die ihm beim Training unentwegt schöne Augen machten. So wollte ich auf keinen Fall rüberkommen! Natürlich fand ich ihn toll, aber es war auch unheimlich blöde, dass viele Mädels, mit denen ich trainierte, ihn wie Frischfleisch behandelten, wie ein seelenloses Objekt, das man unbedingt vernaschen will.

Irgendwie wusste ich, dass Eric zwar dem Klischee des Womanizers optisch zu hundert Prozent entsprach, aber aus anderem Holz geschnitzt war. Vielleicht hatte er es einfach satt, nur auf sein Äußeres reduziert zu werden, vermutete ich, denn ich bemerkte, dass er es ignorierte, wenn hinter seinem Rücken getuschelt, gepfiffen und gekichert wurde.

»Hey, Partyqueen!«, hörte ich jemanden rufen.

Ich starrte auf den Monitor, der vor mir hing, und beachtete die Stimme erst mal gar nicht.

»Hallo, hast du dir auch die Zunge abtrainiert oder wieso kriege ich keine Antwort?«, kam es etwas lauter von der Seite. Es war Eric, der auf dem Laufband neben mir lief.

»Was, wie, wieso«, stammelte ich, »nein, nein, ich war nur gerade in Gedanken versunken. Hab dich gar nicht bemerkt!«

»Oh, das ist ja ganz was Neues«, erwiderte Eric kokett, »endlich mal eine, die mich nicht bemerkt. Das muss ich mir merken!«

»Du sollst mir beim Training helfen, nicht beim Orgasmus! Den kriege ich nämlich – im Gegensatz zu meinen miesen Sit-ups – auch perfekt ohne dich hin!«

»Hör mal, ich will nichts von dir!«, schwindelte ich ihn an. »Du sollst mir beim Training helfen, nicht beim Orgasmus! Den kriege ich nämlich – im Gegensatz zu meinen miesen Sit-ups – auch perfekt ohne dich hin!«

Eric guckte erst ein bisschen verwundert, brach dann aber in herzhaftes Lachen aus und sagte: »Da bin ich aber froh, dass sich deine große Klappe nicht auch minimiert hat. Ich habe mir schon Sorgen gemacht, dass du sauer sein könntest, weil ich nicht auf deiner Party aufgetaucht bin und auch nicht abgesagt habe.«

»Ich auf dich sauer?«, fragte ich zurück und gab mich überrascht. »Wie kommst du denn darauf? Steht mir doch gar nicht zu, auf dich sauer zu sein! Außerdem hab ich überhaupt nicht gemerkt, dass du nicht da warst. Da waren so unheimlich viele Leute, weißt du?«, log ich, dass sich die Balken bogen.

»Ach so, na dann«, meinte Eric erleichtert. »Ich gehe nicht gern auf Partys von Frauen, die bei mir trainieren. Ich habe damit irgendwie schlechte Erfahrungen gemacht.«

»Aha, na dann!«, sagte ich und weil ich nicht wusste, wie lange ich mein gespieltes Desinteresse noch aufrechterhalten konnte, brach ich das Gespräch ab: »Aber ich muss jetzt hier weitermachen, ich hab heute keine Zeit zu quatschen.«

Eric nickte, lächelte, murmelte ein kurzes »Verstehe« und ließ mich weiter trainieren.

Es war also tatsächlich so, wie ich vermutet hatte. Im Nachhinein war ich froh, dass er nicht auf meiner Party erschienen war, denn es wäre genau das eingetreten, was Eric veranlasste, gar nicht erst auf diesen Events aufzukreuzen: Ich hätte ihn vorgeführt und mit ihm vor meinen Freundinnen angegeben. Alle hätten »Oh!« und »Ah!« gerufen und vermutlich hätte er von der einen oder anderen ein zweideutiges Angebot bekommen. Nicht auszudenken, wie das für jemanden sein musste, der auf solche Spielchen keinen Bock hatte!

Ich kam mir blöd vor, wollte mich aber nicht in diese oberflächliche Schiene drücken lassen. Wer mit Klischees spielt und sie sich zunutze macht, dachte ich, darf sich hinterher nicht wundern, wenn man ihn für oberflächlich hält. Und Eric passte ja leider nun mal genauso in das Klischee des begehrten, gut aussehenden, muskulösen Fitnesstrainers wie mein neuer Hintern in eine großzügige 38!

Ich war stärker an ihm interessiert, als ich mir eingestehen wollte, entschied aber, erst mal auf Abstand zu gehen, denn mein erster Vorstoß war salopp gesagt fürn Arsch gewesen.

In den folgenden Tagen trainierte ich allein, manchmal war auch Eric da. Wenn ich mit ihm zusammen an den Geräten arbeitete, gab ich mich wie sonst, kicherte aber weniger. Ich will nicht sagen, dass ich ihm gegenüber unterkühlt war, aber ich machte nicht ständig Witze oder flirtete mit ihm.

Und schnell begriff ich: Je mehr ich Erics Nähe mied, desto mehr suchte er meine. Je weniger ich von mir erzählte, desto neugieriger wurde er.

»Du lachst in letzter Zeit so selten«, fragte er mich eines Abends, als ich mit dem Training gerade fertig war und mich umziehen wollte. »Ist dein Hund gestorben?«

»Nein, aber meine beiden Katzen!«, antwortete ich mit ernster Miene. »Der Nachbar ist ein Tierhasser und hat sie mit Rattengift gefüttert. Sie sind elend krepiert!«

Eric bekam große Augen und stotterte herum. Er entschuldigte sich schnell und meinte, dass die Sache mit dem Hund nur so ein Spruch gewesen sei, der ihm jetzt leidtäte. Er schien ein bisschen verzweifelt und entschuldigte sich gleich noch mal: »Janine, das habe ich nicht so gemeint! Mist, wie konnte ich, hätte ich … hätte ich doch nur …«

»Du kannst es wiedergutmachen!«, lächelte ich verschmitzt und ging in die Offensive: »Lad mich auf ein Glas Rotwein um die Ecke ein. Kennst du Lucky's Luke?«

»Ja, kenn ich, okay, gute Idee, dann treffen wir uns in zwanzig Minuten vor dem Laden«, sagte er.

Innerlich jubilierte ich. Ich ging runter in die Umkleidekabine, duschte schnell, zog frische Klamotten an, föhnte mir kurz die Haare und tuschte notdürftig die Wimpern. Mein Shirt war tief dekolletiert, aber ich achtete darauf, dass mein Schal alles ordentlich verdeckte, sodass nicht der Eindruck entstand, ich hätte es aus Berechnung angezogen, was ich natürlich hatte. Als ich die Treppen nach oben zum Eingang lief, konnte ich mein Herz laut pochen hören. Für einen Moment setzte es aus, als ich Eric wartend in der Tür stehen sah.

Auf dem Weg in die Bar redeten wir wenig und auch die ersten Minuten in der Kneipe kam das Gespräch nur schwer in Gang. Eric wirkte nervös, so, als hätte er eine unsichtbare Grenze überschritten. Während er an seinem Rotweinglas nippte, lauschte ich dem Jazzmusiker, der auf dem Podest einsam vor sich hin trompetete.

Eric war sehr nervös. Ich hatte diesen attraktiven, gut gebauten und von den Frauen bewunderten Trainer genau da, wo ich ihn haben wollte.

»Ich habe gar keine Katzen«, sagte ich in die Szenerie.

»Hab ich mir schon gedacht«, antwortete Eric knapp.

Wieder Schweigen.

Das hier entwickelt sich nicht unbedingt in die von mir bevorzugte Richtung, dachte ich und entschied, ihm einen Ausweg oder aber auch einen Einstieg anzubieten:

»Wenn du noch verabredet bist oder so, kannst du nach dem Glas ruhig gehen. Das macht mir nichts aus«, sagte ich ruhig und sah ihm direkt in die Augen.

»Bin ich nicht«, beeilte sich Eric zu sagen und gab mir mit einem Blick in Richtung Bar zu verstehen, dass er gern noch ein zweites Glas Wein für uns bestellen würde.

Geht doch, dachte ich. Eric wollte also bleiben. Diese Gewissheit bescherte mir etwas Gelassenheit, denn spätestens jetzt wurde mir klar, dass ich bestimme, wie weit es gehen würde. Ich erinnerte mich daran, wie unwohl ich mich gefühlt hatte, als mir Eric als mein neuer Trainer vorgestellt worden war. Nun saß er neben mir und wollte nicht gehen, wusste aber auch nicht so recht, was er sagen sollte. Also übernahm ich die Initiative, bestellte eine zweite Runde Wein und plapperte einfach drauflos. Ich berichtete ihm von dem Elvis-Verschnitt, der Ausbildung, den unzähligen Saucen-Verkostungen und davon, was ich über schöne Frauen gelesen hatte. Eric wurde lockerer und ich bemerkte erfreut, dass er näher an mich heranrückte. Das quittierte ich damit, dass ich ihn ab und an fast unmerklich am Knie berührte. Wir lachten über Klischees, Machos und Gefühle.

Eric gestand daraufhin, dass es für ihn ungewohnt war, dass ich so auf Distanz blieb. Ich sei anders als die anderen Frauen im Laden, nicht so aufdringlich, sondern rätselhaft und gleichzeitig witzig. Das würde ihn irgendwie reizen.

»Aha, soso!«, kommentierte ich mit ruhiger Stimme, obwohl mir das Herz bis zum Hals schlug. Ich tat so, als würde ich das, was Eric gerade zu mir gesagt hatte, jeden Tag hören und als würde es mich nicht sonderlich interessieren. Ganz bewusst gab ich ihm zu verstehen, dass ich keine Frau war, die sich den Männern an den Hals warf, bloß weil sie gut aussahen oder vielleicht ein dickes Bankkonto hatten, und dass es für mich wichtigere Dinge gab als makellose Schönheit oder eine Bombenfigur: Humor zum Beispiel!

Eric war sehr nervös. Ich hatte diesen attraktiven, gut gebauten und von den Frauen bewunderten Trainer genau da, wo ich ihn haben wollte. Plötzlich musste ich wieder an die Studie über die schönen Frauen denken. Ich beschloss, selbst einen kleinen Test durchzuführen: Ohne das Ende seines Satzes abzuwarten, zog ich Eric an mich heran, legte meine Arme um seinen Hals und küsste ihn. Als unsere Lippen sich berührten, spürte ich seinen beschleunigten Puls bis in meine Zunge. Einen Moment lang schien er überrumpelt, aber dann ließ er sich fallen. Und ein Gedanke brachte mich zum Schmunzeln: Allem Anschein nach war ich wohl doch eine dieser Frauen, deren Gegenwart sich auf die Herzfrequenz eines Mannes verhängnisvoll auswirkt.

17. GESCHICHTE

Der Chefsessel

Silvia (24), Kellnerin, Senftenberg,
über
Enrico (39), Geschäftsführer, Senftenberg

Im Spaßbad ficken die Leute wie die Kaninchen!«, sagte Svenja und drückte ihre Kippe aus.

Ich kellnerte mit Svenja im gleichen Laden. Am Nachmittag hatten wir frei und überlegten, gemeinsam an den See zu fahren. Die Hitze war schon seit Tagen unerträglich.

»Was? In welchem Spaßbad?«, fragte ich interessiert. »Doch nicht das drüben am Park?!«

»Genau das!«, nickte Svenja, als hätte sie ein Staatsgeheimnis verraten.

»Da schwimme ich manchmal ein paar Bahnen, aber ich habe da noch nie jemanden ficken sehen«, zweifelte ich.

»Man sieht es ja auch nicht so direkt! Sie ficken unter Wasser. Man sieht es nur an ihren Gesichtsausdrücken, denn sie versuchen auf harmlos und unschuldig zu machen, aber man merkt es ihnen spätestens an, wenn einer von beiden kommt. Dann entgleisen dem einen oder anderen schon mal die Gesichtszüge! Ich geh da jetzt öfter hin, wenn ich es mir selbst mache«, verkündete Svenja kichernd.

»Du machst es dir auch in der Öffentlichkeit, Svenja? Wie geil ist das denn? Erzähl mal!«, bat ich sie und rutschte aufgeregt mit meinem Stuhl näher an sie heran, denn ich konnte nicht glauben, dass Sex im Wasser der Knaller sein sollte. Mir war das einfach immer zu nass, zu unbequem, zu kalt.

Ich liebe es auch, in der Öffentlichkeit zu masturbieren, aber das posaune ich nicht überall herum, so in der Art: »Hey, Leute, ich bin so horny, ich muss in die Umkleidekabine gehen und mir den Finger ins Höschen stecken!« Das änderte natürlich nichts an dem Fakt, dass ich tatsächlich oft zu diesem Zweck in Umkleidekabinen ging. Ich machte es mir so oft unterwegs, dass ich irgendwann aufgehört habe zu zählen. Mal habe ich mir die Pussy bei Karstadt gerieben, mal auf der Toilette bei uns im Restaurant, aber am liebsten befriedigte ich mich im Sessel unseres Geschäftsführers Enrico Eckermann. Ich hab mich oft in den Morgenstunden gerieben, kurz bevor er ins Restaurant kam, denn da war die Gefahr am größten, erwischt zu werden. Dieser Gedanke machte mich richtig geil, so dass es mir unverzüglich kam.

Meine bevorzugten Masturbationsplätze waren unbeobachtete Orte, den Sessel meines Chefs jetzt mal ausgenommen. Dass Svenja aber ihrer Lust vor den Augen fremder Leute frönte, war einen Zacken schärfer und machte mich neugierig.

»Gehst du in die Erdbeere und rubbelst dich?«, fragte ich sie. Bei der Erdbeere handelte es sich um ein kleines Kabuff zum Umziehen, das mitten auf der Wiese der Badeanstalt stand. Manchmal ging jemand in die Erdbeere rein und kam ewig nicht raus, und alle, die draußen warteten, um die nassen Badesachen zu wechseln, standen sich die Beine in den Bauch. Ich selbst war zweimal in der Erdbeere gewesen, um durch die kleinen Löcher in den Wänden zu gucken und mich zu reiben. Das hat nie länger als drei Minuten gedauert, ich bin eben Profi.

»In die Erdbeere?«, fragte Svenja erstaunt. »Ich bin doch nicht bekloppt! Da drin ist es mir viel zu ekelig und stinken tut es auch. Ich setze mich lieber auf eine der kleinen Wasserfontänen im Whirlpool! Das ist so herrlich, du kannst einfach den Wasserstrahl zwischen deinen Beinen genießen, in die Gesichter der anderen Leute gucken und während du genüsslich kommst, wirst du knackig braun wie ein Grillhähnchen! Da gehe ich doch nicht in die Erdbeere.«

Dass das Spaßbad mittlerweile aufgerüstet hatte, wusste ich noch gar nicht, fand aber die Idee mit den Wasserfontänen nicht schlecht. Also bin ich mit Svenja nach Feierabend dorthin gefahren, um mir die Dinger mal aus der Nähe anzuschauen. Ich wollte mich nicht unbedingt sofort raufsetzen, um es mir zu machen, aber zumindest wollte ich das Ganze mal abchecken.

Meine bevorzugten Masturbationsplätze waren unbeobachtete Orte, den Sessel meines Chefs jetzt mal ausgenommen.

Der Whirlpool war ziemlich voll, die meisten kleinen Wassersprudel waren bereits besetzt und ich fühlte mich plötzlich wie im Osten, wo man sich artig in die Schlange eingereiht hatte, wenn man was haben wollte. Auf manchen Strudeln saßen Frauen und machten »Uhhh!« und »Ahhh!« oder unterhielten sich über Backrezepte, auf anderen saßen ältere Männer, hinter denen es komisch nach oben sprudelte. Die Wasserblasen waren verhältnismäßig groß, so dass man nicht so richtig wusste, was die Altherren-Brigade sich da jetzt genau massieren ließ.

»Ich hab eine, guck, da drüben wird eine frei!«, grinste Svenja und eilte hin. Indes blieb ich auf einem der Startblöcke zurück und suchte nach Leuten, die angeblich im Wasser Sex haben sollten. Ich sah kein einziges fickendes Pärchen. Als mir ein dicker Junge ruppig ins Gesicht schrie, dass der Startblock kein Sessel sei, beschloss ich, mich zu verpissen und meiner Lust woanders zu frönen. Das Getümmel und das Treiben um mich herum ließen bei mir den letzten Impuls ersterben. Ich entschied, Svenja in ihrem Wunderland allein zu lassen und nach Hause zu gehen.

Abends im Bett musste ich wieder daran denken, wie anregend es – im Vergleich zum Spaßbad – im Chefsessel von Herrn Eckermann war. Der Gedanke, von ihm auf frischer Tat erwischt zu werden, machte mich einfach immer wieder heiß. Ich wollte es einerseits drauf ankommen lassen, andererseits war mir das Ganze auch suspekt. Warum erregte mich der Gedanke, ausgerechnet von Herrn Eckermann erwischt zu werden? Warum suchte ich immer wieder nur Herrn Eckermanns Chefsessel auf und zum Beispiel nie das Büro unseres Küchenchefs? Schließlich hatte dieser sogar eine Couch in seinem Kabuff, auf der er ab und zu, wenn er Teildienst hatte, ein Nickerchen machte. Steckte vielleicht mehr dahinter als nur die Suche nach dem Kick? Gefiel mir Herr Eckermann mehr, als mir bewusst war? Und wäre es wirklich so geil, wenn er mich erwischen würde? Wäre mir das nicht alles unsagbar peinlich? Für diese Nacht waren das zu viele Fragen. Ich kam in meinem Höschen auf nicht mal drei Umdrehungen und schlief über meinem imaginären Fragenkatalog entkräftet ein.

»Wo warst du denn gestern auf einmal?«, fragte mich Svenja am nächsten Tag, als wir gerade das Grillstübchen für eine Feier eindeckten.

»So ein dicker Moppi hat mich angebrüllt. Da war es vorbei mit der Lust«, erklärte ich. »Bin nach Hause gegangen.«

»Ach so?«, fragte Svenja. »Ich dachte, du wärst vielleicht in der Erdbeere!«

»Na, hör mal, so schlimm ist es ja nun auch wieder nicht um mich bestellt. Ich schaffe es schon noch bis nach Hause. Außerdem wollte ich mir die Sache ja auch nur mal angucken! Und noch was, meine Liebe: Du haust ganz schön auf die Kacke! Ich habe gestern weit und breit kein einziges Kaninchen gesehen!«, sagte ich besserwisserisch.

»Ja, stimmt, du hast recht!«, musste Svenja gestehen. »Gestern war da wirklich, was die Kaninchen angeht, der Hund begraben.« Wir kicherten.

Während ich mit Svenja die Tische eindeckte, Besteck polierte und Servietten faltete, überlegte ich, wie ich Herrn Eckermann näherkommen könnte. Ich wusste, dass er schon seit ein paar Jahren unter der Haube war und zwei Kinder hatte, aber das hielt ihn nie davon ab, mit den Kellnerinnen zu flirten, auf Mausbär und Charmeur zu machen und bevorzugt Azubienen einzustellen, die aussahen, als hätten sie die letzte Miss-Germany-Wahl gewonnen. Der Eckermann war kein Kostverächter, so viel stand fest. Bislang hatte ich mich aber, was das Flirten anging, immer dezent im Hintergrund gehalten. Warum, verstand ich jetzt allerdings auch nicht. Vielleicht war es an der Zeit, ihm auf den Zahn zu fühlen.

Was mir aber gehörig auf die Nerven ging, war diese Schleimerei untereinander. »Oh, Frau Anger, neue Bluse?«, fragte beispielsweise Herr Eckermann, wenn er Frau Anger, einer der Kellnerinnen, auf dem Flur begegnete. Und Frau Anger guckte dann immer so devot auf den Boden und grinste dämlich. Hinterher stürmte sie jedes Mal in den Pausenraum, um dem Rest der Belegschaft freudig zu berichten, dass der Eckermann ihr Komplimente gemacht habe. Dabei handelte es sich, meines Erachtens, nie um Komplimente, sondern lediglich um eine Frage, aber egal. Wenn die beiden sich später wieder auf dem Gang begegneten, schlichen sie umeinander herum, dass einem schon allein vom Hinsehen schwurbelig wurde.

Ich beschloss, nicht länger zu warten, bis Eckermann auch mich fragen würde, ob ich eine neue Bluse hätte, und ergriff die Initiative.

»Ich trage heute übrigens auch eine neue Bluse, Herr Eckermann«, sagte ich am folgenden Tag leicht provokant, als ich ihm im Getränkelager beim Austauschen der Bierfässer begegnete.

Er sah mich kurz an, grinste etwas verlegen und widmete sich wieder den Bierfässern.

»Ist Ihnen noch gar nicht aufgefallen, oder?«, versuchte ich erneut ein Gespräch und sah mich schon mit den Bierfässern um Herrn Eckemanns Aufmerksamkeit ringen.

»Mmh, doch, doch!«, sagte er.

»Und, wie finden Sie sie?«, fragte ich kokett.

»Wen?«, fragte er zurück, während er ein Fass hinüber zur Treppe rollte.

»Na die Bluse!«, rief ich.

Herr Eckermann drehte sich um und warf einen Blick auf meine Bluse. Ich streckte die Brust raus und drehte mich hin und her.

»Schön, schön«, sagte er fast beiläufig und drehte sich wieder um, »ein bisschen zu verspielt vielleicht.«

Verspielt? Hat er eben gesagt, dass er meine Bluse zu verspielt findet, fragte ich mich selbst und fand diesen Satz, im direkten Vergleich mit Frau Angers Bluse, äußerst dubios. Als ich einige Minuten später neben Herrn Eckermann die Gläser spülte, während er das Bierfass anzapfte, sagte ich, ebenfalls eher beiläufig: »Ich kann sie ja ausziehen, die Bluse.«

Herr Eckermann, der unter der Bar an den Bieranschlüssen rumfummelte, schnellte nach oben, stieß sich beinahe den Kopf und sah mich mit großen Augen an. Ich schenkte ihm mein schönstes Lächeln.

Irritiert fragte er mich: »Was haben Sie eben gesagt?«

Ich war sicher, dass er mich ganz genau verstanden hatte, zwinkerte ihn deshalb nur an und widmete mich wieder den Gläsern.

Fast nachdenklich verließ Herr Eckermann die Bar, drehte sich noch einmal zu mir um, kratzte sich am Kopf und verschwand in seinem Büro. Als er wenig später wieder auftauchte, war die Feier im Grillstübchen in vollem Gange. Es fehlte definitiv ein weiterer Kellner und so mussten Svenja und ich doppelt flitzen und hatten alle Hände voll zu tun. Ich schleppte Gerichte und Getränke, bekleckerte mich beim Servieren der Desserts mit Kirschsauce und sah zum Ende der Feier aus, als hätte man mich zur Schlachtbank geführt. Herr Eckermann nahm von dem Stress im Grillstübchen scheinbar keine Notiz.

Gegen Mitternacht, wir waren gerade mit dem Aufräumen fertig und Svenja war bereits gegangen, brachte ich Herrn Eckermann noch die Kreditkartenabrechnung ins Büro. Er saß in meinem, ich meine, in *seinem* Sessel und starrte auf meine bekleckerte Bluse, die ich absichtlich angelassen hatte.

»Sie sehen ja schlimm aus. Haben Sie nichts zum Wechseln? Ich hoffe, Sie haben in diesem Aufzug nicht die Gäste bedient!«

Jetzt spürte ich, wie nervös der Chef eigentlich war. Seine Sätze sollten zwar bestimmend klingen, aber in der Mitte des ersten Satzes hatte er bereits Schwierigkeiten, die strenge Tonlage zu halten. Sein selbstbewusstes autoritäres Gehabe schien nichts als ein Ablenkungsmanöver zu sein, denn in seinem Inneren brodelte es, da war ich sicher.

»Was sind Sie denn so streng?«, fragte ich. »Das könnte ja auch Blut sein! Was ist, wenn ich mich verletzt habe? Würde es sich dann um einen Arbeitsunfall handeln?«

Herr Eckermann räusperte sich. »Ich, streng? Ähm, nein, keineswegs. Ist es denn Blut?«

»Und wenn?«, fragte ich etwas dreist und begann, die Bluse langsam von oben nach unten aufzuknöpfen.

In diesem Moment wurde mir klar, dass ich gar nicht so besonders auf Enrico Eckermann stand, sondern lediglich seine Autorität erregend fand.

In diesem Moment wurde mir klar, dass ich gar nicht so besonders auf Enrico Eckermann stand, sondern lediglich seine Autorität erregend fand. Dass ich wiederum gerade sexuelle Macht auf ihn ausübte, machte mich extrem scharf. Er guckte, schluckte und guckte wieder. Seine anfängliche Skepsis wandelte sich langsam in Neugierde, denn er blickte mir ungeniert auf die Titten. Allmählich schien ihm zu dämmern, dass das, was ich vorhin zu ihm an der Bar gesagt hatte, vielleicht ein ernst gemeintes Angebot gewesen war.

Als der letzte Knopf durch seinen Schlitz geschlüpft war, zog ich die Bluse aus und ließ sie fallen. Enrico Eckermann stand auf. Ich ging um den Schreibtisch herum und stellte mich vor ihn hin. Man konnte ihm direkt ansehen, dass er in einer Zwickmühle steckte. Einerseits war er geil, andererseits wusste er nicht, wie er sich verhalten sollte. Ich drückte ihn zurück in seinen Sessel und zog meinen Spitzen-BH auf der einen Seite runter, so dass Enrico Eckermann einen guten Blick auf meine rechte Brustwarze hatte, die genau auf Höhe seiner Augen war. Ich beugte mich ein Stück nach vorn und er nahm sie, ohne zu zögern, in den Mund.

Die Berührung brachte meinen Körper zum Zucken. Enrico zog nun an der anderen Seite meines BHs, um auch meinen anderen Nippel freizulegen. Sein Nuckeln machte nicht nur mich, sondern auch ihn immer heißer. Sein Atem ging schneller, seine Bewegungen wurden hektischer.

»Und, willst du mich ficken?«, flüsterte ich, kaum hörbar, in sein Ohr, während seine Hand zwischen meine Beine rutschte.

Herr Eckermann war nicht mehr fähig, von mir abzulassen. Statt zu antworten, huschte seine Zunge noch gieriger über meine Nippel und seine Hand arbeitete sich weiter vor. Jetzt hatte ich das Heft in der Hand. Er war meinem Körper und seiner Geilheit vollkommen ausgeliefert. In unserem Sessel, in dem ich bisher immer nur allein meinen Spaß gehabt hatte, brachten mich an diesem Abend nicht meine Finger, sondern der Schwanz von Enrico Eckermann zum Orgasmus.

18. GESCHICHTE

Ein anderes Betätigungsfeld

Agnes (26), Informatikkauffrau, Hamburg,
über
Max (28), Softwareentwickler, Hamburg

Ich komme aus einer piekfeinen Familie, die stets bemüht war, den schönen Schein zu wahren, aber hinter den Kulissen hat sich kein Schwein für mich interessiert. Mein Alter hat sich hinter seiner Arbeit versteckt, meine Mutter hinter ihrer Bibel. Mit sieben haben sie mich auf ein Internat geschickt, mit sechzehn bin ich von zu Hause abgehauen. Letztlich hatten beide als Eltern komplett versagt. Ich habe mich selbst erzogen und mir meinen eigenen moralischen Kodex zusammengeschustert, der vielleicht nicht jedermanns Sache ist. Mit dem Gesetz habe ich es auch nicht immer so ganz genau genommen – ich habe alles geklaut, was nicht niet- und nagelfest war. Ich war eine Diebin aus Leidenschaft. Später ging ich die Sache ein bisschen differenzierter und strategischer an, aber früher, als ich noch jünger war, habe ich alles mitgehen lassen, was mir in die Finger kam. Mit der Zeit wurden meine Touren immer dreister und ich immer unvorsichtiger. Ich fühlte mich sämtlichen Detektiven haushoch überlegen und bildete mir ein, dass diese Amateure mich nie schnappen würden. Es war aber nur eine Frage der Zeit. Nachdem sie mich ein paar Mal geschnappt hatten und merkten, dass selbst die saftigsten Geldstrafen nichts mehr brachten, steckten sie mich in eine Therapie für Kleptomanen. Ich musste mein geliebtes Hobby erst mal an den Nagel hängen. Anfangs fehlte mir am meisten, dass ich nicht mehr irgendwelche armen Schweine beschenken konnte, obwohl ich primär wegen des Kicks klaute, nicht aus Barmherzigkeit. Die Klauerei aber mit etwas einigermaßen Sinnvollem zu verbinden war naheliegend, denn arme Schweine gibt es genug.

Einmal habe ich zum Beispiel einer alten Frau geholfen, die unter den S-Bahn-Gleisen pennte. Sie stank und war verwirrt und keiner kümmerte sich um sie. Der Winter rückte an und mit ihm seine kalten Nächte. Ich habe ihr in so einem Outdoor-Laden einen vernünftigen Schlafsack und warme Schuhe besorgt. Es dauerte also nicht lange und die Dieberei hatte mich wieder in ihren Klauen.

Sie schnappten mich in einem Schmuckladen. Ich stand innerhalb eines Jahres dreimal vor Gericht und hatte Glück, dass ich noch immer die Therapie machte, denn deswegen wurde die Strafe zur Bewährung ausgesetzt. Nur der kleinste Verstoß und ich wäre tatsächlich in den Knast gewandert. Das war zwar das vorläufige Ende meiner Karriere, aber ich wäre ja auch nicht die, die ich bin, wenn ich mir nicht schnell ein anderes Betätigungsfeld gesucht hätte: Männer.

Manchmal schnappte ich mir für ein heißes Sexabenteuer die Männer gleich an Ort und Stelle, in Bars, Cafés oder Clubs. Kurioserweise erwiesen sich die hübschesten Kerle oft als Rohrkrepierer.

Vielleicht war das Klauen spannender, aber Männer sind auch ein netter Zeitvertreib und eine Herausforderung. Seitdem ich nicht mehr klaute, ließ ich, was Männer betraf, nichts anbrennen.

Manchmal langweilte es mich zwar, wie leicht sie rumzukriegen waren, aber es gab auch welche, die sich als harte Brocken entpuppten. Bei den meisten jedoch genügte ein Blick, ein Tuscheln, Kichern, etwas zu viel Haut oder ein eleganter Beinüberschlag, spätestens aber beim Anblick von harten Nippeln wurde auch der Stärkste schwach.

Ich liebte es, sie zu reizen und in ihre geifernden Gesichter zu sehen, während sie versuchten, eine gewisse Entrüstung vorzutäuschen. Süß, meine kleinen Versuchskaninchen! Sie kamen schon angehoppelt, wenn ich sie im Fahrstuhl einen Blick in meinen Ausschnitt werfen ließ oder im Restaurant provokant die Beine spreizte, während sie mit ihrer Angebeteten dinierten. Manchmal schnappte ich mir für ein heißes Sexabenteuer die Männer gleich an Ort und Stelle, in Bars, Cafés oder Clubs. Kurioserweise erwiesen sich die hübschesten Kerle oft als Rohrkrepierer.

Mit der Zeit entwickelte ich ein Gespür dafür, wer es draufhaben könnte, mir das Hirn aus dem Kopf zu vögeln, und bei wem ich während des Sex noch 'ne Folge *South Park* schauen konnte. Ich studierte ihre Blicke, ihre Mimik und Gestik und las in ihnen wie in einem offenen Buch. Männer sind nicht sehr geheimnisvoll! Richtige Perlen fand ich eher selten. Die, die eine Pussy wirklich zum Schwingen und Zucken bringen konnten, waren rar und schwer zu finden wie Trüffel. Da ich aber ein hochsensibles Näschen entwickelt hatte, erschnupperte ich seine Fährte bereits, als er mir im Treppenhaus meiner besten Freundin begegnete, obwohl ich ihn nur von hinten sah. Er hieß Max und war gerade eingezogen. Max auf mich aufmerksam zu machen war ein Leichtes. Es genügten ein bisschen Arschwackeln, ein aufreizender Gang und etwas mehr Bein zu zeigen als nötig. Das übliche Programm eben. Das Ganze garnierte ich mit einem arroganten, desinteressierten Blick.

»Hi«, sagte er freundlich und grinste mich an, als wir uns auf der Treppe begegneten. Ich grüßte nicht zurück. Ein paar Tage später ließ ich die Haustür ins Schloss fallen, obwohl ich ihn von Weitem mit Einkaufstüten heraneilen sah.

»Dumme Pute!«, hörte ich ihn im Hausflur brüllen.

Zeit, in die Vollen zu gehen, dachte ich einige Zeit später, nachdem ich ihm schon etliche Male im Treppenhaus, im Hof oder vor der Haustür begegnet war. Eines war sicher: Leiden konnte er mich nicht.

»Hast du mal ein paar Eier?«, fragte ich ihn charmant, als ich ihn an seiner Wohnungstür abfing.

»Eier? Nee, hab ich nicht!«, antwortete Max skeptisch und sichtlich genervt.

»Hab ich mir schon gedacht!«, entgegnete ich schnippisch und grinste ihn frech an.

»Sag mal, willst du mich verarschen?«, schimpfte er. »Was soll diese bescheuerte Tour?«

Ich sah ihn mit großen Rehaugen an und machte auf unschuldig.

»Von was für einer Tour sprichst du? Meine Freundin Anna und ich backen gerade Kuchen und uns fehlen Eier und Milch!«

»Um die Ecke ist ein Konsum!«, regte Max sich weiter auf. Auf meine Frage, ob er mich dorthin begleiten würde, zeigte er mir einen Vogel und knallte mir die Tür vor der Nase zu. Wunderbar, dachte ich, denn die Erfahrung hatte mich gelehrt, dass die, die sich besonders schön aufregen, auch besonders schön ficken können. Ich nenne das Leidenschaft und wer beim Streiten leidenschaftlich ist, ist auch beim Sex leidenschaftlich. Stimmt vielleicht nicht immer, aber oft!

Ich schlenderte gemütlich in den kleinen Konsum an der Straßenecke, kaufte die fehlenden Zutaten und backte mit Anna einen Bilderbuchkuchen. Das letzte Stückchen brachte ich Max. Ich stellte den Teller vor seine Tür, klingelte und ging schnell davon. Am nächsten Tag stand der Teller abgewaschen vor seiner Tür, darauf ein Zettel mit einem Smiley.

Als ich Max das nächste Mal im Treppenhaus traf, war sein Blick schon freundlicher, wenn auch immer noch zurückhaltend. Wie schon die anderen Male zuvor rauschte ich wieder wortlos an ihm vorbei, so, als wäre er unsichtbar. Ich hätte mich umdrehen können, um mich zu vergewissern, dass er mir nachsah, aber das war nicht nötig. Ich spürte seinen hasserfüllten Blick in meinem Rücken auch so. Als ich eine Treppe unter ihm war und sich unsere Blicke auf halber Höhe trafen, zwinkerte ich ihm kurz zu und hüpfte die letzten Stufen pfeifend hinunter.

»Hallo, ich wollte dich nicht stören«, sagte ich, als ich noch am selben Abend bei ihm klingelte, »du hast nicht zufällig 'ne Milch über, die du mir geben kannst? Ich bring dir morgen 'ne neue!«

»Zufällig nicht!«, zischte Max und verdrehte die Augen. Ich hatte das Gefühl, dass in diesem Moment nicht viel gefehlt hätte und er wäre aus der Haut gefahren und hätte mir statt der Milch eine Backpfeife serviert.

»Ach, fast hätte ich es vergessen«, setzte ich nach und stellte einen Fuß in die Tür, als er sie mir gerade vor der Nase zuschlagen wollte, »ich wollte dich noch fragen, ob du Lust auf Kino hast?«

Max linste mich durch den Türspalt an. »Was?«, fragte er skeptisch, so als traute er seinen Ohren nicht.

»Kino. Du und ich. Heute Abend«, sagte ich noch einmal.

»Du willst mich doch verarschen!« Er baute sich in der Tür auf. Sein warnender Blick sollte mir anscheinend signalisieren, dass er meine Spielchen durchschaut hätte.

»Heute läuft der neue Streifen der Cohen-Brüder an!«, fuhr ich unbeirrt fort. »Den würde ich gern sehen und ich dachte mir, ich frag dich einfach.«

»So, so. Du fragst mich einfach!«, raunte er ungläubig. »Und das ist nicht wieder eine deiner komischen Verhaltensweisen?«

»Nein, warum«, gab ich zurück und zog die Stirn in Falten, als könne ich ihm nicht ganz folgen. »Komisch? Ich?«, flüsterte ich und lächelte ihn handzahm an.

»Warte mal!«, sagte Max und verschwand plötzlich im Flur.

Zwei Sekunden später stand er mit einem Tetrapak Milch vor mir. »Hier!«, sagte er knapp.

Als ich die Milch nahm, berührte ich seine Hand absichtlich etwas zu lange. »Heute Abend, so gegen acht: Hast du Lust?« Ich schenkte ihm mein schönstes Lächeln.

»Ja, hätte ich«, antwortete Max, dem die Sache immer noch nicht ganz geheuer zu sein schien, vorsichtig.

»Super! Dann stehe ich nachher vor deiner Tür und hol dich ab«, sagte ich und wollte mit der Milch gerade los, als Max mir hinterherrief: »Aber nur unter einer Bedingung!«

Ich drehte mich auf dem Treppenabsatz um, sah ihn neugierig an und fragte kurz: »Die da wäre?«

»Du musst versprechen, nicht so anstrengend zu sein!«

»Versprochen«, flüsterte ich und grinste, während ich hinter meinem Rücken die Finger kreuzte.

Dass ich Max in den kommenden Tagen haben würde, war nicht nur ein geiler Gedanke, sondern – obwohl ich vom Rechnen nicht viel Ahnung habe – mathematische Gewissheit. Der Trieb im Mann will immer besitzen, was er nicht haben kann; was ihn abweist, macht ihn auf seltsame Weise dennoch an. Max mochte mich vielleicht nicht, aber er würde mich vögeln, wenn er Gelegenheit dazu bekommen würde. Das wollen sie immer!

Ich habe mich dreimal von ihm besitzen lassen und mein Gespür hatte mich nicht im Stich gelassen: Max war ein fabelhafter Liebhaber.

19. GESCHICHTE

Kein einziges Wort

Huan (23), Medizinstudentin, Chongqing,
über
Tobias (38), Anwalt, München

Vor meinem Medizinstudium habe ich als Aupair-Mädchen bei einer Anwaltsfamilie in München gearbeitet. Um das Land, seine Gepflogenheiten und die Sprache kennenzulernen, war das perfekt. Ich habe innerhalb eines Monats mehr Deutsch gelernt als in China in zwei Jahren. Nachdem ich den anfänglichen Kulturschock überwunden hatte, stand für mich fest, dass ich unbedingt hier studieren will.

Bei Familie Heinersdorf kümmerte ich mich vorrangig um Florentine, die dreijährige Tochter. Ziemlich schnell weitete sich mein Interesse auch auf ihren Vater aus. Zuerst wollte ich das gar nicht wahrhaben und vermied jeden Gedanken in diese Richtung. Es fing harmlos an: Mit Kleinigkeiten wie kaum wahrnehmbaren Blicken und flüchtigen Berührungen. Dass ich versuchte, mein Interesse zu verdrängen, machte die Sache nicht besser, im Gegenteil: Es wurde nur größer. Ich kann heute nicht mehr genau sagen, ob ich in Herrn Heinersdorf verliebt war oder ob ich einfach nur seine Nähe gesucht habe, weil ich mich in seiner Gegenwart wohlfühlte. Seine einfühlsame Art zog mich magisch an. Zum damaligen Zeitpunkt hatte ich erst mit ganz wenigen Männern geschlafen und stellte mir immer wieder vor, dass eine Nacht mit ihm wie das Tor zu einer anderen Welt wäre. Aus meiner anfänglichen Schwärmerei wurde schnell eine fixe Idee, bei der ich mögliche Konsequenzen – einen beschämenden Rauswurf, Beschwerden über mich oder gar die Heimreise – komplett ausblendete. Dass ich mit dieser Idee eine Ehe zerstören könnte, war mir ebenfalls überhaupt nicht bewusst, denn schließlich wollte ich Frau Heinersdorf keinesfalls den Mann ausspannen, sondern lediglich eine Nacht mit ihm verbringen.

Wann immer die Situation es zuließ, machte ich Herrn Heinersdorf unauffällig Avancen. Er selbst hat das Ganze anfangs vermutlich für übertriebene Kleinmädchenschwärmereien gehalten, aber dann kam der Abend, an dem seine Frau mit Freundinnen unterwegs war und wir allein zu Hause waren. Spätestens jetzt musste er begreifen, dass hinter meinen liebreizenden Blicken mehr steckte als nur ein bisschen Schwärmerei für den Gastvater.

Florentine war schon vor Stunden eingeschlafen. Ich schaute in meinem Zimmer gerade ein bisschen fern, als ich Tobias in der Küche hörte. Wenn ich ihm in diesem Aufzug schon nicht Gesellschaft leisten dürfte, dachte ich, sollte es zumindest erlaubt sein, sich ein Glas Wasser zu holen. Nur mit einem Hemdchen und einem Slip bekleidet, schlurfte ich barfuß in die Küche.

»Haben Sie noch Hunger?«, fragte ich ihn, als ich in die Küche kam und ihn mit der Pfanne hantieren sah. Er antwortete nicht, sondern sah mich nur erschrocken an. Ich ging zum Schrank, nahm mir ein Glas und kehrte ihm den Rücken zu. Ob er mir gerade auf den Hintern starrt?, dachte ich, als ich mir noch eine Flasche Wasser aus dem Kühlschrank nahm, wagte aber nicht, mich umzudrehen. Ich schloss die Kühlschranktür und ließ Herrn Heinersdorf mit einem »Schönen Abend noch!« in der Küche zurück.

In der Nacht quälten mich Gewissensbisse. Ob er seiner Frau erzählen würde, wie ich herumgelaufen war, und sie mich zurechtweisen, mir vielleicht sogar kündigen würde? Aber es passierte nichts dergleichen, nur dass sich Herr Heinersdorf mir gegenüber plötzlich anders verhielt als sonst. Manchmal tat er so, als würde er ein Geheimnis mit mir teilen, als mache ihn sein Schweigen zu einem Mitwisser von etwas, das keiner von uns beiden auszusprechen wagte.

Das Schweigen meines Gastvaters heizte mich nur noch mehr an. Wie ein aufgescheuchtes Huhn nutzte ich in den nächsten Tagen jede Gelegenheit, die sich bot, um in seiner Nähe zu sein, ihm mehr von mir zu zeigen und weniger Stoff zu tragen. Wir tauschten in Sekunden eine ganze Welt voller sehnsüchtiger Blicke aus, ohne dabei auch nur ein einziges Wort über unsere Zuneigung zueinander zu verlieren.

Natürlich war ich bei allem, was ich tat, bei jeder Geste, jedem Blick und jeder Berührung darauf bedacht, dass seine Frau nicht das Geringste bemerkte. Ohnehin war sie viel zu sehr mit sich selbst beschäftigt, wie ich fand.

An einem Freitag, ich bügelte gerade Florentines Sachen, kam Frau Heinersdorf mit zackigen Schritten in die Waschküche und verkündete: »Huan, wir fahren über das Wochenende zur Oma aufs Land.« Dann scherzte sie: »Du hast also zwei Tage Zeit, dich auch mal von uns zu erholen, gell Florentine?«

Die kleine Florentine lachte.

»Leider muss Tobias noch an zwei Fällen arbeiten und kommt nicht mit«, ergänzte sie. »Also macht es euch gemütlich und tanzt nicht auf den Tischen.«

»Tanzt nicht auf den Tischen!«, plapperte Florentine ihrer Mutter nach. Wir kicherten.

Freitag. Frau Heinersdorf und Florentine hatten das Haus bereits verlassen. Bis auf Herrn Heinersdorf, der sich den ganzen Nachmittag über nicht ein einziges Mal gezeigt hatte – vermutlich hatte er sich in seinem Arbeitszimmer verbarrikadiert –, war niemand mehr da. Ich tänzelte durch den Garten, polterte absichtlich mit den Flaschen in der Küche, drehte die Musik auf und machte es mir im Wintergarten des Hauses gemütlich. Aber: Herr Heinersdorf ließ sich nicht blicken. Hatte er Angst, mir ausgeliefert zu sein?, fragte ich mich. Versuchte er zu vermeiden, mir zu begegnen? Sollte ich ihn in Ruhe lassen und einfach nicht mehr an ihn denken? Hatte ich mir all die Blicke vielleicht doch nur eingebildet? Mein Schädel drohte zu platzen, als sich die Tür zum Arbeitszimmer endlich doch öffnete und Tobias mit nervösem Blick heraustrat. Langsamen Schrittes ging er ins Wohnzimmer, schenkte sich an der kleinen Hausbar ein Glas Wein ein und trank hastig die ersten Schlucke. Dann erst blickte er in meine Richtung, setzte sich auf das Sofa und sah mich an.

»Was machst du so?«, fragte er.

»Nachdenken«, antwortete ich.

»Worüber?«

»Über Sie«, sagte ich und fühlte, wie mein Herz schneller pochte.

Tobias sah zu Boden. Wir schwiegen eine halbe Ewigkeit. Die Sonne war bereits untergegangen. Als er aufstand, um sich Wein nachzuschenken, fragte er: »Auch ein Glas?«

»Gern«, flüsterte ich.

Er schenkte mir etwas Rotwein ein, reichte mir das Glas und sah mir dabei kurz in die Augen. Nun war ich mir sicher, dass er mehr wollte, als nur gemütlich ein Glas Wein zu trinken. Er hätte dies auch genauso gut in seinem Arbeitszimmer tun können. Und überhaupt: Wieso saß er so lange bei mir und sagte keinen Ton? Wusste er nur nicht, wie er den Anfang machen sollte? Seine nicht zu übersehende Unsicherheit gefiel mir. Während ich immer ruhiger wurde, wurde er nervöser.

Es war bereits dunkel geworden. Ich stand auf. Tobias dachte vermutlich, dass ich vorhätte, das Licht anzuschalten, und hielt mich, als ich in Reichweite war, am Knie fest. Keineswegs war ich aber aufgestanden, um Licht zu machen, sondern um endlich die Initiative zu ergreifen und das zu tun, wonach ich mich schon seit Tagen sehnte: Sex mit Herrn Heinersdorf. Langsam zog ich mein Kleid ein bisschen hoch, gerade so weit, dass er sehen konnte, dass ich nichts darunter trug. Sofort lag eine extreme Spannung in der Luft, kaum auszuhalten! Meine Hände verkrampften sich, meine Knie zitterten ein bisschen und in meinem Unterleib pochte es. Langsam ließ ich mich in den Korbsessel hinter mir gleiten, spreizte die Beine und legte das linke über die Seitenlehne des Sessels. Mit den Händen strich ich über meine Brüste, über meinen Bauch, hinunter zwischen meine Beine und ließ einen Finger über meine Möse gleiten. Es war totenstill. Tobias schien den Atem anzuhalten. Mit einer bestimmenden Geste forderte ich ihn auf, näher zu kommen. Wie in Trance beugte er sich vom Sofa nach vorn, stand auf und kam auf mich zu. Ich zog ihn sanft zu mir herunter und küsste ihn. Er machte nicht die geringsten Anstalten, sich aus meinem Griff zu befreien, und folgte bereitwillig meinen stillen Anweisungen.

Langsam zog ich mein Kleid ein bisschen hoch, gerade so weit, dass er sehen konnte, dass ich nichts darunter trug.

Tobias kniete jetzt vor mir. Ich legte meine Hände in seinen Nacken und drückte sein Gesicht in meinen Schoß. Ich spürte seinen schnellen Atem, seine Lippen waren warm. Erregung durchflutete mich. Beim Aufstehen drückte ich seinen Kopf mit meinem Unterleib ein Stück nach hinten, so dass er meine feuchte Muschi spüren konnte, stieg über ihn hinweg und ging in mein Zimmer, ohne mich umzudrehen. Die Tür ließ ich offen.

Ich setzte mich aufs Bett, wartete einen kurzen Augenblick, bis Tobias im Zimmer stand, und zog mir mein Kleid über den Kopf, so dass er meine kleinen schönen Brüste sehen konnte. Als er zu mir kam, schloss ich die Augen und überließ ihm die Führung.

Er berührte mich überall, ich spürte seine Hände auf meinem Po und meinem Rücken und seine Zunge zwischen meinen Schenkeln. Und dann endlich drang er in mich ein. Er stieß mich sanft und zart, alles fühlte sich so harmonisch und so richtig an und irgendwann waren wir wie ein einziger Körper. Tobias wollte sich danach noch zu mir legen und mich streicheln, aber ich presste meine Hand gegen seine Brust und ohne ein Wort der Erklärung verstand er, was ich meinte, zog sich zurück und schloss die Tür hinter sich. Müde und erschöpft schlief ich ein.

Am folgenden Tag bekam ich Tobias nicht zu Gesicht und auch am Tag danach verließ er sein Arbeitszimmer kaum. Als am Abend Frau Heinersdorf und Florentine von den Großeltern zurückkehrten, kehrte sofort wieder Routine ein. Wir haben über unser gemeinsames Erlebnis nie ein Wort verloren. Es blieb bei dieser einen Nacht.

20. GESCHICHTE

Im alten Rom

Ruth (41), Architektin, Augsburg,
über
Pascal (34), Elektroinstallateur, München

Mein Ehemann war ein Wichser. Er hatte mich beschissen, sobald ich ihm nur den Rücken zugekehrt hatte. Ich war elf Jahre mit ihm verheiratet, elf Jahre zu viel. Als ich mich von ihm scheiden ließ, bestand mein Gefühlsleben nur noch aus Egoismus, Wut und Gier. Gefühle wie Liebe und Vertrauen waren mir abhanden gekommen. Ich kompensierte die Lücke, die sie hinterließen, mit Arbeit und stürzte mich als Architektin von einem Projekt ins nächste. Ich vermied es sogar, Urlaub zu nehmen, um nicht intensiver über meine verpfuschte Ehe nachdenken zu müssen. Verschissene elf Jahre war ich die liebevolle Ehefrau und treue Seele gewesen und hatte fälschlicherweise geglaubt, wir hätten ein gutes, ausgefülltes Sexualleben. Wie konnte ich nur so naiv sein? Wie konnte ich nur all die Jahre nichts von seinen Affären merken?

Sex hatte für mich schon immer eine große Rolle gespielt. Es hat auf dem Gymnasium zaghaft und neugierig angefangen und sich in meiner Studentenzeit intensiviert. Mit den Jahren ist mein Interesse an Sex nicht weniger geworden, nur differenzierter. Ich hatte vor meiner Ehe ein vielseitiges Sexleben, aber die Liebe zähmte den Wolf in mir und ich hielt mich, im Gegensatz zu meinem Ex, an das Gelöbnis, das ich ihm in der Kirche gegeben hatte. Dass ich in sexueller Hinsicht meine Freiheit zurückgewonnen hatte, war eine nicht zu unterschätzende positive Folge meiner Scheidung. Ich konnte wieder vögeln, wann, wo und vor allem wen ich wollte. Plötzlich war da niemand mehr, auf den ich Rücksicht hätte nehmen müssen, den ich betrügen oder dessen Gefühle ich verletzen würde. Plötzlich konnte ich wieder machen, was ich wollte, und musste auf nichts und niemanden mehr achten. All die Dinge wie Vertrauen und Treue, die mir in meiner Partnerschaft so wichtig gewesen sind, spielten keine Rolle mehr und waren in meinen Gedanken auf Nebenschauplätze verbannt.

Dass ich in sexueller Hinsicht meine Freiheit zurückgewonnen hatte, war eine nicht zu unterschätzende positive Folge meiner Scheidung. Ich konnte wieder vögeln, wann, wo und vor allem wen ich wollte.

Nach der Trennung fickte ich mich durch die halbe Kollegenschaft. Ich ließ nichts aus, Männer, die mir ohnehin gefielen, waren zuerst dran, und dann guckte ich mir noch die genauer an, die erst auf den zweiten Blick interessant und geeignet schienen. Wenn gerade kein Kollege in der Nähe war, den ich bezirzen konnte, tat es auch der Gabelstapler-Fahrer unserer Firma. Zum Äußersten kam es dabei aber nie. Vielleicht sollte ich sagen: leider, denn er sah aus wie ein moderner Großstadtindianer: lange Haare, braun gebrannt, muskulös.

Ich hatte gute und schlechte Sexabenteuer, aber auch bei den guten war mir eines immer wichtig: mich nicht zu verlieben oder wieder zu binden. Mit diesem Kapitel hatte ich zwar noch nicht ganz abgeschlossen, dennoch schob ich es vor mir her wie der Großstadtindianer seine Paletten. Männer waren für mich nicht mehr, aber auch nicht weniger als ein Spielzeug, das ich ausschließlich für meine Zwecke und zu meiner Befriedigung benutzte.

Vor einigen Monaten erhielt ich von Theo, einem befreundeten Kollegen, mit dem ich nach meiner Ehe ein kurzes Stelldichein gehabt hatte, einen Auftrag. Es ging um die Betreuung eines Großraumprojekts. Ich führte die letzten Planungen und Berechnungen durch und sichtete mit den Bauherren die Baustellen. Als ich wieder einmal auf einer dieser Baustellen Zeit- und Lagepläne besprechen musste, verirrte sich einer der Handwerker in mein Revier. Ich ließ den Typen nicht mehr aus den Augen. Er bediente das Klischee vom geilen Bauarbeiter in Reinform und hätte zweifellos in jeder Coca-Cola-Werbung die Hauptrolle übernehmen können. Allein sein Anblick weckte in mir den Wunsch, die ganze Nacht mit ihm zu ficken. Er war breitschultrig, gut gebaut und hatte so ein kleines Leninbärtchen oder Ziegenbärtchen oder wie die Dinger heißen.

Schnell kam ich mit ihm ins Gespräch. Es stellte sich heraus, dass mein Bauarbeiter kein Bauarbeiter, sondern ein 34-jähriger äußerst engagierter Elektroinstallateur war und Pascal hieß.

Auf Baustellen zu arbeiten habe ich immer genossen. Ich mag es, wenn man mir hinterherschaut. Welche Frau mag das nicht? Als ich noch studiert habe, gab es einmal eine große Baustelle in der Nähe der Uni. Auf dem Heimweg habe ich manchmal extra einen Umweg genommen, um an der Baustelle vorbeischarwenzeln zu können. Und jedes Mal diese bewundernden Pfiffe, diese begehrlichen Blicke auf meinem Hintern – herrlich!

Jetzt habe ich einen Traumberuf, denn ich kann nach Lust und Laune dieser Leidenschaft frönen. Das Beste an der Sache ist aber, dass sich das Blatt gewendet hat. Jetzt bin ich nicht mehr die kleine Studentin, die an den Baustellen vorbeiläuft und sich begutachten lässt, jetzt begutachte ich selbst. Und oft bin ich den Handwerkern nicht nur vom Status her übergeordnet, sondern ich bin schlicht und einfach ihr Boss. Das ist ein Genuss!

Dass ich auf Männer anziehend wirke, ist mir klar. Ich lege viel Wert auf ein gepflegtes Äußeres und treibe regelmäßig Sport. Ich stöckele aber sicher nicht im engen Kostümchen und Pumps über die Baustelle, um zur Belustigung der Belegschaft in der Pampe stecken zu bleiben, sondern ich trage meist Hosenanzüge. Ich habe keine Lust, alles zu zeigen und mich wie auf einem Silbertablett zu präsentieren. Entweder zeige ich meine Beine oder meinen Busen, aber ich würde mich nie in einen engen Bleistiftrock quetschen und die ersten fünf Knöpfe meiner Bluse offenlassen. Natürlich mag ich es, wenn Männer auf meinen Busen schauen, und sicherlich kokettiere ich damit, indem ich ihn extra betone, aber ich muss dafür nicht rumlaufen wie eine aufgetakelte Presswurst.

Was ich an meiner neu gewonnenen Freiheit besonders zu schätzen gelernt habe, ist, dass ich mir die Männer aussuchte, nicht umgekehrt.

Während ich mit Theo die nächsten Termine vereinbarte, ließ ich Pascal nicht aus den Augen. Er sprach in mir die animalische Seite an. Sein Anblick brachte mich etwas aus der Contencance und ich hätte ihm gern sofort ins Ohr geflüstert, dass er sich unverzüglich im Baucontainer einzufinden habe, damit ich seinen Schwanz begutachten könne. Noch während Theos Anwesenheit zwinkerte ich Pascal das erste Mal zu. Ob mein Kollege meine Avancen bemerkte, war mir dabei vollkommen egal. Schließlich machte ich meine Arbeit eins a und was ich nebenbei oder in meiner Freizeit tat oder wessen Schwanz ich zwischen meine Beine ließ, ging niemanden irgendetwas an. Wo kämen wir denn hin, wenn ich mich heutzutage noch rechtfertigen müsste? Mein Exmann hatte mich jahrelang beschissen und hatte der sich etwa dafür gerechtfertigt? Na also!

Was ich an meiner neu gewonnenen Freiheit besonders zu schätzen gelernt habe, ist, dass ich mir die Männer aussuchte, nicht umgekehrt. Und diesmal war Pascal derjenige, er wusste es nur noch nicht. Das änderte sich. Bei den folgenden Besprechungen, bei denen auch er zugegen war, beugte ich mich stets mehr zu ihm hinüber, als nötig gewesen wäre. Anfangs hielt er meine Anmache wohl noch für ein Versehen und fühlte sich obenauf. Ungeniert starrte er in meinen Ausschnitt und ließ keine Gelegenheit aus, um einen Blick auf meine Brüste zu erhaschen. Erst später bemerkte er, dass meine scheinbare Unbedarftheit pure Berechnung war, und mimte, ganz Macho, den Checker vom Dienst.

Es stellte sich heraus, dass Pascal sogar Elektroinstallateurmeister war, auch wenn er nicht gerade der Hellste zu sein schien. Mich interessierte das nicht, schließlich sollte er mir den Schweiß aus den Poren lecken und nicht zum Schachduell antreten.

Nach einer dieser Besprechungen bat ich ihn, einen Moment zu bleiben. Pascal stand in der Tür und sah mich lässig an.

»Hier ist meine Handynummer«, sagte ich und drückte ihm einen Zettel in die Hand. »Ich habe noch ein privates Anliegen an dich.«

Pascal brauchte etwas länger, bis der Groschen fiel. »Probleme mit der Spülmaschine?«, fragte er weltmännisch, was mich offen gestanden daran zweifeln ließ, ob er wirklich der Richtige für meine Belange war.

Ich sah ihn also etwas erstaunt an. Dann klingelte es aber doch bei ihm und er machte ein Gesicht, als hätte er gerade den Hauptpreis im Lotto gewonnen. Seine Brust schwoll an, er fühlte sich bestätigt, begehrt und umjubelt und ich hatte ein bisschen Angst, dass er in diesem ganzen Freudentaumel gleich beginnen würde, sich mit den Fäusten auf die Brust zu trommeln. Es stand förmlich auf seiner Stirn geschrieben, dass er sich wie der geilste Hengst der Stadt fühlte. Wir werden sehen, dachte ich und verließ das Büro.

Pascal rief noch am selben Tag an. Ich erklärte ihm, wann und wo er hinkommen solle, und bekam als Antwort ein eiliges: »Bin schon auf dem Weg.«

In der Zwischenzeit machte ich mich ein bisschen zurecht und sinnierte, ob er meine Lust auch wirklich befriedigen und mir die Geilheit aus dem Körper vögeln könnte.

Als er – etwas zu spät – vor meiner Tür stand, grinste er selbstverliebt und sagte so was wie: »Na, wo brennt's denn?«

Unverzüglich klärte ich ihn über seine Position auf und die Regeln, die ich aufgestellt hatte. Ich sagte ihm, was er zu tun habe und dass dabei eine Sache unbedingt einzuhalten sei: den Mund zu halten. Sabbernd willigte er ein.

Wir fuhren in ein kleines Hotel, in dem ich für meine Zwecke schon öfter reserviert hatte. Als ich im Laufe des Abends feststellte, dass Pascal wie für mich gemacht war – er fickte wie ein wildes Tier –, ließ ich meinen ursprünglichen Plan, ihn anschließend sofort wieder ziehen zu lassen, fallen und beschloss, ihn mir warmzuhalten. Im alten Rom, so viel ist sicher, wäre er der perfekte Sexsklave gewesen. Er war wild, zahm, hart und weich, nuckelte an meinen Brüsten und leckte meine Muschi aus wie eine Kuchenform.

Wenn Männer nur so lieben könnten, wie sie ficken, ging es mir durch den Kopf, als er mich hart von hinten nahm und meine Brüste durchknetete. Ich kam heftig und ließ mir anschließend den Schweiß aus meiner Muschi und den Achseln lecken.

Die Treffen mit Pascal gingen über ein halbes Jahr. Da ich aber die Abwechslung liebe, habe ich mir dann jemanden gesucht, dem man auch das Schachspiel zutraut.

21. GESCHICHTE

»Ein Offizier und Gentleman«

Zoe (24), Biologiestudentin, Cottbus,
über
Malte (25), Informatikstudent, Cottbus,
und
Volker (48), Offizier a.D., Cottbus

Zoe, Malte, aufstehen! Los, zack, zack! Ich sage es nicht noch mal. Wenn ihr beiden nicht in fünf Minuten unten seid, dann ist hier was los«, gab Maltes Vater die Kommandos durch die Zimmertür.

Malte war mein fester Freund. Ich hasste ihn manchmal ein bisschen dafür, wie er sich von seinem Vater herumkommandieren ließ, und hätte ihm nur zu gern die Leviten gelesen. Aber wenn es um seinen Alten ging, kuschte er, als wäre er einer der Rekruten, die sein Vater bei der Armee ausgebildet hatte. Wieder hörte ich diesen rufen: »Kommt endlich runter, das Frühstück wartet!«

Malte rüttelte an meinem Arm: »Los, Zoe, hoch jetzt.«

Ich wühlte mich aus den Kissen und ging ins Bad. In zwei Wochen ging es für mich an die Uni nach Hannover. Meine Wohnung hatte ich bereits aufgelöst und so verbrachte ich die letzten Tage in Cottbus bei Malte und El Commandante. Ich bearbeitete Malte regelmäßig, dass er sich endlich eine eigene Bude suchen sollte, aber er kriegte es einfach nicht hin. An Morgen wie diesen nervte mich das besonders: Das frühe Aufstehen kotzte mich an.

Schlaftrunken setzte ich mich an den Frühstückstisch und regte mich innerlich über den Kommandoton von Volker, Maltes Vater, auf. Gleichzeitig bewunderte ich ihn aber, denn er hatte, im Gegensatz zu mir, seinen Haushalt perfekt im Griff und kümmerte sich auch sonst um jede Kleinigkeit. Während ich meine Cornflakes einschaufelte, hörte ich der Unterredung zwischen Malte und seinem Vater zu. Je länger ich den beiden lauschte, desto ernster stellte ich mir die Frage, warum ich mit Malte überhaupt noch zusammen war. Ich hatte ihn vor zwei Jahren auf dem Kolleg kennengelernt und mich sofort in ihn verliebt, aber die Luft war mittlerweile einfach raus.

Hinzu kam ein Vorfall, der mich nicht mehr losließ. Ich habe eine Pionierblase und muss nachts mindestens zweimal aufs Klo. Als es wieder mal so weit war, war gerade die Spülung im Bad in der oberen Etage des Hauses defekt, also schlurfte ich die Treppe hinunter, um in der unteren Etage zu gehen. Auf dem Rückweg machte ich einen Abstecher in die Küche und holte mir einen Saft. Wie ich da in durchsichtigem Top und Höschen zugange war, stand plötzlich Maltes Vater vor mir und schaute mir versehentlich auf die Titten. Dass es keine Absicht gewesen war, merkte ich daran, dass er sich sofort furchtbar nervös räusperte und mir nicht mehr ins Gesicht sah. Es hätte nur noch gefehlt, dass er sich für seinen Blick entschuldigt hätte, was er glücklicherweise nicht tat. Der Gedanke, dass Maltes Vater von meinen Möpsen angetan sein könnte, erregte mich, mehr noch: Er verfolgte mich bis in meine Träume. Ich träumte, dass ich es mit ihm treiben würde, während Malte in einer Ecke seines Zimmers sitzen und uns zuschauen würde.

Ich schämte mich. Ich schämte mich, dass ich Malte in meinen Träumen mit seinem eigenen Vater betrog, und natürlich schämte ich mich auch für die Art der Träume, die immer geiler wurden. Ich könnte schwören, dass ich während dieser Träume den einen oder anderen Orgasmus gehabt hatte. Trotzdem versuchte ich meine Gefühle in den Griff zu bekommen, denn ich war ja schließlich nicht in Volker verliebt. Leider war ich auch nicht mehr in Malte verliebt.

Die folgenden Wochen vergingen wie im Flug. Mein Studium begann mit dem Sommersemester und ich musste noch einiges arrangieren. Maltes Vater hatte angeboten, den Umzugswagen zu fahren, was mir zwar gefiel, mich aber auch etwas unruhig machte. Auch sonst half er mir mehr als Malte, was mich einerseits nicht störte, mich aber andererseits näher in die Gefahrenzone brachte. Malte war ja immer mit in der Wohnung, aber langsam brachte mich Volkers Anwesenheit mehr zum Schwitzen, als mir lieb war. Malte entpuppte sich als einzige Enttäuschung, denn letzten Endes erledigte fast alle Dinge, die er hatte machen wollen, sein Vater. Dies war das erste Mal in unserer Beziehung, dass Malte mich richtig enttäuschte.

Die zweite Enttäuschung ließ nicht lange auf sich warten, denn an den Wochenenden war meist ich diejenige, die die lange Fahrstrecke auf sich nahm und zu Malte in die alte Heimat düste, obwohl wir uns so darauf gefreut hatten, uns in meiner neuen Wohnung ein Liebesnest zu bauen. Aber Malte hatte ständig neue Ausreden parat: Mal konnte er mich nicht besuchen, weil sein Auto kaputt war, mal hatte irgendjemand Geburtstag, mal war er krank; aber meistens behauptete er, er sei blank und könne den Sprit nicht bezahlen. Es pegelte sich also ein, dass ich an jedem verfickten Freitag meine Tasche packte und

Wie ich da in durchsichtigem Top und Höschen zugange war, stand plötzlich Maltes Vater vor mir und schaute mir versehentlich auf die Titten.

übers Wochenende zu Malte fuhr. Das Einzige, was mir daran gefiel – und mich mehr und mehr erregte –, war die Gewissheit, Volker zu begegnen. Denn an der Wohnsituation meines Freundes hatte sich noch immer nichts geändert.

Als ich diesmal nach Hause fuhr, hatte Malte eine Poolparty organisiert. Sein Vater war bei Bekannten, was ich zuerst etwas schade fand, aber ich ließ mich von der Stimmung an dem Abend immer mehr mitreißen und konnte die guten alten Tage wieder spüren. Volker hatte die Sause wohl unter der Auflage genehmigt, dass entstehendes Chaos wieder in Ordnung gebracht werden würde. Wir liefen wie die Irren halbnackt durch den Garten und machten Faxen, eroberten das ganze Haus inklusive des Elternschlafzimmers, die Jungs rissen alle Fenster auf, stellten sich in der Feiertagsuniform von Maltes Vater auf die Klodeckel und fanden, dass der Blick von oben das einzig Wahre sei. Wir Mädchen tanzten im Pool die schönsten Pirouetten und klettern auf die Bäume im Garten. In unserem Suff fluteten wir unsere Herzen und verschmolzen mit der Welt zu einer herrlichen Mesalliance. Es gab nichts und niemanden, der uns an diesem Abend hätte blöde kommen können. »Nicht mal mein Alter!«, meine Malte großspurig.

In dem Bewusstsein, dass er mich immer noch ansah, streifte ich mein Höschen ab, entledigte mich meines Oberteils und zog den Bademantel über.

Es war eigentlich ein perfekter Abend. Eigentlich! Denn »eigentlich« ist eigentlich gar kein Wort, sondern eine Lebensauffassung. Das ist nicht von mir, das ist von Tucholsky – könnte aber auch von Maltes Vater sein. Als ich mit Malte zusammen war, habe ich dieses Wort ständig gesagt. Auf Fragen, wie es mir ginge, antwortete ich meistens mit: »Eigentlich gut«, »eigentlich so lala«, »eigentlich hundeelend«, »eigentlich hätte ich Bock zu ficken«. Ich setzte vor alles ein »eigentlich«, so als hätte ich eigentlich nicht gewusst, was ich wollte, oder besser gesagt: wen ich wollte.

Die Party hatte irgendwann ihren Zenit überschritten und die meisten hatten sich bereits aus dem Staub gemacht. Malte lag besoffen im Tischtennisraum, ich saß mit einer Freundin am Pool, schnatterte über mein neues Leben in Hannover und merkte dabei, dass meine Worte allmählich vom Schnarchen meiner Zuhörerin überlagert wurden. Ich war gerade noch mal in den Pool gesprungen, als ich Volker vom Gartentor aus rufen hörte: »Na, Zoe, war wohl 'ne heiße Party, wie's ausschaut!«

»Ja«, sagte ich leicht erschrocken, schwang mich aus dem Wasser und schlenderte nass, wie ich war, auf ihn zu. »Wolltest du heute nicht bei den Berndts übernachten?« Ich reichte ihm verführerisch die Hand und machte zum Spaß einen leichten Knicks.

»Ich bin gleich wieder weg, wollte nur mal gucken, ob das Haus noch steht!«, antwortete er entschuldigend und hatte plötzlich wieder dieses nervöse Augenzucken.

»Steht noch«, zwinkerte ich und drehte mich um, um meinen Bademantel vom Liegestuhl zu holen. In dem Bewusstsein, dass er mich immer noch ansah, streifte ich mein Höschen ab, entledigte mich meines Oberteils und zog den Bademantel über. Ich ließ ihn aber geöffnet und so lief ich an Volker vorbei, der jetzt in der Hofeinfahrt stand und gar nicht wusste, wo er hingucken sollte.

»Komm mit rein und vergewissere dich, dass alles in Ordnung ist«, rief ich und verschwand in der Haustür. Als ich mich umdrehte, war von Volker weit und breit nichts mehr zu sehen. Leider. Obwohl ich ein bisschen zu viel Alkohol intus hatte, war mir die Sache mit dem offenen Bademantel plötzlich unsagbar peinlich. Was war nur in mich gefahren? Was würde passieren, wenn Malte davon erführe! Ich war froh, dass ich Volker an diesem Wochenende nicht mehr begegnete.

Schnell hatte mich der Uni-Alltag wieder voll im Griff und ich vergaß diesen Abend langsam. Die nächsten zwei Wochenenden fuhr ich aber lieber nicht nach Cottbus.

»Malte ist nicht da, Zoe, tut mir leid«, sagte Volker, als ich ihn in der dritten Woche an der Strippe hatte.

»Wo ist der denn schon wieder? Es nervt wirklich! Ich fahre jetzt zum siebten Mal in Folge nach Cottbus und habe die Schnauze langsam gestrichen voll«, schäumte ich und versuchte damit, meine Gedanken an unsere nächtliche Begegnung zu ertränken, die mir mehr als nur eine weitere schlaflose Nacht beschert hatte, ganz zu schweigen von dem Gefühl, abgelehnt worden zu sein. Aber als Gentleman, der er war, würde er die Geschehnisse hoffentlich nicht erwähnen.

»Zoe, wenn du willst, komm trotzdem nach Cottbus! Ich koch uns meine berühmte Paella-Pfanne. Malte wird schon noch auftauchen. Na, was hältst du von der Idee?«, fragte Volker.

Im Hörer knisterte es. Eine Mischung aus Angst und Erregung durchströmte meinen Körper. Hatte ich richtig gehört, er lud mich ein, er wollte für mich kochen? Ich zögerte, obwohl ich, noch während er sprach, wusste, dass ich zu ihm fahren würde.

»Ja, okay, ich komme«, antwortete ich, »hoffentlich muss ich nicht wieder ewig auf diesen Bummelanten warten.«

Dass mir das gerade recht kam, damit ich einen Grund hatte, um trotzdem nach Cottbus zu fahren, war mir sofort klar.

»Wann wirst du ungefähr hier sein?«, fragte Volker mit einer freudigen Erregung in der Stimme.

»Gegen acht«, gab ich zurück und versuchte mir nicht anmerken zu lassen, wie sehr ich mich darauf freute.

Die Fahrt nach Hause dauerte ewig. Ich stand eine Stunde im Stau und verbrachte das Warten in Gedanken an Volker. Meine Phantasien wurden immer bunter und ausgereifter. Ich stellte mir vor, dass er für mich seine Feiertagsuniform tragen und dabei einen Ständer haben würde. Aber diese Phantasien waren mir auch unsagbar peinlich, schließlich fand ich es auch in höchstem Maße unmoralisch, Malte mit seinem eigenen Vater betrügen zu wollen. Doch gegen meine Gefühle konnte ich nichts tun.

Als ich in Cottbus ankam, war Malte, wie erwartet, nicht zu Hause. Volker stand schon an der Tür und kam mir sofort entgegen, um mir meine Tasche abzunehmen. Im Haus roch es nach Essen. Herrlich, dachte ich, er hat tatsächlich Paella gekocht! Ich war hungrig von der Fahrt und fühlte mich ausgelaugt. Volker brachte meine Tasche in Maltes Zimmer und ging kurz ins Bad. Keine drei Minuten später saß ich auf der Terrasse im Garten und aß mit Maltes Vater zu Abend. Obwohl das Essen lecker war, bekam ich, aufgeregt wie ich war, so gut wie keinen Bissen runter. Ich musste immerzu daran denken, wie ich nackt vor ihm gestanden und was ich in Gedanken schon alles mit ihm gemacht hatte. Der Wunsch, Volker näher zu kommen, war übermächtig. Ich ergab mich.

Dass ich Volker wieder aus der Fassung brachte, gefiel mir und machte mich noch mutiger. Ich ging zum Angriff über.

Als ich mich kurz im Bad frisch machte, zog ich meinen BH aus und nur ein dünnes, weißes T-Shirt an, unter dem sich nicht nur die Form meiner Brüste, sondern auch meine Brustwarzen deutlich sichtbar abzeichneten. Natürlich bemerkte ich, dass Volker der Anblick meiner Nippel zu schaffen machte. Er verschluckte sich zweimal an einem Schalentierchen und tätschelte – vielleicht um sich selbst zu beruhigen – immer wieder Murphy, den Familienhund. Dass ich Volker wieder aus der Fassung brachte, gefiel mir und machte mich noch mutiger. Ich ging zum Angriff über.

Nach dem Essen räumten wir gemeinsam den Tisch ab, Volker brachte das Geschirr in die Küche und begann, Wasser ins Spülbecken einlaufen zu lassen. Er war ein bisschen anders als vor dem Essen, zwar wie immer sehr freundlich, aber reservierter. Vielleicht merkte er ja, was ich vorhatte. Jedenfalls stülpte er sich gelbe Haushaltshandschuhe über und begann, die Teller zu spülen. Ich musste wegen des komischen Anblicks lachen und zog ihn auf: »Man muss wohl als Fallschirmspringer zarte Hände haben?«

Volker lachte und erklärte, dass er aufgeweichte Fingerkuppen nicht leiden könne. Während er spülte, sah ich ihm die ganze Zeit von einem Barhocker aus zu und guckte auf seinen Hintern.

»Das gefällt dir, was?«, fragte er. »Männern beim Spülen zuzusehen.«

»Klar!«, antwortete ich und ergänzte leise: »Und ihnen dabei auf den Hintern zu gucken.« Ich war mir nicht sicher, ob er mich verstanden hatte.

Nach dem Abwasch kämpfte Volker mit den Haushaltshandschuhen. Ich stand auf, ging auf ihn zu und versuchte ihm zu helfen. Seine Hände waren auch einfach irgendwie zu groß. Er wollte den Handschuh schon aufschneiden und fragte sich, wie seine Hände da überhaupt reinpassen konnten. Ich bat ihn lachend, stillzuhalten, und pfriemelte jeden Finger einzeln heraus. Volker beobachtete mich dabei. Mein Herz klopfte, die Spannung wurde unerträglich.

»Ich werde dich jetzt küssen«, erklärte ich ihm. »Und du kannst nicht das Geringste dagegen tun.«

Volker lächelte mich nur an. Ich legte den Handschuh zur Seite, schob mich näher an ihn heran und gab ihm einen kurzen Kuss auf den Mund.

»Bist du sicher, dass du das willst?«, fragte er, ohne dass er wirklich eine Antwort zu erwarten schien.

»Ja«, antwortete ich und gab ihm mit einem längeren Kuss zu verstehen, wie sicher ich mir war.

Unsere Lippen berührten sich, ich spürte, wie sich Volkers Zunge den Weg in meinen Mund bahnte und neues Territorium eroberte. Allein daran merkte ich, wie erfahren er mit Frauen war und dass er wusste, was sie – was MICH – besonders erregte. Volker hielt mich fester, sein Griff wurde fordernder, seine Zunge wanderte jetzt zu meinem Nacken, zu meinem Ohr und zurück in meinen Mund. Die Art, wie er mich küsste, und seine ganze ungehemmte Männlichkeit machten mich wahnsinnig. Während er mit seinen Händen unter mein T-Shirt glitt und meine Brüste streichelte, öffnete ich hektisch seinen Reißverschluss – ich wollte ihn endlich spüren!

Volker zog mein T-Shirt aus und dann sein eigenes. Er war unglaublich durchtrainiert, mehr noch, als ich mir in meiner Fantasie vorgestellt hatte. Ich war verrückt nach ihm und wollte es unbedingt sofort in der Küche machen. Volker wollte mich ins Schlafzimmer ziehen, aber der Weg dahin schien mir in diesem Moment zu weit. Ich drehte mich um und presste meinen Körper gegen seinen. Er streichelte mir übers Haar und über meinen Rücken und zögerte, als er den Bund meiner Leggings berührte. Vielleicht war er sich unsicher, ob er sie runterstreifen sollte oder nicht, aber wie zur Bestätigung, dass er alles genau so machte, wie ich es wollte, lehnte ich mich ein wenig nach vorn über den Küchentisch und streckte ihm meinen Po entgegen wie eine rollige Katze. Mit einer schnellen Bewegung zog er seine Jeans nach unten und presste sich mit seiner harten Männlichkeit ganz nah an mich. Mit einem zweiten Ruck zog er mir Leggings und Höschen runter.

Er ließ sich Zeit und spielte ein bisschen, drang nicht sofort in mich ein, sondern rieb meine Möse, die pulsierte wie ein brodelnder Vulkan. Mit einem Stöhnen bückte ich mich noch ein Stück weiter nach vorn und rieb meinen Hintern provokant an seinem Schwanz. Volker ging einen kleinen Schritt zurück und drang endlich in mich ein. Er bewegte sich langsam, sehr langsam, so als wolle er mich zappeln lassen. Ich genoss jede Sekunde, die es länger dauerte. Seine Hände waren überall auf meinem Körper: auf meinen Brüsten, meinem Hintern, zwischen meinen Beinen, und ehe ich noch groß drüber nachdenken konnte, kam ich. Ein richtiger Gentleman, dachte ich mir, während er mich kurz verschnaufen ließ. Es gefiel mir, dass er sich zurückgehalten hatte, um mir den Vortritt zu lassen. Dann griff er mir mit beiden Händen an die Hüfte und nach ein paar festen Stößen kam auch er.

Erschöpft zog ich Leggings und Höschen hoch, Volker reichte mir vom Boden mein T-Shirt und wollte gerade seine Jeans zuknöpfen, als wir plötzlich Malte bemerkten, der in der Tür stand und uns mit großen Augen anstarrte. Ich weiß nicht, ob er dort schon länger gestanden hatte und wie viel er von unserem Liebesspiel mitbekommen hatte. Aber in diesem Moment war es mir auch egal.

Am nächsten Morgen zog Malte aus.

22. GESCHICHTE

Zimmer 197

Hannah (62), Lehrerin, Mannheim,
über
Aidan, Hastings

Meine leidenschaftlichste Seite entdeckte ich mit einem Fremden in einem kleinen Hotel an der englischen Küste. Ich habe mich weder davor noch danach jemals so gefühlt. In diesem Moment war der Drang, einen anderen, fremden Körper zu spüren, so stark und dominant, dass mir alles, wirklich alles, egal war. Das Ganze liegt mehr als zwanzig Jahre zurück, ich war damals längst kein junges Ding mehr, das sich in den Sommerferien vergnügte und ab und zu durch fremde Betten hüpfte. Im Gegenteil: Ich war glücklich verheiratet und hatte zwei Mädchen im Teenageralter. Meine Familie ist mir das Wichtigste im Leben, ich bin seit dreißig Jahren mit meinem Mann zusammen. Obwohl ich mit ihm über alles reden kann und wir eigentlich keine Geheimnisse voreinander haben, gibt es da doch diesen Nachmittag im Sommer 1988, von dem ich ihm nie erzählt habe. Früher habe ich es manchmal versucht, irgendwann habe ich aber damit aufgehört. Ich glaube, er würde es nicht verstehen, ich verstehe es ja selbst kaum. Auch heute, Jahre später, fällt es mir schwer, die Leidenschaft von damals auch nur ansatzweise in Worte zu fassen.

Wir waren in jenem Sommer schon einige Tage in Hastings und übernachteten in einem dieser typischen englischen Hotels. Es war ein bisschen morbide und dunkel, aber sehr charmant. Mein Mann unternahm an diesem Tag mit unseren Töchtern einen Ausflug; ich zog es vor, im Hotel zu bleiben und zu entspannen. Eine Grippe, die sich zuvor wochenlang hinzog, hatte mich geschwächt. Ich fühlte mich ausgebrannt, leer und sogar ein bisschen einsam, obwohl ich alles hatte, was man sich nur wünschen konnte.

Ich saß in der Hotellobby und las ein Buch, als ich plötzlich aus den Augenwinkeln wieder diesen Mann sah. Er stand lässig an den Tresen gelehnt und trank Scotch. Das erste Mal hatte ich ihn am Tag, als wir eincheckten, bemerkt und sofort eine seltsame innere Unruhe gespürt, die ich mir nicht erklären konnte. Wolfgang, mein Mann, hatte mir sofort angemerkt, dass etwas war. Er war immer sehr aufmerksam und hatte gefragt, ob alles in Ordnung sei. Ich wiegelte ab, schob es der Grippe zu, die mir noch in den Knochen saß, und versuchte, meine Gedanken auf etwas anderes zu lenken. Die Begegnung mit diesem Mann ging mir aber den ganzen Abend nicht mehr aus dem Kopf.

Als Wolfgang, die Mädels und ich am nächsten Tag im Hotelrestaurant zu Abend aßen, saß dieser Mann mir erneut gegenüber. Er las Zeitung und blickte gelegentlich auf. Die plötzlichen Hitzewallungen, die mich bei seinem Anblick durchfluteten, waren fast unerträglich, zumal ich nach außen Ehefrau und Mutter zu sein hatte. Auch war es mir noch nie in den Sinn gekommen, meinen Mann zu betrügen und damit meine Familie aufs Spiel zu setzen. Als mir aber der Fremde kurz in die Augen sah, wusste ich tief in mir drin, dass ich es tun könnte, alles aufs Spiel zu setzen, mehr noch, dass ich es tun wollte! Ich erschrak bei diesem Gedanken sehr und war froh, als er das Restaurant verließ. Als er an unserem Tisch vorbeiging, antwortete er auf meine sehnsüchtigen Blicke mit einem flüchtigen Lächeln. Ich hätte wegschauen können, so tun, als hätte ich es nicht bemerkt oder als sei es mir egal, aber das war es nicht. In mir erwachte etwas. Dieses Etwas wollte von diesem Mann besessen werden und ihn selbst besitzen.

Ich versuchte, meine Erregung zu kontrollieren, aber als ich die Kinder zu Bett gebracht hatte und mein Mann noch las, verließ ich das Zimmer unter dem Vorwand, ich hätte Kopfschmerzen und müsse an die frische Luft. Als ich den Flur entlang durch die Lobby ging und zum Strand spazierte, wurde mir plötzlich bewusst, wie ich die ganze Zeit über jeden Winkel und jede Ecke nach diesem Unbekannten absuchte. Ich wollte ihm unbedingt wieder begegnen, aber allein. Vor allem wollte ich aber herausfinden, wie weit zu gehen ich bereit war.

In mir erwachte etwas. Dieses Etwas wollte von diesem Mann besessen werden und ihn selbst besitzen.

Er war aber nirgends zu sehen. Ein Teil von mir atmete auf, als ich zurück aufs Zimmer ging. Wolfgang schlief bereits und atmete gleichmäßig. Ich krabbelte zu ihm ins Bett, glitt mit den Fingern das erste Mal seit Jahren wieder zwischen meine Beine und befriedigte mich, in Gedanken bei dem Fremden, selbst.

Und nun, zwei Tage später, saß ich hier, meine Familie war unterwegs und da stand er! Ich bemühte mich, gar nicht erst über die Situation nachzudenken, und las weiter in meinem Buch. Aber am Ende der Seite wusste ich gar nicht, worum es überhaupt ging. Es war ein Hin und Her, ich schaute zur Bar, wieder ins Buch und wieder zur Bar und zwang mich dann, mit dem Blick auf der Buchseite zu verharren, auf der die einzelnen Wörter und Sätze zu einer großen unleserlichen Buchstabensuppe geworden waren. Als ich wieder zur Bar schaute, trafen sich unsere Blicke. Mir stockte der Atem, meine Hände fingen sofort an zu zittern, ich bekam Gänsehaut und fühlte mich wie elektrisiert. Wieder war da dieses Gefühl der totalen Begierde, das mich ohne Vorwarnung überfiel. Ich wusste in diesem Moment nur eins: Ich will von diesem Mann berührt werden. Durch diese plötzliche Erregung wurde mir so schwindlig, dass ich an die frische Luft musste. Hektisch ging ich hinaus auf die Terrasse, wo ich hin und her lief. Ich versuchte mich zu beruhigen, meine Neugier zu verdrängen und dieses wahnsinnige und ungewohnte Lustgefühl mit meinem Verstand niederzudrücken. Aber es gelang mir nicht. Ich fühlte mich wie ferngesteuert und kann heute nicht mehr genau sagen, was mich bewegte, ja beinahe trieb, wieder in die Lobby zurückzugehen.

Wieder war da dieses Gefühl der totalen Begierde, das mich ohne Vorwarnung überfiel. Ich wusste in diesem Moment nur eins: Ich will von diesem Mann berührt werden.

Unruhig wanderte mein Blick wieder zur Bar. Der Fremde war fort. Augenblicke später sah ich ihn. Er stand am Fenster und schaute hinaus aufs Meer. Ohne nachzudenken ging ich auf ihn zu. Mein Herz drohte bei jedem weiteren Schritt, mir die Brust zu sprengen. Der Anblick dieses Mannes löste ein vorher nicht gekanntes Gefühl in mir aus und ließ mein Leben als Mutter und Ehefrau plötzlich vollkommen surreal erscheinen. Ich war in diesem Moment nicht ich selbst, aber dennoch trat ein Teil von mir an die Oberfläche, der vermutlich schon immer in mir geschlummert hatte, aber bis zu diesem Moment eben noch nie zutage getreten war. Dieser Teil wollte jetzt nicht mehr bloß berührt, gestreichelt und angefasst werden, er wollte mehr. Etwas in mir schrie laut: »STOPP!« – was mich nicht im Geringsten daran hinderte, weiter auf ihn zuzugehen. Für einen Moment sah ich meinen Ehemann vor meinem geistigen Auge. Dazu mischten sich Zweifel, dass der Fremde mich abweisen könnte. Ich unterdrückte sie.

Was dann passierte, ist für mich aus heutiger Sicht so irreal und abstrakt, dass ich es selbst kaum glaube. Ohne so genau zu wissen, was ich da gerade vorhatte, oder abzuwägen, ob es richtig oder falsch war, stellte ich mich dicht hinter ihn, so dicht wie in einem überfüllten Bus, wo es keine Möglichkeit gibt, einen gewissen Abstand zum anderen zu halten. Er erschrak, drehte sich um, sah mich an und fragte mit britischem Akzent: »Was möchten Sie?«

Seine Stimme war tief und warm. Er war schlank, ein bisschen größer als ich und hatte graumeliertes Haar. Er mochte in meinem Alter sein, vielleicht ein kleines bisschen älter.

»Woher wissen Sie, dass ich Deutsche bin?«, fragte ich leise zurück, ohne auch nur einen Millimeter zurückzuweichen.

»Ich habe Sie vor einigen Tagen beim Abendessen mit Ihrem Mann sprechen hören«, sagte der Fremde, der ebenfalls keine Anstalten machte, den Abstand zwischen uns zu vergrößern.

Ich hatte noch immer das Gefühl, aus meinem eigenen Körper geschlüpft zu sein und mich von außen zu beobachten. Wie aus der Ferne hörte ich mich fragen: »Sind sie allein hier?«

»Ja«, sagte er ruhig, ohne eine Spur von Verwunderung in der Stimme.

Ich blickte um mich wie eine Spionin, die sichergehen muss, von niemandem beobachtet zu werden, und sagte dann etwas, das ich nicht glauben würde, hätte ich es nicht selbst gesagt.

»Wenn Sie mir Ihre Zimmernummer sagen«, flüsterte ich, »dann stehe ich in ein paar Minuten vor Ihrer Tür und warte auf Sie.« Ich ließ ihm wieder etwas mehr Raum. »Falls Sie das nicht möchten, entschuldigen Sie bitte die Störung.«

Obwohl ich ihm direkt in die Augen sah und nach außen ruhig und entschlossen wirkte, brach ich innerlich fast zusammen. Was ritt mich da nur?

Der Fremde sah mich ruhig an und überlegte. Die Nähe zwischen uns schien ihm keineswegs unangenehm zu sein. »Zimmer 197«, antwortete er eine gefühlte Ewigkeit später.

Ohne weitere Worte oder eine Reaktion abzuwarten, drehte ich mich um und verließ die Lobby. Ich ging die Treppen hinauf und suchte die Tür mit der Nummer. Als ich auf ihn wartete, schaltete sich mein Verstand kurz wieder ein und mit ihm kamen die Zweifel an meinem verrückten Verhalten, das ich mir selbst nicht erklären konnte. Sie zerschlugen sich, als ich den Fremden auf mich zukommen sah. Ich strich meinen Rock glatt.

Als er neben mir stand und den Schlüssel ins Schloss steckte, schaute er mich noch einmal an, so als bräuchte er ein finales Einverständnis. Ich lächelte, er öffnete die Tür.

Das Zimmer war orange, die schweren Vorhänge geschlossen. Der Fremde machte einen Schritt zur Seite, um mir den Vortritt zu lassen und sagte: »Ich bin Aidan.«

Ich blickte noch einmal den Flur hinunter und trat, ohne auf seine Worte zu antworten, ein. Hinter mir fiel die Tür ins Schloss.

Was ich in den folgenden leidenschaftlichen Stunden von mir gegeben und von ihm genommen habe, habe ich davor und auch danach nie wieder so erlebt. Als ich meine Familie abends in Empfang nahm, fühlte ich mich so lebendig! Sie erzählten von ihrem aufregenden Tag und planten bereits den nächsten.

Ich habe Aidan nie wieder gesehen. Und das wollte ich auch nicht. An diesem Nachmittag habe ich eine Seite an mir entdeckt, von der ich zuvor nicht einmal geahnt hatte, dass es sie gab. Vielleicht lag es an dem Ort, vielleicht an diesem Mann, vielleicht war es aber auch eine Kombination aus verschiedenen Dingen, die ich nicht benennen kann. Ich weiß es nicht und ich bereue es auch nicht.

23. GESCHICHTE

Mit David auf dem Designersofa

Lisa (27), Restauratorin, Potsdam,
über
Dr. David Arndt (36), Unfallchirurg, Berlin

Es war im Sommer 2009, als ich meine Abschlussarbeit schrieb und mir auf dem Weg in die Staatsbibliothek versehentlich die linke Hand in eine Straßenbahntür einklemmte. Der Scheiß hat wahnsinnig geblutet. Fingernägel bluten ja meist schlimmer als Schnittwunden und das Ganze sieht höchstdramatisch aus. Jedenfalls haben sie mich sofort in die nächste Unfallklinik gebracht, um mich, den Verletzungen entsprechend, fachgemäß zu versorgen. Eine Woche sollte ich wegen des komplizierten Bruches zur Beobachtung im Krankenhaus bleiben. Einerseits kam mir das Ganze mehr als übertrieben vor, andererseits war es mir recht, denn bereits am zweiten Tag verknallte ich mich in meinen behandelnden Arzt. Schöne Scheiße.

Dr. Arndt war erst Mitte dreißig und schon stellvertretender Chefarzt der Unfallchirurgie. Sofort gingen mir diese ganzen Serien-Fuzzis durch den Kopf, angefangen bei Dr. Ross von *Emergency Room* bis hin zu Dr. Shepherd von *Grey's Anatomy*. Die Situation war unglaublich kitschig, aber was hätte ich tun sollen? Es hatte mich erwischt. Dr. Arndt hatte eine warme und weiche Stimme und bei seinem Auftreten legte er stets eine Mischung aus Höflichkeit, Fürsorge und Charme an den Tag. Zudem sah er auch noch blendend aus! Diesem Cocktail hält keine Lady dauerhaft stand, dachte ich und war sofort Feuer und Flamme, was sich bei jeder Visite in einem leicht debilen Grinsen zeigte. Dr. Arndt hat das wohl nicht mitbekommen, er war den Hype um seine Person vermutlich gewohnt. Während der Visiten bemerkte ich, dass ihn sämtliche Schwestern anhimmelten. Die eine gönnte der anderen nicht, näher an ihm dran zu stehen als sie selbst. Demzufolge gab es am Krankenbett oft ziemliches Gewusel, weil sich alle an ihn herandrängten, um an seinen Lippen zu kleben und ihm schmachtend in die Augen zu blicken. Er war auf der gesamten Station mehr als gefragt. Wenn er über den Flur ging, sahen ihm die Schwestern nach, seufzten und kicherten. Außerdem war er noch immer Junggeselle, was keiner verstand. Es kursierten Gerüchte, dass er vielleicht schwul sein könnte, wodurch er natürlich auch bei einigen Pflegern und männlichen Kollegen hoch im Kurs stand.

Wenn er über den Flur ging, sahen ihm die Schwestern nach, seufzten und kicherten. Außerdem war er noch immer Junggeselle, was keiner verstand.

Auch ich war komplett aus dem Häuschen und stellte Dr. Arndt im Geiste schon meinem Vater als neuen Schwiegersohn vor: »Papa, darf ich vorstellen, das ist David Arndt. Er ist Chirurg und der Vater meiner zukünftigen Kinder.«

Und mein Vater würde sagen: »Aha, na, das trifft sich gut. Endlich mal ein vernünftiger Bursche und nicht einer dieser ungewaschenen, langhaarigen Bombenleger, die du sonst so anschleppst.«

So ungefähr malte ich mir das Ganze aus. Schritt 1 war noch nicht gemacht, da war ich schon bei Schritt 152. Doch was konnte ich anstellen, um ihn auf mich aufmerksam zu machen? Schließlich war ich nicht mehr als eine seiner Patientinnen. Dazu eine, die mit allen anderen eines teilte: Wir himmelten ihn an und wären mit ihm sofort freiwillig ins *General Hospital* gezogen.

Meine ersten zarten Flirtversuche brachten gar nichts, denn entweder störten die Krankenschwestern oder meine jämmerliche Erscheinung hielt mich von weiteren Angriffen ab. Ich fühlte mich dafür einfach nicht sexy genug. Im Grunde war es ausweglos. Allein die Idee, Dr. Arndt auf mich aufmerksam machen zu wollen, schien lächerlich und unrealistisch. Ich fand es sogar ein bisschen anmaßend, denn wie konnte ich mir auch nur den geringsten Funken Hoffnung ausmalen, dass sich dieser Traummann ausgerechnet für mich begeistern könnte? Ich lag eingegipst in Zimmer 501 und hatte im Krankenbett nicht gerade das kleine Schwarze an. Ich war blass, zu meinen Sommersprossen mischten sich vereinzelt Pickel, mein letzter Friseurbesuch war lange her und Haarewaschen war auch nicht drin gewesen. Warum sollte sich also so ein begehrter Junggeselle für eine farblose, blutarme Patientin interessieren, die auf dem Kopf ein Vogelnest trägt? Lächerlich, vollkommen lächerlich. Meine Gute-Laune-Kurve sank rapide ab bis in den gefährlichen Minusbereich. Ich musste unbedingt etwas tun.

»Nico, kannst du vorbeikommen? Ich liege in Zimmer 501«, bat ich meine Freundin am Telefon. »Und bring meine Schminktasche und meinen dunkelblauen Seidenpyjama mit, hörst du? Ich habe hier nur ein lächerliches Nachthemd! ... Und wenn es dir nichts ausmacht, ihn zu fragen, meine Liebe: Kannst du auch Raoul mitbringen? Es ist wichtig!«

Nico, die sowieso den Schlüssel zu meiner Wohnung hatte und dort ein- und ausging, packte für mich einige Sachen zusammen und stand schon ein paar Stunden später, mit Raoul im Schlepptau, auf der Matte.

»Fräuleinchen, das geht aber nicht, dass Sie sich ins Krankenhaus ihren Privatfriseur bestellen«, beschwerte sich meine Bettnachbarin, mit der ich mir das Zimmer teilte. »Hier fliegen überall Ihre Haare rum, das ist unhygienisch!«

Ich gab Frau Krüger zu verstehen, dass es sich bei dieser Angelegenheit um einen dringenden Notfall handelte, die neue Frisur mich sozusagen vor einer mittelschweren Depression bewahre und für meinen Heilungsprozess dringend notwendig sei. Meine ausführliche Erklärung brachte Frau Krüger zum Nachdenken. Kurzerhand beschloss sie, sich von Raoul ebenfalls die Spitzen schneiden zu lassen, jetzt, wo er schon mal da war. Raoul verpasste mir einen frischen Mireille-Mathieu-Haarschnitt, Nico kümmerte sich um die drei ollen Pickel auf meiner Wange und um meine Wimpern. Innerhalb kürzester Zeit waren Frau Krüger und ich generalüberholt und sahen buchstäblich aus wie aus dem Ei gepellt.

> *»Macht es Ihnen gar nichts aus, wenn Sie hier alle so anhimmeln?«, fragte ich Dr. Arndt mit großen Kulleraugen, der an meinem Gips rumfummelte.*

»Find ich aber nett, dass Ihr Friseur auch gleich noch bei mir Hand angelegt hat«, freute sich Frau Krüger und fuhr sich mit den Fingern durch ihre Haare.

»Ja, Raoul ist ein Schatz«, bestätigte ich zufrieden und beschloss, dass ich nun bereit war für weitere Aktionen. Kurzentschlossen drückte ich den Panikbutton.

»Was ist denn los? Geht's Ihnen nicht gut? Soll ich den Arzt rufen?«, fragte die Schwester, die kurz danach hereinstürmte.

Ich nickte halbherzig und wusste auch erst mal nicht weiter, aber ich hatte Glück: Auf einmal stand Dr. Arndt in der Tür. Er warf einen kurzen Blick auf Frau Krüger, die ihn angrinste, während sie sich mit den Fingern noch immer durch die Haare fuhr, und kam zügigen Schrittes an mein Bett. Als er mich genauer ansah, bemerkte ich die Irritation in seinen Augen. Er schien mein Äußeres neu zu prüfen. Endlich fühlte ich mich in seiner Gegenwart sexy.

»Ist schon okay, Schwester Martina«, sagte er, »ich kümmere mich selbst darum.« Und zu mir gewandt: »Haben Sie Schmerzen?«

Ich nickte, barmte ein bisschen und spürte die leichte Veränderung in seinem Verhalten, was ich mehr als genoss. Die Generalüberholung entfaltete ihre Wirkung. Frau Krüger glotzte zu uns rüber. Ihr schien die Situation nicht ganz geheuer, zumal sie mit mir gerade noch über Raouls Frisierkünste geplaudert hatte.

»Ist das Calvin Klein?«, fragte ich Dr. Arndt, als er sich über mich beugte.

»Was?«, fragte er zurück.

»Das Parfüm. Ist das Calvin Klein?«

»Ja«, sagte er und lachte. »Ihre Nase funktioniert im Gegensatz zu Ihrer Hand aber ausgezeichnet!

»Macht es Ihnen gar nichts aus, wenn Sie hier alle so anhimmeln?«, fragte ich Dr. Arndt mit großen Kulleraugen, der an meinem Gips rumfummelte.

»Ich weiß gar nicht, wovon Sie reden«, grinste er mich geschmeichelt an und zwinkerte.

»Na, Sie sind hier doch der Hahn im Korb«, setzte ich nach und lächelte ihn selig an.

»Ach ja, ist das so?«, fragte er schmunzelnd. »Ist mir noch nicht aufgefallen!«

»Hören Sie mal, das können Sie vielleicht der Frau Krüger weismachen, aber nicht mir«, sagte ich und ertappte mich bei dem Gedanken, die Unterredung mit Dr. Arndt für einen ausgemachten Flirt zu halten.

Er war mir plötzlich sichtlich zugetan und hatte es überhaupt nicht eilig. Anscheinend zogen Komplimente bei ihm. Ich beschloss, es darauf anzulegen. Schließlich würde er schon Ende der Woche meine Entlassungspapiere unterschreiben und ich war mir sicher, dass ich mich ärgern würde, wenn ich jetzt die Chance verpassen würde.

»Ich weiß, sicher können Sie sich vor Angeboten nicht retten und Sie sind ja auch mein Arzt und ich Ihre Patientin, aber hätten Sie vielleicht Lust, mal einen Kaffee mit mir zu trinken?«

Ich glaube, meine schnörkellose Art gefiel ihm und auch, dass ich so gar keinen Hehl daraus machte, was ich empfand, denn er sagte spontan zu.

Als er das Zimmer verlassen hatte, grinste ich wie ein Honigkuchenpferd und rief sofort Nico an. Jetzt, da ich eine kleine Eroberung zu verbuchen hatte, kletterte meine anfängliche Verliebtheit auf die nächste Stufe. Ich freute mich darauf, meinen Doktor außerhalb des Krankenhauses zu sehen.

Wir trafen uns an einem Samstag in einem kleinen Restaurant unweit der Orangerie. Ich hatte mich in Schale geworfen: Mein leichtes rotes Kleid war nicht zu sexy, aber auch nicht zu prüde und bildete einen hübschen Kontrast zu meinem Gips. Mein Arzt war superpünktlich und hatte schon eine Flasche Sekt bestellt. Eigentlich mag ich keinen Sekt, ich vertrage ihn nicht und fühle mich davon schnell betüdelt. Aber an diesem Nachmittag war mir das egal.

Dr. Arndt begrüßte mich mit dieser charmanten Höflichkeit, die mich schon bei unserer ersten Begegnung beeindruckt hatte, und bat mich, ihn David zu nennen. David ließ es sich nicht nehmen, einen Moment meine Hand zu begutachten. Ich war aufgeregt und pichelte vor lauter Nervosität den Sekt runter wie Limo. Demzufolge hatte ich ziemlich rasch einen gehörigen Zacken in der Krone. David schien das nicht zu irritieren. Er redete von seiner Arbeit, Verletzungen und komplizierten Brüchen.

Ich plauderte ein bisschen über meine Abschlussarbeit und die Schwierigkeit, aktuelle Sekundärliteratur zu finden. Als David die Rechnung gezahlt hatte, fragte er: »Bist du mit dem Auto hier?«

»Zu Fuß«, entgegnete ich, »mit meiner eingegipsten Hand kann ich schlecht lenken.«

»Ich kann dich auch fahren, du wohnst ja nicht weit.«

»Super!«

An seinem Wagen angekommen, öffnete er mir, charmant wie er war, die Beifahrertür. »Ich fand den Nachmittag unheimlich schön«, sagte er, als wir losfuhren. »Hast du vielleicht Lust auf einen kleinen Absacker bei mir zu Hause?«

»Absacker?«, fragte ich beschwipst. »Mir ist eher nach einer großen Flasche Wasser!«

»Hab ich auch da«, sagte David und lächelte.

Seine Wohnung war warm und geschmackvoll eingerichtet. Er hatte viele Anatomie-Bücher und Bildbände. Im Flur stand ein Skelett mit Hut und Kippe im Mund. Ich fühlte mich wohl und machte es mir auf seinem Designersofa gemütlich. David trank jetzt Whisky aus einem großen Tumbler, ich blieb beim Wasser.

»Soll ich dich massieren?«, fragte er. »Du siehst etwas verspannt aus.«

Ich schwebte auf Wolke sieben. Fragte er mich tatsächlich, ob er mich massieren sollte? Mir kam das überhaupt nicht komisch vor, denn ich genoss seine Anwesenheit. Er war charmant, gab mir Sicherheit und konnte von mir aus ruhig das Tempo vorgeben. Ich hatte nicht die geringsten Einwände. David rückte nun noch näher an mich heran und massierte meinen Nacken. Ich konnte ihn riechen. Es war eine Mischung aus Calvin Klein und Whisky. Seine Berührungen trieben meinen Puls in die Höhe. Vorsichtig führte ich seine Hände über meine Schultern, ließ meinen Kopf auf seine Brust sinken und sah ihn

> *David küsste mich, wie ich selten geküsst worden bin, seine Zunge war so akrobatisch, dass ich überlegte, heimlich eine Bewerbung beim Zirkus einzureichen.*

mit leicht geöffnetem Mund an. Er folgte meiner Einladung. Während sich unsere Zungen berührten, spürte ich, wie sich an meinem ganzen Körper die Härchen aufrichteten.

Er küsste meinen Hals und obwohl er sich für meinen Geschmack ein bisschen zu sehr festsaugte, lehnte ich mich zurück und genoss seine Zärtlichkeiten.

David küsste mich, wie ich selten geküsst worden bin, seine Zunge war so akrobatisch, dass ich überlegte, heimlich eine Bewerbung beim Zirkus einzureichen. Wir vergaßen alles um uns herum und ich wäre am liebsten sofort mit ihm im Bett gelandet, wenn da nicht ein klitzekleines, aber nicht von der Hand zu weisendes Problem gewesen wäre: Ich musste pinkeln. Der Sekt, das ganze Wasser – es war an der Zeit, mal kurz zu verschwinden.

»Ich komm gleich wieder. Wo ist das Bad?«

»Ach, bitte geh jetzt nicht, ich will dich hier bei mir haben«, flüsterte David.

»Aber ich komme doch gleich wieder! Ich muss nur kurz aufs Klo, bin in einer Minute wieder da.«

»Was macht dich besonders heiß, meine Süße?«, fragte er und hielt mich fest.

»Wie du mich küsst!«, antwortete ich zappelnd.

»Ich will dich überall küssen und meine Zunge in dir vergraben«, flüsterte er mit heißem Blick.

Wenn er jetzt etwas fester auf meinen Unterbauch drückt, dachte ich, pinkle ich ihm gleich mitten auf sein Sofa.

»Gleich, David, gleich. Wenn ich wieder da bin«, versuchte ich ihn zu vertrösten und wurde schon etwas nervös.

David fuhr mit der Hand zwischen meine Schenkel. Es war mir ein bisschen unangenehm. Wenn er jetzt etwas fester auf meinen Unterbauch drückt, dachte ich, pinkle ich ihm gleich mitten auf sein Sofa. Ich versuchte aufzustehen. David hielt mich erneut fest und lachte und auch ich lachte, obwohl ich mich zusammenreißen musste, nicht vor ihm in die Hose zu machen.

»Komm mal ganz nah zu mir her, ich muss dir was sagen«, bat David.

»Ja, kannst du gleich machen, Süßer! Ich muss nur wirklich, wirklich sehr dringend pinkeln!«, entgegnete ich nun etwas energischer.

»Ich finde das erotisch«, sagte er.

»Was?«, fragte ich irritiert. »Dass ich aufs Klo muss? Willst du vielleicht mitkommen und mir dabei zusehen? Ich finde, dafür ist es noch ein bisschen zu früh. Da können wir in ein paar Jährchen drüber plaudern«, scherzte ich und flitzte los, vorbei an dem Skelett mit der Kippe im Mund, ans andere Ende des Flures, wo ich das Bad vermutete.

Jetzt aber fix, dachte ich und schloss sicherheitshalber die Tür hinter mir. Obwohl mir Davids Fragen ein bisschen komisch vorkamen, schob ich die Gedanken daran beiseite. Mein aufgeheizter Körper wollte davon nichts wissen und lieber zurück zu seinen Händen und seiner Zunge.

Als ich ins Zimmer kam, saß David immer noch auf dem Sofa. Auf dem Tisch stand eine neue Flasche Wasser. Ich setzte mich und wollte sofort da weitermachen, wo wir eben aufgehört hatten, aber David war irgendwie nicht mehr bei der Sache und hielt mir ein Glas Wasser hin.

»Hier!«, sagte er etwas forsch.

»Danke, ich will jetzt nichts trinken. Ich habe genug getrunken!«

»Doch, doch, trink, Trinken ist wichtig!«, sagte er.

Ich trank einen Schluck und hatte das Gefühl, dass David das Glas festhielt, um mich zu unterstützen. Als ich absetzte, übte er ein bisschen Druck aus.

»Hör mal«, sagte ich, »wir sind hier nicht in der Wüste! Ich kann schon allein trinken. Oder ist das so ein Berufsding, das du verinnerlicht hast, weil du deinen Patienten so oft beim Trinken hilfst?«

Mir kam das jetzt wirklich etwas komisch vor. Mein erhitzter Körper kühlte allmählich ab. David lachte, küsste mich wieder und hob mich auf seinen Schoß.

»Weißt du, was mich total anmachen würde?«, fragte er.

»Nein, aber du wirst es mir bestimmt gleich verraten«, antwortete ich etwas verdutzt.

Habe ich das richtig verstanden? Wollte David beim Sex von mir angepinkelt werden? Ich machte ein Gesicht wie ein Auto.

»Ich stelle mir vor, wie wir miteinander schlafen, wie du nackt auf mir sitzt, meine Hände festhältst und mich reitest und wie du dich, kurz bevor wir beide kommen, auf meinem Bauch erleichterst«, flüsterte er mit fiebrigem Blick und sah mich gespannt an.

Ich stutzte. Hat er »erleichtern« gesagt? Habe ich das richtig verstanden? Wollte David beim Sex von mir angepinkelt werden? Ich machte ein Gesicht wie ein Auto. Frau Merkel hätte mir auf der Stelle 2500 Euro gezahlt, so viel ist sicher. Mein Körper kühlte weiter runter.

»Ja, ich mag das total!«, bekräftigte David enthusiastisch. »Es ist hocherotisch und wunderbar warm und etwas, das nur wir beide miteinander teilen würden. Nur wir beide! Ich verstehe nicht, wieso die Leute sich so haben! Urin ist etwas ganz Natürliches, Ureigenes, Schönes und wenn du mir ein bisschen von deinem Urin gibst, fühle ich mich dir näher, als du dir vorstellen kannst. Der Augenblick, in dem sich eine Frau auf dem Bauch eines Mannes erleichtert, hat etwas Magisches! Für mich verschmelzen in diesem Moment Zeit und Raum.«

Jetzt war ich ein Eskimo. Ich weiß nicht, wie lange ich apathisch auf Davids Schoß sitzen geblieben bin, denn auch für mich verschmolzen in diesem Moment Zeit und Raum. Möglicherweise verharrte ich nur einen Moment in Schockstarre, möglicherweise auch ein paar Minuten.

Dass ich den von David favorisierten Zustand auch erreichen konnte, ohne dass mir jemand auf den Bauch pinkelte, fand ich wiederum fabulös. In Gedanken sah ich mich wieder vor meinem Vater stehen und sagen: »Tach Papa. Den potenziellen Vater meiner Kinder kennst du ja bereits. Allerdings hat die Sache einen klitzekleinen Haken. Denn David liebt mein Pipi auf seinem Bauch. Das braucht er zum Verschmelzen und so. Mit mir, mit dem Weltraum, dem Krankenhaus und dem ganzen Kosmos, verstehst du?«

Es schüttelte mich. Mein Traumprinz war soeben in einer Pipi-Pfütze davongeschwommen.

»Ich hab Hunger!«, verkündete ich, nachdem ich mich wieder gefasst hatte.

»Ich habe aber nichts im Kühlschrank! Soll ich den Pizzaservice anrufen? Ich kann aber auch schnell runtergehen und uns zwei Wraps von Bill holen«, sagte David.

»Meinst du Falafel-Bill?«, fragte ich.

»Ja, genau den mein ich, die haben leckere Sachen.«

»Aber das kann ich auch machen!«, rief ich schnell. »Muss mir sowieso kurz die Beine vertreten. Wer weiß, wie lange ich gerade auf deinem Schoß gesessen habe.«

Ich stand auf, zupfte ein bisschen an mir rum, ordnete meinen Pony und suchte in meinem Portemonnaie nach einem Zehner.

»Brauchst du Geld?«, fragte David.

»Nein, eigentlich nicht, ich könnte schwören, dass ich irgendwo noch einen Zehner hatte.«

David stellte den Tumbler ab, erhob sich vom Sofa, ging rüber zu seiner Jacke und drückte mir einen Fünfziger in die Hand. »Kleiner hab ich es gerade nicht.«

»Kein Problem, Bill kann ja wechseln«, sagte ich und gab ihm einen flüchtigen Kuss auf die Wange.

Als ich im Treppenhaus war, rief er mir hinterher: »Lisa, kannste bitte noch 'ne Flasche Wasser mitbringen?«

Oh mein Gott, dachte ich und rief: »Ja, klar, mach ich!«, während ich die Treppen heruntersprang.

Ich schwöre, dass ich in diesem Moment gar nicht vorhatte, nicht mehr in Davids Wohnung zurückzukehren. Das hat sich einfach so ergeben! Die Bedenken, dass er mir für die Wraps fünfzig Euro gegeben hatte, habe ich am Tag darauf erfolgreich in ein paar blaue Turnschuhe von Deichmann umgewandelt. Blau wie der Himmel, das Wasser, ich gestern und blau wie das ganze Universum und so.

24. GESCHICHTE

Polnischer Abgang

Magdalena (24), Volontärin, München,
über
Holger (55), Chefredakteur, München

Hast du schon gehört, der Schwarz will sich zur Ruhe setzen, aber vorher fliegt er noch mal nach Warschau!«, flüsterte Georg, mit dem ich gerade die x-te Frühschicht in Folge schob.

Ich arbeitete als Volontärin bei einer großen Tageszeitung. Dr. Schwarz, jahrelang leitender Chefredakteur, Auslandskorrespondent und Leiter des Politikressorts, war das Lieblingstratschobjekt sämtlicher Redakteure. Warum genau das so war, konnte keiner sagen. Es schien eine geheimnisvolle Faszination von diesem Mann auszugehen. Die einen behaupteten, er sei schwul, die anderen, er hätte zwei Ehefrauen gleichzeitig.

»Muss man sich mal überlegen, mit Mitte fünfzig! Das nenn ich Luxus! Jetzt wird er sich in seinem hübschen Vorstadthäuschen mit seinem hübschen Vorstadtgarten niederlassen und ein hübsches Buch mit Anekdoten über seine Reisen schreiben, wetten? Mann, ich kann den Typen mit seinem selbstgefälligen Gelabere nicht leiden, bin ich froh, wenn der hier raus ist!«, lästerte Georg weiter.

»Also, ich verstehe nicht, was du gegen ihn hast«, entgegnete ich, »der Mann heimst jeden Tag Lob ein und kriegt Auszeichnungen hinterhergeschmissen. Zudem ist er witzig und sieht auch noch gut aus. Also wenn das nicht cool ist, dann weiß ich auch nicht.«

»Magdalena, das ist jetzt nicht dein Ernst! Du verteidigst den Schwarz? Das macht dich in meinen Augen aber gerade sehr unsympathisch!«, grinste mich Georg an und biss in sein Pausenbrot. Er schmatzte und während er vor sich hin brabbelte, flogen ein paar Krümel aus seinem Mund in die Tastatur.

Ich machte mir ein bisschen Sorgen, dass ein neues Gerücht die Runde machen könnte, nämlich, dass ich mich der Lästerei gegen den Noch-Chef verwehren würde, wofür es nur einen einzigen Grund geben könne: Wir hätten was miteinander.

Was wäre eigentlich so schlimm daran, wenn die anderen das glauben würden, dachte ich. Sollen sie doch! Ich fand den Chef toll. Mehr noch: Ich himmelte ihn heimlich an. Dr. Schwarz war die Sorte Mann, die meinen Puls zum Rasen brachte. Wann meine heimliche Schwärmerei für ihn angefangen hat, kann ich nicht mehr genau sagen.

Sicherlich: Es gab in der Redaktion einige gut aussehende Männer, Männer in meinem Alter wie beispielsweise der Sportredakteur, der optisch ein Gedicht war, aber keiner von ihnen interessierte mich so wie Dr. Schwarz. Allein sein Anblick beflügelte meine Phantasie derart, dass ich, wenn ich es mir selbst machte, an ihn denken musste. Ich stellte mir vor, wie er meine Schenkel umklammern und mich genüsslich lecken würde. Mehr als ein kurzer Flirt zwischen ihm und mir hatte sich aber bisher leider nie ergeben.

»Übrigens sucht er noch jemanden für den Polen-Trip!«, sagte Georg, noch immer mit vollem Mund.

»Wieso, Adam soll doch mitfahren!«, sagte ich erstaunt.

»Nee, der ist doch gerade Vater geworden. Vergessen?«

»Ach ja.«

»Bin gespannt, wen er stattdessen mitnimmt«, überlegte Georg laut.

Diese Gelegenheit wollte ich mir nicht entgehen lassen! Triumphierend verkündete ich: »Dann werde ich meine Person mal ins Spiel bringen.«

»Aber du bist doch noch mitten im Volo!«, stellte Georg fest.

»Na und?«, fiel ich ihm ins Wort. »Aber ich bin auch Polin! Vergessen?«

Georg machte ein leicht überhebliches Gesicht, so nach dem Motto: Was denkt die, wer sie ist? Ich ignorierte es und besann mich auf mein Vorhaben. Den Chef nach Polen zu begleiten wäre die Gelegenheit, ihm näherzukommen, und für den Job könnte es auch nicht schaden.

Ich schrieb Dr. Schwarz eine E-Mail und bot mich ihm ohne Umschweife als Begleitung an. Zu meiner Überraschung und Freude sagte er sofort zu.

»Unglaublich, er nimmt mich mit!«, freute ich mich.

Georg klappte die Kinnlade runter.

Eine Woche später saß ich mit dem Chef im Flieger nach Warschau.

»Danke noch mal, dass Sie mich mitgenommen haben«, sagte ich. »Das werden bestimmt drei spannende Tage.«

»Und unterhaltsame, hoffe ich!«, sagte der Chef und lächelte.

Wir plauderten ein bisschen. Dr. Schwarz fragte mich, wie ich zur Zeitung gekommen sei und was ich später machen wolle. Ich sagte ihm, dass ich das nicht so genau wisse und eventuell zum Feuilleton wolle, um Theaterrezensionen zu schreiben und so, worauf der Chef resümierte: »Ein geschriebenes Theaterstück ist eine Interpretation des Daseins. Eine Theateraufführung ist eine Interpretation dieser Interpretation. Eine Rezension ist eine Interpretation einer Interpretation einer Interpretation, also überflüssiger Scheiß!« Wir mussten beide lachen.

Dr. Schwarz redete gern und viel, während ich nicht minder gern die interessierte Zuhörerin mimte. Obwohl einige seiner Geschichten für meinen Geschmack etwas zu dick aufgetragen waren, amüsierte ich mich wirklich. Der Chef war nicht nur charmant, intelligent und höflich, er besaß auch einen besonderen Humor.

In Warschau hatten wir tagsüber immer ein straffes Programm: Wir besuchten die Botschaft, zwei Delegationen und die Redaktionen, mit denen wir eng zusammenarbeiteten. Abends machten wir Sightseeing, gingen essen oder in Bars. Ich lauerte bei unseren privaten Aktivitäten immer auf eine Chance, mich für Dr. Schwarz interessant zu machen, aber es boten sich nie richtige Gelegenheiten. Ich beschloss, es mit der unterwürfigen Masche zu versuchen, denn diese schien bei ihm eine seltsame Art von Interesse zu wecken.

»In Ostberlin war ich übrigens nie«, erzählte er eines Abends, als wir nach dem Dinner in eine Bar eingekehrt waren, »aber dafür war ich einer der letzten West-Journalisten, der Gorbatschow im Kreml bei der Arbeit zuschauen durfte.«

»Tatsächlich?«, fragte ich interessiert. »Wie war das? Erzählen Sie, erzählen Sie doch!«

»Na ja, da gibt es nicht so viel zu erzählen, denn ein paar Tage später hatte ihn bekanntlich der Wind der Geschichte hinausgeweht. Aber im Kreml war ich sogar mal auf Gorbatschows Klo!«

»Ist nicht wahr!«, staunte ich und machte große Augen. »Und?«, fragte ich erneut, als könne ich die Antwort kaum abwarten. »Was ist da passiert?«

Ich merkte, wie er sich in meiner Aufmerksamkeit sonnte und es genoss, einem jungen Ding wie mir von der großen weiten Welt zu berichten. Ich ließ ihn ordentlich auf den Putz hauen, denn Dr. Schwarz, der diese Anekdoten sicher schon hundertmal erzählt hatte, schien es mehr als nur zu gefallen, dass er eine so aufmerksame Zuhörerin und Gesprächspartnerin an seiner Seite hatte. Mit leuchtenden Augen erzählte er weiter: »Die Toilettenräume im Kreml sind ungefähr so groß wie ein übertrieben dimensioniertes Wohnzimmer, alles aus Marmor mit Goldbeschlägen«, berichtete er und geriet sofort ins Schwärmen.

Bei jedem Satz, den er sagte, riss ich meine Augen ein Stückchen weiter auf, schüttelte immer wieder fassungslos den Kopf oder hielt mir gespannt die Hand vor den Mund. Auch habe ich die Frage »Und dann?« sicher seit meiner Kindheit nicht mehr in dieser Häufigkeit benutzt.

Dr. Schwarz erweckte nicht nur den Eindruck, voll und ganz in seinem Element zu sein, er war es auch. Seine Augen leuchteten und er sprühte vor Energie. Er erzählte mir etliche solcher Anekdoten. Irgendwann wusste ich nicht mehr, welches Bild zu welcher Geschichte gehörte. Während er in seinen Erzählungen von einem Kontinent zum anderen wanderte, glitten in meinen Gedanken seine Hände über meinen Körper. Ich sog seinen herben Männergeruch ein und hätte in diesem Moment einiges gegeben, ihn nicht nur riechen, sondern auch kosten zu können.

Am letzten Abend, wir waren zum Essen im Hotelrestaurant verabredet, bemerkte ich, dass seine Zimmertür offen stand. Das war meine Chance! Ohne lange nachzudenken, schnappte ich mir zwei Gläser und eine Flasche Prosecco aus der Minibar und ging in sein Zimmer.

Ich merkte, wie er sich in meiner Aufmerksamkeit sonnte und es genoss, einem jungen Ding wie mir von der großen weiten Welt zu berichten.

Als Dr. Schwarz – Holger – mich sah, hatte es einen Moment den Anschein, als wundere er sich darüber, dass ich einfach ungefragt in sein Zimmer platzte. Ich ignorierte das und bot ihm mit herausforderndem Blick eines der Gläser an. Schließlich neigte sich die Reise dem Ende entgegen und ich hatte lange genug die wissbegierige Schülerin gespielt. Wenn ich es jetzt nicht drauf anlegen würde, so viel war mir klar, würde sich vielleicht keine Gelegenheit mehr bieten.

Holger machte auf höflich, trank schnell und stand dann abrupt auf. Er spürte wohl, dass irgendetwas anders war. Seine Souveränität war plötzlich verflogen. Er stellte die Gläser neben eine Vase mit gelben Rosen auf den Couchtisch und sah mich durchdringend an. Ich lehnte mich an die Wand und genoss seinen Blick, ohne ein Wort zu sagen. Einen Moment schaute Holger wie hypnotisiert auf meine Brüste, die, wie ich wusste, in meinem schwarzen Kleid mit dem tiefen Ausschnitt gut zur Geltung kamen, und blickte dann abrupt zu Boden.

Herrje, dachte ich, der tolle Journalist, der mit den wichtigen Leuten aus Politik und Wirtschaft auf Du und Du steht, ist peinlich berührt, ja, unsicher, und fühlt sich bedrängt. Von mir, einer Volontärin! Eine Übersprungshandlung folgte auf die nächste: Erst kratzte er sich am Kopf, dann fuhr er sich durchs Haar und strich es sich aus der Stirn, zweimal räusperte er sich.

»Wollen wir los?«, fragte er und versuchte, die Situation wieder unter Kontrolle zu bringen.

»Nein, warte!«, entgegnete ich. Ich wollte endlich mit ihm schlafen und hatte nicht vor, diesen Moment ungenutzt verstreichen zu lassen. Zügigen Schrittes ging ich zur Tür, drehte den Schlüssel langsam um und setzte mich in den Sessel, der neben Holger stand. Langsam drehte ich mich im Kreis.

Er beobachtete mich. »Was soll das werden, Magdalena?«, fragte er und gab sich Mühe, streng zu klingen.

»Wonach sieht's denn aus?«, fragte ich zurück, während ich mich weiter im Kreis drehte und mein Kleid etwas nach oben schob.

Er sah mir einen Augenblick dabei zu, beugte sich zu mir herunter und hielt den Sessel an. Ich ließ meine linke Hand auf meinem nackten Oberschenkel liegen und strich mit der rechten über den glatten Stoff seiner Hose. Holger regte sich nicht.

Es war erstaunlich, wie schnell er sich wieder im Griff hatte und die Oberhand gewann. Eben noch wie ein Schuljunge zu Boden blickend, sah er mir jetzt fest in die Augen. Ich fühlte mich noch mehr zu ihm hingezogen. Endlich streckte er seine Hand aus und streichelte mir übers Haar. Ich schmiegte mich an seine Hand und ließ es geschehen. Dann machte ich mich am Reißverschluss seiner Anzughose zu schaffen.

Holger nahm mein Kinn in die Hände, hob meinen Kopf, blickte mir in die Augen und fragte: »Bist du sicher, dass du das möchtest?«

Ohne seine Frage zu beantworten, wendete ich mich wieder seinem Reißverschluss zu. Aber er ließ mich zappeln und machte ein paar Schritt zurück. Ich spreizte die Beine weiter und gab den Blick auf mein Höschen dazwischen frei. Ein paar Sekunden ließ er seinen Blick dort verharren. Mit einer ruhigen Bewegung nahm er dann eine der gelben Rosen und kam zu mir zurück. Er ließ die Blüte über mein Gesicht tanzen, zog sie über meinen Hals und meinen Bauch entlang bis hin zu meinen Schenkeln. Bestimmend zog er meinen Slip zur Seite und drehte die Rose spielerisch über meinen Venushügel, bis ihre Kühle nicht mehr zu spüren war. Mein Herz flatterte vor Erregung.

Ich zog Holger zu mir heran und presste mein Gesicht an seinen Unterleib. Jetzt hielt er mich nicht mehr zurück, als ich den Reißverschluss aufmachte. Ich war so heiß, ich wollte ihn kosten und umschloss seinen harten Schwanz mit meinem Mund. Er stöhnte und ließ die Rose zu Boden fallen. Dann entzog er sich erneut, packte mich und hob mich auf den Schreibtisch. Mit Daumen und Zeigefinger zog er langsam, wie in Zeitlupe, erst die Träger meines Kleides und dann meinen BH nach unten und berührte meine Nippel. Ich küsste ihn. Meine Zunge wollte in ihn reinklettern, aber er ließ sich Zeit. Unerträglich viel Zeit. Er spielte mit meinen Brustwarzen. Dann sah er mich an und flüsterte: »Spreiz deine Beine!«

Artig machte ich, was er sagte. Mit einem Ruck riss er mir das Höschen runter, zog mich an sich und drang in mich ein. Er fickte mich hemmungslos wie ein Tier. Manchmal war er zu tief, aber meine Lust transformierte den Schmerz in Geilheit. Ich zerfloss in seinen Händen wie heißes Wachs und ließ ihn meinen Körper in alle Positionen bringen, die ihm gefielen. Seine Finger und seine Zunge waren überall. Ich spürte sie noch, als er längst von mir abgelassen hatte. In den frühen Morgenstunden verließ ich sein Zimmer.

Auf dem Rückflug verloren wir nicht viele Worte. Dennoch war die Stille nicht unangenehm, im Gegenteil. Ich döste ein bisschen vor mich hin, vor meinem geistigen Auge noch die Bilder der Nacht. Ich bereute es nicht eine Sekunde, dass ich mit Dr. Schwarz geschlafen hatte. Das, was zwischen uns in dieser Nacht passiert war, war mehr als nur einer dieser Geschäftsreisen-Ficks gewesen, es war ein gegenseitiges Geben und Nehmen gewesen, und je länger ich darüber nachdachte, desto weniger wusste ich, ob ich nicht sogar mehr genommen als gegeben hatte.

In den folgenden Wochen sah ich den Chef in der Redaktion selten und privat überhaupt nicht. An seinem letzten Tag lag eine gelbe Rose auf meinem Schreibtisch. Während ich sie in meiner Hand drehte und ihre Blätter in Gedanken wieder auf meiner Haut spürte, hörte ich, wie sich Georg im Hintergrund mit anderen Redakteuren echauffierte, dass Dr. Schwarz sich von keinem verabschiedet hätte und einfach gegangen sei.

»Heute früh war sein Büro leer und er, ohne ein Wort des Abschieds, wie vom Erdboden verschluckt!«, moserte er.

»Der Klassiker!«, sagte ein anderer.

»Polnischer Abgang!«, überlegte ein Dritter laut, worauf die Meute in schallendes Gelächter ausbrach und ich die Rose ins Wasser stellte.

25. GESCHICHTE

Nichts als die Wahrheit

Ariane (28), Parfümerieverkäuferin, Berlin,
über
Tom (33), Wirtschaftsberater, Berlin

Weißt du, was ich jetzt am liebsten machen würde«, flüsterte Dani mir ins Ohr, »mich hier hinsetzen und die Leute beobachten. Ich könnte das den ganzen Tag machen. Ein einziges Kommen und Gehen ist das hier, wie auf einem Bahnhof.«

Ich kniff die Augen zusammen. »Ich würde mich lieber dort drüben neben den Typen setzen«, sagte ich und zeigte auf das gegenüberliegende Café, das man von unserer Parfümerie aus sehr gut beobachten konnte. Dieser Adonis war mir schon letzte Woche aufgefallen. Stets um die gleiche Uhrzeit tauchte er auf und trank einen Kaffee. Dani beugte sich zum Gucken so weit zur Seite, dass sie beinahe in eines der Parfümregale gestürzt wäre, die wir gerade sauber machten.

»Oh, der schon wieder«, stellte sie fest, »hast du den nicht schon vorgestern entdeckt und …«

»Ja, ja«, unterbrach ich sie, bevor sie wieder anfing, mir meine eigenen Sätze vorzubeten. Als ob ich mich nicht mehr selbst daran erinnern könnte! Eines von Danis Talenten war es, Dinge so wiederzugeben, als sei man hundert Jahre alt und könne sich an seine eigenen Geschichten nicht mehr erinnern. Ehe sie mit ihren ellenlangen Ausführungen fertig war, hatte man tatsächlich vergessen, wie sie begonnen hatten.

Wir arbeiteten in einer Parfümerie in der Nähe des Bahnhofs Friedrichstraße und wann immer es unsere Zeit zuließ, begutachteten wir unsere Kunden oder die Männer im Café auf der anderen Straßenseite. Wenn sich besonders gut aussehende Typen zu uns verirrten, lieferten wir uns kleine Wettrennen, wer zuerst beim Kunden war, um ihn in ein Verkaufsgespräch zu verwickeln. Die Sache hatte meist einen Haken: Entweder waren die Typen unsicher und kannten sich nicht aus, dann suchten sie einen Duft für ihre Liebste, oder sie wussten genau, welches Parfüm sie wollten und ließen es sich von dir als Geschenk für den Lover einpacken. Schwul oder vergeben: Dazwischen schien es nichts zu geben.

»Ariane«, rief Dani plötzlich aufgeregt und kam hinter einem der Regale hervorgeschossen wie Speedy Gonzales: »Jetzt schau dir bloß mal diesen Typen dort an!«

Sie zeigte auf einen – bis auf die Slipper – äußerst smart aussehenden Mittvierziger vor einem Regal für Männerdüfte, der gerade sechs große Flakons desselben Duftes in sein rotes Einkaufskörbchen packte und sich der Kasse näherte.

»Was will der denn mit so viel Eau de Toilette«, überlegte sie laut, »säuft der das?«

Wir glucksten.

Nachdem wir den vermutlichen Parfümsäufer bedient hatten, beobachtete ich wieder den Adonis von gegenüber. Dani starrte mich frech von der Seite an.

»Was ist?«, sagte ich schnippisch.

Sie grinste. »Ich weiß, dass du es faustdick hinter den Ohren hast, meine Liebe, schließlich kennen wir uns nun schon eine ganze Weile. Aber ich frage mich manchmal, woher du dein enormes Selbstbewusstsein hast.«

»Vermutlich angeboren«, fachsimpelte ich und streckte die Brust raus.

> *»Ich weiß, dass du es faustdick hinter den Ohren hast, meine Liebe, schließlich kennen wir uns nun schon eine ganze Weile. Aber ich frage mich manchmal, woher du dein enormes Selbstbewusstsein hast.«*

»Du denkst auch, dass du jeden kriegen könntest, was?«

»Klaro!«, so meine knappe Antwort.

»Jeden?«, fragte Dani.

»Jeden!«, antwortete ich überzeugt.

»Wetten, nicht?«, sagte sie, grinste frech und neigte ihren Kopf Richtung Café.

»Wetten, doch?«, sagte ich. Mir schwante, was Dani vorhatte.

»Jetzt mal Klartext: Ich weiß, dass du die eine oder andere Eroberung gemacht hast, aber der Typ dort drüben ist 'ne Nummer zu groß für dich. Ich wette, er ist verheiratet. Diese Nuss ist zu hart für dich, die knackst du nicht!«

Ich blickte noch einmal auf die gegenüberliegende Straßenseite und zurück in Danis grinsendes Gesicht. »Kein Problem«, sagte ich und freute mich schon fast, es darauf ankommen zu lassen.

»Ich wette um meine Prozente!«, sagte sie und streckte mir die Hand entgegen.

»Topp, die Wette gilt!«, grinste ich wie Hunziker und Gottschalk zusammen und schlug ein.

Dass ich mit Dani jetzt eine Wette am Laufen hatte, gab mir den totalen Kick. Ich wollte unbedingt gewinnen, aber dabei ging es mir nicht um die Überschreibung ihrer Prozente auf Kosmetika und Duftwässerchen unserer Parfümerie. Der Rabatt war mir vollkommen schnurz, es ging mir einzig und allein ums Gewinnen. Während wir weiter unserer Arbeit nachgingen, beobachtete ich den Typen gegenüber und Dani beobachtete mich. Als der Unbekannte seine Pause anscheinend beendet hatte und Danis Grinsen immer breiter wurde, zwinkerte ich ihr zu und verkündete: »Du wirst schon sehen, Madame, die Wette gewinn ich!«

»Das musst du erst mal beweisen«, erwiderte sie und kniff die Augen schadenfroh zusammen.

Am nächsten Tag war der schöne Pausierende wieder pünktlich im Café. Eigentlich hatte ich mich sofort auf den Weg zu ihm machen wollen, aber bei dem Gedanken daran verließ mich plötzlich der Mut und Zweifel kamen auf. Hatte ich den Mund vielleicht ein bisschen zu voll genommen? Waren meine Kampfansagen vielleicht nur leere Worte gewesen? Ich sah mich schon in einer Seifenblase davonfliegen, die über dem Unbekannt platzen würde.

Auch am zweiten Tag beließ ich es beim Fokussieren meiner Beute. Im Schutz der Parfümregale feilte ich den ganzen Tag an einer ausgeklügelten Strategie. Bis zum Abend hatte ich nicht den Mumm, auf die andere Straßenseite zu gehen. Und das, obwohl der schöne Kaffeetrinker dort schon seit Stunden nicht mehr am Tisch saß! Verzwickte Situation, dachte ich und überlegte, ob ich mir für den Angriff ein kleines Schnäpschen genehmigen sollte.

Am dritten Tag ging mir Dani schon morgens auf die Nerven. Ich kam gerade zur Tür rein, als sie mich mit den Worten begrüßte: »So, Schätzchen, ich lasse dir noch bis Samstag Zeit. Wenn du bis dahin keinen Erfolg verbuchen kannst, war's das mit den Prozenten.«

Ich verdrehte die Augen und ließ sie stehen, aber natürlich hatte Dani recht: Ich musste meinen Worten Taten folgen lassen oder mich geschlagen geben. Das konnte so nicht weitergehen!

Als unsere Wette auf zwei Beinen pünktlich gegenüber aufschlug, fing Dani wieder an zu sticheln. Ich sammelte mich einen Moment, vergegenwärtigte mir in aller Ruhe die Situation und ging in den Personalraum, um mein Make-up ein bisschen aufzufrischen. Vor dem Spiegel machte ich ein paar Grimassen, um meine Gesichtsmuskeln zu entspannen, testete meinen Atem, schmiss mir ein Jäckchen über und blies zum Angriff.

»Wo willst du denn jetzt hin?«, fragte mich Dani neugierig, als ich an ihr vorbeiflitzte.

»Ich mach mal eben zwei Caffè Latte klar, dann ein Date und anschließend deine Prozente«, entgegnete ich und ergänzte, ohne die Antwort abzuwarten: »Du kommst doch einen Augenblick alleine zurecht, oder?«

Entschlossen steuerte ich das Café an und behielt mein Ziel dabei die ganze Zeit im Auge. An der Theke bestellte ich zwei Kaffee zum Mitnehmen und fixierte, während meine Bestellung zubereitet wurde, meinen Adonis, der in seine Zeitung vertieft war.

Aus der Nähe sah er noch besser aus. So gesehen war ich richtig froh, dass ich mit Dani gewettet hatte, denn andernfalls hätte ich vielleicht noch ewig gewartet, diesen Traummann anzusprechen. Schlimmstenfalls hätte ich es vielleicht sogar gelassen. Nicht auszudenken, was mir da durch die Lappen gegangen wäre, schoss es mir durch den Kopf, obwohl ich den Typen noch nicht einmal angesprochen hatte. Aber ich war ja schließlich da, um das zu ändern. Ich zahlte die Kaffee und ging an den Tisch des Unbekannten, streckte ihm unaufgefordert meine Hand entgegen und sagte: »Hallo, ich bin Ariane.«

Der Typ sah von seiner Zeitung hoch, schien einen Moment zu überlegen und gab mir mit fragendem Gesicht zögerlich die Hand. »Ja, ähm, Tom.«

»Hallo, Tom«, sagte ich und setzte mein charmantestes Lächeln auf, »du fragst dich sicher, warum ich dich anspreche. Ich arbeite dort drüben in der Parfümerie«, sagte ich und zeigte auf die andere Straßenseite. »Ich habe dich in den vergangenen Tagen immer mittags hier gesehen und da dachte ich mir, ich komm einfach mal rüber! Siehst du die Rothaarige zwischen den Regalen?«

Tom sah an mir vorbei, rüber in das Fenster unserer Filiale, nickte und lächelte.

»Das ist meine Arbeitskollegin«, erklärte ich, »seit Tagen liege ich ihr in den Ohren, dass du mir gefällst, und dann ist mir klar geworden, dass sie ja im Grunde der vollkommen falsche Adressat ist und ich das nicht ihr sagen sollte, sondern dir!«

Tom lächelte geschmeichelt. Ich war einen Moment still, versuchte meinen Herzschlag zu ignorieren und ergänzte: »Was hältst du davon, mich an einem der nächsten Tage abzuholen? Ich weiß, das ist jetzt ein bisschen direkt, ich will dich auch gar nicht überfallen, aber heutzutage traut sich ja kaum jemand mehr, den anderen anzusprechen. Wir könnten die Stadt rocken, was essen, tanzen oder einfach nur spazieren gehen! Ich würde dich wirklich gern kennenlernen.«

Ich war einen Moment still, versuchte meinen Herzschlag zu ignorieren und ergänzte: »Was hältst du davon, mich an einem der nächsten Tage abzuholen?«

Tom wollte gerade was sagen, aber ich trat schon langsam wieder den Rückzug an, drehte mich noch einmal kurz um, zwinkerte und rief: »Ach so, ich arbeite bis einschließlich Samstag und habe immer so gegen 20 Uhr Feierabend.«

Hoch erhobenen Hauptes und mit einem siegessicheren Lächeln lief ich schon wieder über die Straße.

»Was hat er gesagt? Hat er was gesagt? Und: Hast du was gesagt? Was hast du gesagt?«, fragte Dani in einem Tempo, dass es sich anhörte wie diese Zungenbrecher: Im dichten Fichtendickicht sind dicke Fichten wichtig oder so. Ich hielt erst mal den Mund und grinste nur.

»Ach, jetzt wird schon gegrinst!«, sagte sie und zog an meiner Jacke. »Ist das ein Siegergrinsen? Kann ich das als ein Siegergrinsen verbuchen?«

»Warten wir's ab!«, entgegnete ich kokett und ließ sie zappeln. Dass Tom lediglich drei Worte gesagt hatte, verschwieg ich.

Ein Blick auf die andere Straßenseite bewies, dass Tom sich definitiv ein paar Gedanken darüber machte, was eben passiert war, denn er saß noch immer an seinem Tisch und starrte neugierig zu uns rüber. Dani drängte weiter darauf, dass ich ihr Einzelheiten verraten sollte, aber ich vertröstete sie: »Genaueres erfährst du spätestens Samstag. Dann wird sich auch herausstellen, ob ich die Wette gewonnen habe oder nicht.«

»Samstag?«, fragte sie aufgeregt. »Wieso Samstag? Was ist denn am Freitag?«

»Abwarten und Maul halten«, erwiderte ich frech und kassierte für diesen Spruch von Dani eine liebevolle Schelle.

Am kommenden Tag rüstete ich mich mit allen Utensilien aus, die man für ein erfolgreiches Rendezvous zwingend braucht, und schleppte alles mit zur Arbeit: frische Klamotten, Wimperntusche, Kohle und ganz wichtig: Kondome. Man weiß ja nie, was passiert und wohin der Abend führt.

Ich wusste nicht genau, an welchem der Tage Tom auf der Matte stehen würde und vor allem, ob er überhaupt käme. Schließlich hatten wir keinen genauen Tag vereinbart, er wusste ja nur, wann der letzte Tag war. Er könnte also heute kommen, morgen oder übermorgen oder überhaupt nicht, was natürlich nicht so schön wäre. An Letzteres wollte ich überhaupt nicht denken. Mir war dabei egal, ob ich die nächsten drei Tage mehr Zeug mit mir rumschleppen würde, es zählte nur, dass ich den ganzen Scheiß nicht umsonst einpacke und nichts davon zum Einsatz kommt. Dass Tom vielleicht gar kein Interesse an mir hatte oder vergeben war, schloss ich großzügig aus.

Tom ließ sich den ganzen Tag nicht im Café blicken. Der Feierabend rückte langsam näher und obwohl durchaus die Möglichkeit bestand, dass er auch an einem der anderen Tage aufkreuzen würde, machte sich Enttäuschung in mir breit. Warum war er heute nicht aufgetaucht? Er war doch vorher jeden Tag dort gewesen! Warum nicht heute? Was war passiert? Hatte ich ihn etwa in die Flucht geschlagen? Danis voreiliges Siegergrinsen ging mir ebenfalls gehörig auf den Wecker und gab mir den Rest.

»Na?«, stichelte sie. »Dein Eroberungszug scheint ja nicht besonders erfolgreich gewesen zu sein, was? Wollen wir neu wetten? Ich wette, du hast ihn vergrault!«

Ich zielte mit einem imaginären Luftgewehr in ihre Richtung.

»Also, jetzt kannst du doch mit der Sprache rausrücken. Was hast du gestern zu dem Typen gesagt?«

»Die Wahrheit«, antwortete ich knapp.

»Die Wahrheit?«, plusterte Dani sich auf. »Welche Wahrheit?«

»Die Wahrheit eben«, grummelte ich, »dass ich ihn toll finde und er mir gefällt und so!«

»Mehr nicht, das war alles, mehr hast du nicht gesagt? Vielleicht eine Ausrede, ein Vorwand oder was anderes erfunden?«

»Nee, ich hab ihm die Sache einfach genau so erklärt, wie ich sie sehe, ohne Gedöns und Seifenblasen«, sagte ich.

»Na, dann ist es doch kein Wunder, dass der Typ das Weite sucht! Die Wahrheit will doch kein Schwein hören! Wen interessiert denn schon die Wahrheit?«

Dani war fassungslos. Fast bekam ich Angst, dass die Wahrheit bei ihr einen anaphylaktischen Schock auslösen könnte.

»Bleib geschmeidig!«, rief ich und wollte gerade in die Personalräume verschwinden, um mich umzuziehen, als sie mir auf halber Höhe hinterherlief und mich aufgeregt zurück in die Verkaufsräume orderte. Leicht genervt ging ich zurück. Was will sie denn jetzt noch, ich hab gleich Feierabend, dachte ich, als ich plötzlich Tom neben ihr stehen sah. Mein Herz rutschte in meine Kitteltasche.

»Hi«, sagte ich lässig, als ich auf ihn zuging.

Er lächelte. Dani schien Probleme mit ihrem Mund zu haben, der sich offenbar nicht mehr schließen ließ.

»Macht es dir was aus, wenn ich dich 'ne Stunde später abhole?«, fragte Tom, dessen Stimme erst jetzt zu mir durchdrang. »Ich schaffe es nicht früher wegen der Arbeit! Ich hab's mittags nicht mal ins Café geschafft.«

»Um neun? Kein Problem, ich freu mich«, sagte ich mit fester Stimme, »dann leiste ich unserer Dani bis dahin noch ein bisschen Gesellschaft.«

Ich zwinkerte Tom an und strich Dani, die ihren Mund immer noch nicht zukriegte, übermütig über die Schulter.

»Super, dann bis später«, sagte er, lächelte mich fröhlich an und reichte Dani, bevor er so schnell verschwand, wie er gekommen war, die Hand: »Hallo, ich bin übrigens Tom, der von drüben.«

»Mmmh, ich weiß«, brummte Dani.

Während ich mich im Personalraum für mein Date hübsch machte, rechnete die Verliererin an der Kasse meine Prozente zusammen.

26. GESCHICHTE

Mitten in Kapstadt

Rieke (26), Zahnärztin, Köln,
über
Adrian (29), Model, Düsseldorf

Bist du schon lange hier?«, fragte eine fremde Stimme hinter mir, als ich gerade den Kühlschrank schließen wollte.

»Wie man's nimmt. Seit ungefähr zwei Wochen«, antwortete ich, drehte mich um und sah in ein verschwitztes, sonnenverbranntes Gesicht.

»Wir sind die Neuen«, sagte das verschwitzte Gesicht, »und schon zum dritten Mal in Kapstadt.«

»Aha«, sagte ich.

Kapstadt war die letzte Station meiner Weltreise, die mein Vater mir zum Abschluss meines Studiums geschenkt hatte. Drei anstrengende und abenteuerliche Monate lagen hinter mir. Ich wohnte in einem der zahlreichen hübschen viktorianischen Gästehäuser in der Victoria Road, die oft von Filmcrews aus aller Welt bewohnt werden. Kapstadts kilometerlange Strände und die vielen Buchten bieten die perfekte Kulisse für Filme, Werbung und Foto-Shootings.

»Die komplette Crew checkt heute Abend ein, wir sind sechs Leute. Ich bin übrigens Georg, der Fotograf.«

»Tag, Georg, ich bin Rieke«, sagte ich. »Mach gerade ’ne Weltreise und genieße hier die letzten heißen Tage. In einer Woche sitze ich schon wieder im winterlichen Köln.«

»Weltreise, cool!«, kommentierte Georg, während er seine Kameraausrüstung auf den Küchentisch stellte, sich umsah und den Kühlschrank inspizierte. »Musst du später mal ausführlicher berichten. Wir sehen uns ja bestimmt noch.«

»Mach ich«, antwortete ich, schnappte mir einen Apfel aus der Obstschale und ging rauf in mein Zimmer.

Jetzt ist die Ruhe im Haus vorbei, dachte ich. Gleich eine ganze Filmcrew, das kann ja heiter werden! Hoffentlich sind die Leute nicht so anstrengend, hoffentlich sind sie nicht so laut und feiern die Nächte durch, hoffentlich blockieren die Models nicht stundenlang das Bad.

Ich hatte keine Lust, in den wenigen Tagen, die ich noch in Kapstadt sein würde, wilde Partynächte zu feiern und urlaubsreif aus dem Urlaub nach Hause zurückzukehren.

In Kapstadt war, was Shootings und Dreharbeiten betraf, gerade Hochsaison. Manchmal wurden komplette Straßenzüge für Musikvideos gesperrt, die Absperrungen reichten oft bis an die Eingangstür der Pension und nicht selten sah man irgendwelche Gesichter, die man aus den Medien kannte, am Strand, im Supermarkt oder beim deutschen Bäcker. Schon morgens tummelten sich die Schönsten der Schönen und die Crème de la Crème der High Society im Café Caprioso in Camps Bay. Alle hatten ihre Augen meist hinter dicken, verspiegelten Ray-Ban-Sonnenbrillen versteckt, denn so konnten sie die Meute – die sie im Grunde selbst waren – besser beobachten, inspizieren und beurteilen. Im Café

> *Im Café Caprioso wurde nicht nur gefilmt, getuschelt und gekichert, sondern auch gesoffen, geknutscht, gekokst und gefickt.*

Caprioso wurde nicht nur gefilmt, getuschelt und gekichert, sondern auch gesoffen, geknutscht, gekokst und gefickt. Wer diesen Laden in Kapstadt nicht kannte, war noch nicht angekommen.

»Hallo, Haaaaalloooo«, hörte ich plötzlich jemanden aus der Eingangshalle brüllen. »Leute, seid ihr da? Irgendjemand hier? Georg, du blöder Wichser, komm gefälligst runter, sonst ballere ich dir die Eier weg!«

Ich flitzte aus meinem Zimmer raus auf den Flur und beugte mich über die Empore, um nachzusehen, welcher Idiot gerade das ganze Gästehaus zusammenbrüllte.

»Der Wichser ist nicht da«, schrie ich über die Brüstung, »aber seine Sachen stehen in der Küche.«

In der Eingangshalle standen zwei Waschbrettbäuche und guckten mich verdutzt an. Beide sahen aus, als hätte man sie direkt aus einem Hochglanzmagazin ausgeschnitten. Der eine der beiden war schätzungsweise dreißig, trug eine Pilotenbrille und Badehose und hatte strahlend weiße Zähne. Der andere hatte ein astreines Moderatorengesicht, schwarz gefärbte Haare und vermutlich künstliche Wimpern.

»Sorry, dass wir hier so rumbrüllen«, entschuldigte sich der Typ mit den langen Wimpern mit leicht unterwürfigem Gestus, »wir dachten, wir hätten das komplette Gästehaus gemietet. Oder bist du die neue Visagistin?«

»Nee, bin ich nicht«, sagte ich, während ich die Treppen nach unten ging. »Ich bin Rieke und habe das kleine Balkonzimmer oben links.«

»Aha, ja also dann, schön, dich kennenzulernen, Rieke. Ich bin Adrian und das kleine Pantoffeltierchen mit dem Howie-Munson-Lächeln, das gerade so geschrien hat, ist Chris.«

»Halts Maul!«, erwiderte dieser und streckte mir die Hand hin, nachdem er so getan hatte, als würde er Adrian einen Schlag in die Magengrube versetzen.

»Hi, Tachchen, wir sind die Irren. Wenn Georg dir schon über den Weg gelaufen ist, hat er dir bestimmt erzählt, dass wir heute anrücken und das gesamte Haus in Beschlag nehmen.«

»Ja, ihr seid eine von derzeit hundert Filmcrews in diesem Meltingpot und macht Aufnahmen für ... Ja, wofür eigentlich? Pornobrillen, Badehosen, Badeschlappen, Hometrainer?«

Adrian und Chris lachten. Es schien, dass ich genau ihren Humor getroffen hatte. Während ich mich mit ihnen unterhielt, neckten sie sich immer wieder mit kleinen Spitzzüngigkeiten, die manchmal leicht unter die Gürtellinie gingen und nicht unbedingt jedermanns Geschmack waren.

»Sag bloß, du kennst unser heißes Export-Model Adrian nicht«, fragte Chris. »Ich kann nicht glauben, dass dir seine Fresse noch nirgends begegnet ist! Der verschont doch derzeit keinen mit seinem debilen Blick.«

»Melancholisch!«, warf Adrian ein und schubste Chris gegen die Wand. »Mein Blick ist melancholisch, du Katalog-Schlampe!«

»Jungs, kriegt euch mal wieder ein!«, rief ich. »Ihr seid also berühmte Models. Alles klar! Bestimmt habe ich euch schon mal irgendwo gesehen, aber ich kenne mich da auch nicht so gut aus. Ich habe von Models wirklich nicht viel Ahnung. Ich kenne nur diesen ... wie hieß er doch gleich? ... diesen einen berühmten, ähm, na ja, den aus der Werbung ...«

»Marcus Schenkenberg«, riefen Adrian und Chris gleichzeitig und versuchten möglichst genervt und gelangweilt zu klingen.

»Genau den meine ich!«, grinste ich. »Marcus Schenkenberg.«

Die Jungs nahmen ihre Koffer, die Ausrüstung und geschätzte hundert Taschen und suchten sich in aller Ruhe Zimmer aus. Chris nahm eines der unteren Zimmer, Adrian entschied sich für das Zimmer neben meinem.

Ich packte währenddessen meine Badesachen zusammen, um den Nachmittag am Clifton 4 zu verbringen, einem der schönsten Strände Kapstadts.

»Weißt du, wo man den besten Yellowtail kriegt?«, fragte mich Adrian, der plötzlich direkt vor mir stand und mich anlachte, als ich gerade zur Tür raus wollte. Er war viel größer als ich und – wie wir es in meinem Freundinnenkreis auszudrücken pflegen – eine richtig geile Sau! Und er roch so gut, lecker. Ich schlängelte mich an ihm vorbei und zuckte kühl mit den Schultern. Von den Fischspezialitäten des Landes verstand ich so viel wie vom Kochen: nichts.

Ich schlenderte die Straße entlang, seinen Geruch noch immer in der Nase. Diesen heißen Typen in den nächsten Tagen im Haus zu wissen zauberte ein Lächeln auf mein Gesicht. Der Strand war überfüllt. Gerade in den späten Nachmittagsstunden tummelte sich dort anscheinend die halbe Stadt. Während die Schönsten der Schönen wie die Ölsardinen nebeneinander lagen und sich in der Sonne bräunten, packte ich meinen Rechner aus und schrieb ein paar E-Mails in die kalte Heimat. Ich konnte mir zu diesem Zeitpunkt unmöglich vorstellen, dass ich nur wenige Tage später wieder Mütze, Schal und Stiefel tragen sollte. Umzingelt von prallen Möpsen, knackigen Ärschen und kleinen tapsigen Frackträgern fiel mir das Abschiednehmen umso schwerer.

Er war viel größer als ich und – wie wir es in meinem Freundinnenkreis auszudrücken pflegen – eine richtig geile Sau!

Mein Körper glühte. Ich ging ins Meer, um mich abzukühlen, schwamm ein paar Meter und ließ meinen Blick schweifen. Während ich die letzten Stationen meiner Reise vor meinem inneren Auge noch mal Revue passieren ließ, drängte sich Adrian in meine Gedanken. In meiner Fantasie lag er mit seinem braungebrannten, muskulösen Körper auf einmal auf mir; ich atmete seinen Atem und spürte seinen Schwanz zwischen meinen Beinen. Sofort schwamm ich ein bisschen zügiger, um diese Gedanken zu vertreiben, vergeblich: Sie ließen mich nicht mehr los.

Seit mittlerweile vier Monaten hatte ich keinen Sex mehr gehabt, nicht dass sich keine Gelegenheit geboten hätte, aber es hatte sich einfach nie richtig angefühlt. Doch ein Abenteuer mit diesem Typen an diesem Ort, dachte ich, wäre der krönende Abschluss meiner Weltreise. Diese Vorstellung machte mich so heiß, dass ich mit fünf Grad Wassertemperatur weniger ebenfalls d'accord gewesen wäre. Spätestens als ich ans Ufer zurückschwamm, war die Sache für mich klar: Ich wollte Adrian für eine Nacht besitzen, ich wollte, dass er mir den Schweiß vom Körper leckt und seine Zunge in mir vergräbt. Nur eine Befürchtung hatte ich: dass er schwul sein könnte.

»Oh, da kommt unsere fehlende Zutat!«, rief Georg, der Fotograf, als ich vom Strand zurück ins Guesthouse kam.

Die Crewmitglieder saßen auf langen Bänken in der Küche wie die Hühner auf der Stange. Dicht aneinander gedrängt aßen sie gemeinsam zu Abend und hatten anscheinend schon die eine oder andere Flasche Weißwein gekillt. Sofort hielt ich nach Adrian Ausschau und fand ihn, Fische wendend, am Herd, während Georg und Chris mich den anderen vorstellten.

»Also, Leute, das ist die Rieke, die kommt aus Köln und will hier gemächlich ihren Urlaub ausklingen lassen, bevor sie zurück nach Deutschland fliegt, um sich ihren hübschen Arsch abzufrieren. Vicky, es wäre also nett, wenn du nachts etwas weniger laut stöhnen würdest«, sagte Georg.

Alle bis auf Vicky brachen in schallendes Gelächter aus. Gegen lautes Stöhnen hätte ich nichts einzuwenden, dachte ich, solange es aus meinem Mund kommt und von dem Typen verursacht wird, der gerade am Herd steht. Vicky murmelte ein paar Schimpfwörter, rutschte näher an ihren Nachbarn heran und machte mir Platz. Die Gruppe war lustig. Alle waren nett, freundlich, sympathisch und besoffen.

»Unser großer Star ist Adrian«, schwärmte Georg übertrieben. »Das ist jetzt nach Moët und Evian schon seine vierte Kampagne. Der wäre was für dich, Rieke! Aber leider steht Adrian nur auf Tiere.«

Wieder lachten alle. Für einen Moment fühlte ich mich ertappt, als stünde *Adrian, fick mich!* auf meiner Stirn, aber schnell bemerkte ich, dass es nur wieder einer dieser Witze war, die die Gruppe ohnehin ständig machte.

Ich saß am Küchentisch und betrachtete den Weinstein in meinem Glas – und seinen knackigen Hintern. Am liebsten hätte ich ihn gleich in der Küche vernascht.

Adrian ließ Georgs Bemerkung an sich abprallen und hantierte weiter mit den Pfannen, während ich – wie hypnotisiert – auf seine muskulösen Arme und die zarten Hände starrte. Der Gedanke, von diesen Händen gestreichelt zu werden, nahm mich für einen Augenblick in Beschlag, aber der Duft des Essens und das Gelächter um mich herum holten mich schnell wieder zurück an den Küchentisch.

Der Fisch ist ein Gedicht, dachte ich. Meine Begeisterung für Adrian kletterte auf die nächsthöhere Stufe. Er sah also nicht nur verdammt gut aus, sondern war auch äußerst höflich, charmant, zuvorkommend und schien – trotz seines Jetset-Lebens – bodenständig. Immerhin bekochte er die gesamte Crew und wusch nach dem Abendessen den ganzen Kram allein ab. Das imponierte mir! Adrian verdiente durch seinen Job ein Heidengeld und hätte es sich locker leisten können, in einem 5-Sterne-Restaurant zu dinieren und die Magnum-Flaschen wegzukippen wie Limo. Stattdessen stellte er sich selbst an den Herd und kochte. Während wir aßen, suchte ich ungeniert seinen Blick, was ihm nicht entging.

In der Küche wurde es langsam leerer. Chris und Vicky stöhnten absichtlich, als sie sich in ihre Zimmer zurückzogen. Adrian räumte das gespülte Geschirr in die Schränke. Ich saß am Küchentisch und betrachtete den Weinstein in meinem Glas – und seinen knackigen Hintern. Am liebsten hätte ich ihn gleich in der Küche vernascht.

»Sag mal, geht das denn, dass ihr euch abends die Birne wegsauft und morgens wieder professionell am Set eure Arbeit macht?«

»Alles jahrelange Übung«, grinste Adrian. »Du kannst ja mal einen Tag zuschauen, wenn du Lust hast. Morgen früh ist ein Shooting auf der Aussichtsplattform des Tafelbergs. Wir sind den ganzen Tag da. Komm doch vorbei!«

Ja, ja, ja, sofort!, schrie es in meinem Kopf, aber ich biss mir auf die Zunge. Beherrsch dich, befahl ich mir selbst und antwortete mit gespielter Gleichgültigkeit: »Mal sehen. Ich wollte eigentlich nach Llandudno.«

»Hm, schade.« Er klang etwas enttäuscht. Ich lächelte ihn an und beschloss, dass es für heute genug war. Zeit, um ins Bett zu gehen. Zwar noch allein, aber morgen war auch noch ein Tag.

»Schöne Träume«, flüsterte ich, drehte mich um und ließ ihn allein vor der Spüle zurück.

Ich lag im Bett und konnte nicht einschlafen. Meinen potenziellen Fick im Nebenzimmer zu wissen machte mich heiß. Ich war nach vier sexlosen Monaten definitiv fällig. Ich fing an, meine Brüste zu streicheln, und schob die Hand zwischen meine Beine, um es mir selbst zu machen. Mit dem Gedanken an Adrian schlief ich ein.

Als ich erwachte, war es im Haus – im Gegensatz zum Vorabend – mucksmäuschenstill. Die Crew schien sich förmlich davongestohlen zu haben. Ich schlief so tief und fest und hörte weder eine stöhnende Vicky noch einen fluchenden Chris. Es war bereits viertel nach zehn. Ich sprang schnell unter die Dusche, schlüpfte in meine Caprihosen, zog mir ein weißes Unterhemd über und machte mich auf den Weg zum Tafelberg.

»Puder. Wir brauchen anderes Puder!«, schrie die leicht cholerische Visagistin am Set und zwar so laut, dass ich die Crew eher hören als sehen konnte.

Überall lagen Klamotten, Stative und Kabel. Ich sah Chris und Vicky und auch Georg, der sich mit Adrian wild gestikulierend unterhielt. Um beide tänzelten verzweifelt wirkende Ladys mit großen Pinseln herum. Ich schlenderte die letzten Meter zum Set und versuchte, nicht zu interessiert zu wirken.

»Na, alles schick?«, fragte ich salopp in die Runde.

»Hey, Rieke, Adrian hat schon erzählt, dass du vielleicht hier auftauchst«, sagte Chris, grinste und zog an seiner Zigarette.

Ich lag im Bett und konnte nicht einschlafen. Meinen potenziellen Fick im Nebenzimmer zu wissen machte mich heiß. Ich war nach vier sexlosen Monaten definitiv fällig.

Adrian, der noch immer Pinsel im Gesicht hatte, lächelte mich an und nickte. Ganz offensichtlich freute er sich, dass ich gekommen war. Während die Pudertanten die Jungs weiter ihrer natürlichen Schönheit beraubten, um Models aus ihnen zu machen und ich meinen Blick über den Tafelberg schweifen ließ, bemerkte ich aus dem Augenwinkel, wie Chris den Zigarettenstummel wegschnipsen wollte.

»Hör mal«, pfiff ich ihn an. »Du hast doch nicht etwa vor, deinen Glimmstängel einfach wegzuwerfen, oder? Hier fängt alles sofort Feuer! Letztes Jahr haben ein paar unterbelichtete Touristen brennende Kippen aus dem fahrenden Auto geworfen. Der halbe Tafelberg stand sofort in Flammen. Zwei Tage später hat man die Übeltäter geschnappt. Ich glaube, die haben ›lebenslänglich‹ gekriegt und sitzen auf Robben Island ein.«

Chris schluckte und meinte dann kleinlaut: »›Lebenslänglich‹ wegen eines blöden Glimmstängels? Du spinnst doch!«

»Nein, in Kapstadt ist man da wirklich sehr streng! Früher stand da, glaube ich, sogar die Todesstrafe drauf. Heute gibt es dafür nur noch ›lebenslänglich‹ oder Steinbruch!«

»Adrian!«, schrie Chris daraufhin. »Schaff mir diese Frau vom Leib, die will mir Angst machen!« Adrian krümmte sich vor Lachen. Er fand es sichtlich komisch, dass Chris der Atem stockte und er sich nicht sicher war, ob ich ihn auf den Arm nahm oder es tatsächlich ernst meinte. Vermutlich war es nicht das erste Mal, dass er brennende Kippen einfach wegschmiss.

Nachdem das Gelächter verklungen war, gingen alle wieder ihrer Arbeit nach. Ich schnappte mir eine Flasche Wasser, setzte mich etwas abseits in einen Stuhl, beobachtete die Szenerie und dachte mir, dass dieses ganze Business nicht halb so aufregend ist, wie man sich das so vorstellt und wie die Magazine es einem gern vorgaukeln. Adrian hatte an diesem Tag lediglich ein paar Probeaufnahmen für seine eigene Sedcard und ein kleines Shooting für einen schwedischen Krawattenhersteller. Er sah häufig zu mir rüber, aber ich tat so, als würde ich es nicht bemerken. Während er posierte, kamen immer wieder Leute vorbei, guckten, blieben stehen und tuschelten. Adrian war das anscheinend gewohnt, er schien es gar nicht zu bemerken. Er bekam nicht einmal mit, dass er von einer ganzen Horde pubertierender Mädchen begutachtet wurde, die bei jeder seiner Posen kicherten und gackerten. Die Fotos werden sicher nett, dachte ich, aber das Shooting wirkte auf mich doch eher ermüdend. Es gab mir jedoch die Gelegenheit, Adrian ungeniert zu begutachten. Der Blick auf seinen geölten Körper und die Erinnerung an meine Fantasien von letzter Nacht machten mich so heiß, dass ich ihn am liebsten gleich an Ort und Stelle gevögelt hätte. Aber ich verschob meinen Angriff aus taktischen Gründen in die Nacht.

»Na, wie gefällt dir das Shooting?«, fragte Adrian, der plötzlich neben mir stand.

»Ehrlich?«, fragte ich.

Er nickte.

»Ist nicht so der Reißer.«

»Kann ich verstehen«, murmelte er und schien etwas verlegen. »Aber es ist schön hier oben, nicht wahr?«

»Mmh«, gab ich zurück.

Adrian musterte mich möglichst unauffällig, aber mir entging nicht, dass er ständig auf mein weißes Rippunterhemd starrte.

Unter meinem Hemdchen verbargen sich nur kleine Brüste – ich bin Besitzerin zweier süßer A-Körbchen –, aber ich mag sie und trage sie mit Stolz. Sie haben eine wunderschöne Form und auf einen BH kann ich auch verzichten, wenn ich mag. Mein Ex hatte sie immer liebevoll Mäusefäustchen genannt.

»Sag mal, starrst du mir etwa auf die Brüste? Stört es dich vielleicht, dass ich keinen BH trage?«, fragte ich Adrian, um ihn in Verlegenheit zu bringen.

»Natürlich nicht!«, versicherte er mir und errötete leicht. »Ich frage mich nur gerade, warum du nicht wie alle anderen Mädchen diese romantischen Sommerkleidchen trägst, die so hip sind? Stattdessen läufst du in Großvaters Unterhemd und Caprihosen rum!«

»Sehe ich dir nicht sexy genug aus?«, gab ich zurück, stand von meinem Stuhl auf und drehte eine saubere Pirouette.

Adrian stotterte leicht: »Dddoch, doch und wie!«

»Hey«, sagte ich und nahm einfach seine Hand, »ich bin doch sowieso nur deinetwegen hier oben! Schon in ein paar Tagen werde ich zurück nach Köln düsen, aber ich bin sehr froh, dass wir uns gegen Ende meiner Reise noch über den Weg gelaufen sind.«

Adrian sah mich an und lächelte. Keine Spur von Coolness mehr in seinen Gesichtszügen. Ich ließ seine Hand los. Am Set ging der Tumult in die nächste Runde.

»Adrian«, rief Georg, »kommst du?«

»Wir sehen uns nachher«, flüsterte ich ihm ins Ohr, bevor ich mich umdrehte und ging. Ich konnte seinen Blick in meinem Nacken spüren.

»Wie lange brauchst du denn noch?«, fragte ich Adrian durch die Tür, der nach dem Shooting das Bad im Gästehaus blockierte.

»Fünf Minuten«, rief er.

»Das hast du schon vor einer halben Stunde gesagt!«, beschwerte ich mich. »Ich muss pinkeln, ich komm jetzt rein.«

»Ich steh unter der Dusche, geh doch unten bei Chris ins Bad«, rief er mit leicht erregter Stimme.

»Da ist auch besetzt!«, sagte ich, während ich die Klinke runterdrückte.

Normalerweise würde ich natürlich nicht einfach vor einem Typen pinkeln, den ich erst seit zwei Tagen kannte, aber erstens wollte ich ihn heute Abend sowieso ins Bett kriegen und zweitens musste ich wirklich dringend. Außerdem war das Bad etwas verwinkelt und das Klo befand sich quasi ums Eck. Mit offener Hose flitzte ich an Adrian vorbei und setzte mich. Endlich, dachte ich, das war allerhöchste Eisenbahn.

»Duschst du immer so lange?«, fragte ich Adrian, als ich mir die Hände wusch und mit etwas Klopapier einen Teil des beschlagenen Spiegels polierte, so dass ich seinen Hintern sehen konnte.

»Ich habe ein Peeling gemacht und dann eine Kur einwirken lassen. Das dauert eben«, rechtfertigte er sich.

»Ach, du Scheiße«, sagte ich, du brauchst ja länger als ich morgens und abends zusammen.«

»Ha, ha«, erwiderte Adrian und versuchte besonders cool zu klingen.

»Diva!«, sagte ich und wollte gerade wieder zur Tür raus, als er mich bat, das große Badetuch auf das Waschbecken zu legen, damit er gleich danach greifen könne.

»Ich kann es dir auch direkt geben!«, schlug ich ihm vor, aber Adrian, der täglich halb nackt posierte, wollte sich plötzlich nicht in seiner kompletten Nacktheit zeigen und kicherte wie ein Mädchen, das gerade zum ersten Mal geküsst worden ist. Ich legte ihm das Handtuch aufs Waschbecken.

»Rieke …«, sagte er und stockte.

»Ja?«, fragte ich.

»Hast du das ernst gemeint, was du da mittags auf dem Tafelberg gesagt hast?«

Ich grinste, zuckte mit den Schultern und verließ ohne Antwort das Bad.

Beim gemeinsamen Abendessen war es diesmal ruhiger als am Tag zuvor. Es schien, als sei der Energiepegel bei allen auf dem untersten Level. Vicky kippte zwei Rotweingläser auf Ex hinter, Chris blätterte in einer Zeitschrift und stocherte mit der Gabel auf dem leeren Teller herum, die beiden Visagistinnen verabschiedeten sich bereis nach der Vorspeise und Georg unterhielt sich mit Adrian über einen an der False Bay gelegenen Vorort von Kapstadt.

»In Muizenberg gibt es unheimlich viele Weiße Haie. Ständig gibt es da Attacken! Liest man fast täglich in der Zeitung. Kein Wunder, dass die immer mehr in Strandnähe kommen, wenn sie für Touristenattraktionen angelockt und gefüttert werden. Die sind doch schon richtig zahm, die Viecher«, fachsimpelte Georg.

»Mmm«, sagte Adrian, der nur mit einem halben Ohr hinzuhören schien und ständig in meine Richtung schielte.

Obwohl wir kaum ein Wort miteinander wechselten, spitzte sich die Spannung zwischen uns immer mehr zu. Ich musterte ihn und dachte an die Szene im Bad. Am liebsten hätte ich mich ausgezogen und wäre zu ihm in die Dusche geklettert. Nur zu gern hätte ich ihm sein Peeling höchstpersönlich verpasst und ihn anschließend ins Paradies gecremt. Während Georg, ungeachtet der Tatsache, dass ihm keiner zuhörte, weiterphilosophierte und Horrormärchen über abgebissene Gliedmaßen erzählte, trafen sich immer wieder unsere Blicke.

Obwohl wir kaum ein Wort miteinander wechselten, spitzte sich die Spannung zwischen uns immer mehr zu. Ich musterte ihn und dachte an die Szene im Bad.

»Ich geh ins Bett!«, verkündete Vicky.

»Ich komm mit!«, rief Chris und rannte ihr hinterher.

»Ich bin auch tot, Leute«, gähnte Georg, goss sich noch etwas Wein ein und zog sich ebenfalls zurück.

Endlich allein, dachte ich. Adrian sagte nichts, ich spürte, dass er abwartete, und schwieg auch eine Weile, entschloss mich aber dann, ihn von seiner Qual zu erlösen.

»Weißt du, was hinter der Gittertür ist?«, fragte ich ihn und zeigte auf die kleine Tür neben der Speisekammer, die schon die ganze Zeit meine Fantasie beschäftigt hatte.

»Bestimmt ’ne andere Welt«, mutmaßte er.

Wie romantisch, dachte ich, lächelte ihn an, stand auf, ging zur Tür und zog den Riegel zurück. Das Gitter war verschlossen, aber an der Seite waren die Beschläge rostig und kaputt, sodass ich locker durchschlüpfen konnte.

»Rieke, lass das. Komm wieder rein!«, flüsterte es hinter dem Gitter. »Du weißt doch gar nicht, was da draußen ist.«

»Komm raus, es ist wirklich eine andere Welt!«, rief ich ihm zu und sah mich um. Die Tür führte in eine Art Gärtchen, das total verwildert war. »Hier war garantiert jahrelang keiner mehr, guck mal, das ist alles zugewachsen«, staunte ich.

Adrian, dessen Neugier doch größer als seine Vorsicht war, stand jetzt dicht neben mir. »Was ist das?«, fragte er und zeigte auf einen Schatten unter Ästen, Zweigen und Blättern.

»Keine Ahnung!«, antwortete ich neugierig und machte einen Schritt nach vorn. Wir begannen, die Ranken vorsichtig auseinanderzuziehen. Als wir sahen, was das unbekannte Etwas war, musste Adrian herzhaft lachen. Sofort hatte sein Verhalten wieder diese gewisse Coolness.

»Das ist nur ’ne Bank!«, sagte er. »’ne uralte von Moos überwucherte Bank.«

»Ja, aber überleg doch mal«, sagte ich und setzte mich auf die Bank. »Vielleicht hat sich in Zeiten der Apartheid auf diesem kleinen Stückchen vergessener Erde das Dienstmädchen heimlich mit ihrem Liebsten getroffen.«

»Du hast aber ’ne komische Romantik«, sagte Adrian und setzte sich neben mich. »Du bist überhaupt ganz schön komisch.«

»Wieso, weil ich keine Blümchenkleider trage?«, fragte ich. »Oder weil ich aufs Klo gehe, während du im Bad bist? Oder weil ich im Badspiegel auf deinen nackten Hintern geschaut habe?«

»Weil du sagst, was du denkst, und weil du machst, was du willst«, sagte Adrian und lachte.

»Hm, vielleicht hast du recht. Und weißt du, was ich jetzt gern machen würde?«, fragte ich.

»Was?«, flüsterte Adrian.

»Dich küssen!«

Ich wartete keine Antwort ab, sondern küsste ihn direkt auf seinen schönen Model-Mund. Anfangs machten seine Lippen nur zaghafte Versuche, sich gegen meine zu behaupten. Dann aber wurde Adrian mutiger, packte mich und zog mich auf sich. Was folgte, war der langsamste und leiseste Sex, den ich je hatte. Unsere Körper bewegten sich kaum, aber ich genoss jeden einzelnen Moment. Ich weiß nicht, wie lange wir uns liebten, mir kam es vor wie Stunden und Tage. Danach saßen wir noch eine Weile eng umschlungen auf dieser alten, vergessenen Bank.

Die nächsten Tage sahen wir uns zwar noch gelegentlich, aber Sex hatten wir nicht mehr. An einem der letzten Abende klopfte Adrian noch einmal an meine Zimmertür, aber ich erklärte ihm, dass es für mich bei dieser einen gemeinsamen Nacht bleiben würde: einer Liebesnacht auf einer Bank hinter einer alten Villa mitten in Kapstadt. Diese Nacht war der Ausklang meiner Weltreise. Ich wollte sie so in Erinnerung behalten, wie sie war: besonders und einmalig. Ich glaube, er hat das verstanden. Zwei Tage danach reiste ich ab.

Ein halbes Jahr später stieß ich beim Durchblättern eines Magazins auf ein Foto von Adrian. In Gedanken lag ich noch einmal mit ihm auf dieser Bank in dem vergessenen Garten.

27. GESCHICHTE

Kulturbanausen unter sich

Esther (35), Tierarzthelferin, Oranienburg,
über
Noah (34), Designer, Berlin

Ich geh nicht gern ins Theater. Ich hasse Theater«, sagte ich zu meinem Kumpel, der mich unbedingt in die nächste Vorstellung mitschleppen wollte. Mit Mitte dreißig, so seine Meinung, lümmelt man eben nicht mehr nur in Clubs rum, sondern macht langsam auf gediegen und so. Es könnte nicht sein, dass man sich der Hochkultur so verweigert wie ich.

»Aber ich bitte dich«, rief Julius Schnuck, der von allen nur Schnucki genannt wurde, durch den Telefonhörer, »das kann doch so nicht weitergehen! Du kommst mit und basta. Punkt 19 Uhr stehe ich vor deiner Tür.«

Ich will nicht bestreiten, dass ich ein Kulturbanause bin. Ich war in meinem Leben nur zweimal im Theater und es war beide Male beschissen. Beim ersten Mal hatte ich meine Brille vergessen und konnte von meinem Platz aus überhaupt nichts erkennen. Deshalb musste ich eben ab und zu meinen Sitznachbarn fragen, was da vorne gerade so abginge. Bei jeder Frage erntete ich ein Raunen und

Schimpfen aus den Reihen hinter mir. Dieses ständige »Schsch« und »Pssst« ging mir gehörig auf die Nerven. Beim zweiten Mal war ich in Berlin, in diesem Admiralspalast, und habe mir die Rocky Horror Picture Show angesehen. Es war eigentlich ganz spannend, aber nur wenn gerade nicht gesungen wurde. Schlimm fand ich, dass das Publikum in der zweiten Halbzeit in die Vorführung mit eingebunden wurde. Ist das nicht der Albtraum schlechthin? Da sitzt du ahnungslos in der ersten Reihe und plötzlich kommt einer der Schauspieler auf dich zu, fragt blöde nach deinem Namen und zieht dich einfach auf die Bühne. Du wirst mit Reis beworfen und im Kreis gedreht und machst dich, während das Publikum aus vollem Halse grölt, zum Kasper des ganzen Saals.

Mir persönlich ist das zwar noch nie passiert – wann auch –, aber als ich im Fernsehen mal einen Bericht darüber gesehen habe, habe ich mir gewünscht, dass ich auch mal in der ersten Reihe sitzen und es drauf ankommen lassen würde. Es wäre mir ein Vergnügen, dem Schauspieler, nachdem ich ihm mehrmals gesagt hätte, dass ich nicht mitspielen, sondern nur zuschauen wolle, eine zu gongen. Ich würde ihm so dermaßen eine Schelle verpassen, dass das Publikum in dem Moment nicht wüsste, ob das jetzt zum Stück gehört oder nicht. Und der Schauspieler, der natürlich die Haltung wahren muss und sich nichts anmerken lassen will, fängt an zu improvisieren und grinst mich blöde an. Herrlich! Dieser Gedanke war der einzige Grund, warum ich Schnucki, als er wie angekündigt um Punkt sieben vor meiner Tür stand, nicht vor selbiger stehen gelassen habe. Die Vorstellung, mich gegen die Einbindung ins Stück tatkräftig zu wehren, weckte in mir sogar so was wie Vorfreude.

»Wow!«, tönte Schnucki, als wir in seinen Wagen stiegen und zum Theater fuhren. »Du siehst ja heute so anders aus! Wie aus dem Ei gepellt.«

»Mmh«, murmelte ich und ging nicht näher auf seine Feststellung ein.

Vor dem Theater standen schon eine Menge Leute, alle in feiner Robe. Manche Herren hatten einen Smoking an, viele Damen kamen in bodenlangen Kleidern, dazwischen wir.

»Los, jetzt mach hin, wir sind schon die Letzten!«, zischte Schnucki mich an. Wir hatten uns das Warten mit einem kleinen Bierchen vertrieben. Weil ich nicht so schnell pichelte wie Schnucki, war meine Flasche noch halb voll. Ich trank das Bier in einem Zug aus und musste anschließend erst mal aufs Klo.

»Warum ist dir das nicht eher eingefallen?«, meckerte Schnucki und fuchtelte mit den Theaterkarten rum.

»Also ich kann ja wohl schlecht die Uhr danach stellen, wann ich austreten muss. Vorhin musste ich eben noch nicht!«

Wir kamen ein paar Minuten zu spät in den Saal. Das Stück hatte bereits begonnen. Langsam und unauffällig tasteten wir uns durch die Reihe zu unseren Plätzen, vorbei an kopfschüttelnden Damen und anderen Leuten, die unser spätes Erscheinen mit einem »Unmöglich« huldigten. Nachdem wir mindestens zehnmal »Entschuldigung, Entschuldigung, Entschuldigung« geflüstert und Dutzende Knie angestoßen hatten, waren wir endlich an unseren Plätzen angekommen, zweite Reihe, Mitte.

Ich fand das Stück bereits nach wenigen Minuten sehr formidabel und überlegte, ob ich mir an der Bar noch ein Bier holen sollte. Der Weg durch die Reihe hielt mich aber ab. Auf der Bühne stand eine Frau in einem zinnoberroten Trägerkleid und starrte ins Publikum. Sie stand ganz still da und bewegte sich nicht. Das machte mir ein bisschen Angst.

»Was macht die denn da? Die guckt etwas irre! Was passiert jetzt? Springt die gleich ins Publikum?«, flüsterte ich Schnucki ins Ohr, der nur mit den Schultern zuckte.

»Schschsch!«, machte es wieder in der Reihe hinter uns.

Ich wollte mich gerade umdrehen und mich lauthals beschweren, als der Typ, der links neben mir saß, sich zu mir beugte und leise sagte: »Sie macht vermutlich gleich Stagediving!«

Ich kicherte und sah in diesem Moment den wohl einzigen und besten Grund, diesen Ort nicht auf der Stelle fluchtartig zu verlassen. Während die Frau auf der Bühne noch immer ins Publikum starrte, sah ich mir den Herrn neben mir genauer an. Er schien ebenso gelangweilt wie ich. Ob er auch ein Kunstbanause ist?, fragte ich mich und versuchte möglichst unauffällig, etwas mehr als nur einen Blick auf seine Hände, Jeans und Turnschuhe werfen zu können. Er sah zur Bühne und lächelte. Sein Profil war schön.

»Puh!«, schrie die stille Frau plötzlich wie aus dem Nichts.

Ich erschrak so sehr, dass sich meine Hände sofort in Schnuckis Knie und das des schönen Unbekannten krallten.

»Die hat doch 'ne Meise«, diagnostizierte ich fachmännisch, »uns hier so zu erschrecken!«

Als Schnucki ebenfalls ein »Schsch« von sich gab, beschloss ich, eine Kunstpause einzulegen und mir an der Bar noch ein Bier zu holen.

»Willst du auch ein Bier?«, fragte ich den Unbekannten und erntete für diese Frage einen bösen Schnucki-Blick.

»Nein«, flüsterte der Mann mit dem schönen Profil.

Mist, dachte ich, nicht genug, dass ich den Theaterbesuch beschissen finde, jetzt ist es auch noch meine Anmache. Peinlich, aber nicht mehr zu ändern. Ich wollte mich gerade an meinem schönen Nachbarn vorbeischleichen, als der flüsterte: »Ich komme mit.«

> *Jetzt, wo ich meinen Sitznachbarn im Hellen sah, gefiel er mir noch mehr. Er hatte braune Augen und eine Ausstrahlung, die in meinem Kopf sofort für unanständige Gedanken sorgte.*

Wir verließen gemeinsam den Saal. Die Frau im zinnoberroten Kleid stand noch immer regungslos auf der Bühne und starrte. Unwillkürlich musste ich an die Leute denken, die manchmal in der Fußgängerzone auf einer Kiste stehen und sich stundenlang nicht bewegen. Die kriegen immer Kleingeld zugeschmissen. Ob die Frau das auch bezweckte?

»Ich bin Esther!«, stellte ich mich erst mal vor, während der Barkeeper unsere Biere anzapfte.

»Noah«, sagte er. Jetzt, wo ich meinen Sitznachbarn im Hellen sah, gefiel er mir noch mehr. Er hatte braune Augen und eine Ausstrahlung, die in meinem Kopf sofort für unanständige Gedanken sorgte.

»Verstehst du, was die Frau auf der Bühne vorhat? Will die das Publikum erschrecken? Ich verstehe diese Art von Performance nicht!«, monierte ich, während ich mir vorstellte, wie es wäre, ihn zu küssen.

»Aber sie performt ja nicht!«, gab Noah zurück und fuhr sich durchs lockige Haar.

»Eben«, fuhr ich fort und fühlte in Gedanken seine Locken auf meiner Brust. »Sie steht einfach nur da und starrt stundenlang ins Publikum.«

»Vielleicht ist genau das ja die Performance!«, überlegte Noah laut.

»Was meinst du: Wie hoch ist wohl ihr Stundensatz?«, fragte ich und spürte sein Haar jetzt zwischen meinen Beinen. »Dann mach ich das auch, und zwar in einem postgelben Kükenkostüm.«

Wir lachten. Noah und ich verstanden uns auf Anhieb. Wir mussten über die gleichen Dinge lachen, hatten den gleichen Humor und waren uns sofort sympathisch. Ich hatte keinerlei Berührungsängste, im Gegenteil: Ich hätte ihn am liebsten sofort umarmt. Noah erzählte mir, dass er Theater normalerweise hasste und nur einer Freundin zuliebe mitgegangen sei. Noch eine Gemeinsamkeit. Wir lästerten zusammen ein bisschen herum. Mir war klar, dass ich sofort mit ihm ins Bett gehen würde, wenn er auch nur die geringsten Anstalten in diese Richtung machen würde. Er begann, aus den Flyern die Zusammenfassungen verschiedener Stücke vorzulesen:

»In diesem interaktiven Werk übernimmt der Betrachter die Rolle des Künstlers und der Künstler wird zum Betrachter. Durch eine Stimme angeleitet, gibt der Betrachter sich aktiv in das geometrische Bildverhältnis hinein, bis der Unterschied zwischen den Welten verwischt. Die Performance der Underground-Künstlerin endet in einem Gesamtkunstwerk«, las er laut und bedeutungsschwanger und suchte währenddessen stets meinen Blick. Frag mich doch, ob du mich ficken kannst, schoss es durch meinen Kopf.

»Hast du irgendwas davon verstanden?«, fragte er schließlich und sah mich neugierig an.

»Nö«, lachte ich, »wahrscheinlich bin ich zu blöd, die künstlerische Absicht, die dahintersteckt, zu sehen.«

»Wir sind beide zu blöd!«, lachte Noah und berührte mich leicht an der Schulter, was mich innerlich schon zum Beben brachte.

Frag mich einfach, Noah, wünschte ich mir. Die Vorstellung, mit ihm Sex zu haben, machte mich total verrückt. Was mache ich jetzt nur, dachte ich, ich kann unmöglich zurück in den Saal gehen. Und vor allem muss ich Noah daran hindern! Ich hatte plötzlich Angst, ihn aus den Augen zu verlieren, ohne nach seiner Nummer gefragt zu haben. Ich zog ihn am Kragen zu mir heran: »Ich weiß nicht, wie du das siehst, aber ich finde es sehr angenehm, mit dir hier zu sitzen und zu quatschen, und habe nicht im Geringsten den Wunsch, mich wieder in dieses öde Stück Kultur zu setzen.«

Noah wirkte, als würde er darüber nachdenken, aber sein Lächeln verriet, dass er genauso dachte. Mit einem Zeichen bestellte er beim Barkeeper noch ein Bier und setzte sich in einen der Sessel, die im Foyer standen. Ich setzte mich in den gegenüberstehenden Sessel und zog ihn an Noahs heran. Wir schwiegen einen Moment. Ich versuchte mir auszumalen, was für ein Bild er wohl gerade von mir haben würde.

»Du, ich bin nicht so eine!«, sagte ich.

»Wie, so eine?«

»Na, so eine, die sich jeden x-beliebigen Typen aus der Menge krallt, um ihn zu vernaschen.«

»Nicht?«, fragte Noah und tat enttäuscht.

»Nein, aber mal ganz abgesehenen davon animiert mich diese ganze Szenerie hier. Dich auch? Ich meine, wir sind Fremde, aber dieses Ambiente und die Art, wie wir miteinander reden … das törnt mich einfach an«, erklärte ich ihm. »Ich weiß, das klingt blöd. Ich bin eben manchmal ein bisschen zu überschwänglich und kann meine Gefühle nicht im Zaum halten«, sagte ich und nahm einen Schluck Bier, um meinen eigenen Redeschwall zu stoppen.

»Du, ich bin nicht so eine!«, sagte ich.
»Wie, so eine?«
»Na, so eine, die sich jeden x-beliebigen Typen aus der Menge krallt, um ihn zu vernaschen.«

Noah, der bis eben noch an seinem Glas genippt hatte, beugte sich zu mir und sagte: »Ich weiß, was du meinst! Hab ich auch schon die ganze Zeit gemerkt, dass wir uns irgendwie schon so vertraut sind. Fast unheimlich, oder? Wir sollten trotzdem langsam wieder reingehen, die vermissen uns sicher schon und überhaupt: Wo soll das hinführen?«

»Wo das hinführen soll?«, wiederholte ich Noahs Frage und nutzte die Gunst der Stunde: »Zu mir nach Hause natürlich. Wir könnten unseren Begleitungen SMS schicken und mitteilen, dass wir gegangen sind. Wir könnten herausfinden, ob sich noch mehr zwischen uns so unheimlich vertraut anfühlt und uns in meinem Bett gemeinsam gruseln.«

Noah sah mich erstaunt an, aber nach einem kurzen Blick zur Saaltür zückte er sein Handy, um grinsend eine SMS zu tippen. Ich machte dasselbe.

Am nächsten Mittag rief ich Schnucki an, der mir schon zehnmal auf die Mailbox gequatscht hatte, und bedankte mich bei ihm für den Theaterbesuch, durch den ich in den Genuss eines fantastischen Ficks kommen durfte. Als ich ihm von Noah erzählte, den ich in ein paar Stunden wiedersehen würde, brabbelte Schnucki am anderen Ende fassungslos in den Hörer und konnte es nicht glauben, dass ich ihn einfach hatte sitzenlassen, um mit einem wildfremden Typen ins Bett zu hüpfen.

Noah und ich gehen seit diesem Abend öfter ins Theater. Wenn einem von uns beiden das Stück nicht gefällt, gehen wir ins Foyer erst ein Bier trinken und anschließend zu ihm oder zu mir. Kultur hat mir noch nie so viel Spaß gemacht.

28. GESCHICHTE

»Tausendmal berührt«

Emily (30), Sozialpädagogin, Bremen,
über
Willi (38), Lebenskünstler, Bremen

Der dreißigste Geburtstag, das ist was Besonderes und muss gebührend gefeiert werden!«, erklärte mir Beate und schlug vor, eine kleine Party für mich zu organisieren. Man würde nämlich nur einmal im Leben dreißig, so ihre Devise.

Ich fand das ein bisschen komisch, schließlich wird man auch nur einmal im Leben fünfundzwanzig, sechzehn oder neunundvierzig. Ich kenne niemanden, außer vielleicht Nicole Kidman oder so, der den gleichen Geburtstag zweimal feiert. Trotzdem fand ich Beates Idee toll und freute mich auf eine kleine gemütliche Party mit meinen engsten Freunden, zu denen ich ein sehr inniges Verhältnis habe. Dass die sich aber untereinander überhaupt nicht verstehen, hatte ich einfach ausgeblendet. Und so kam es, wie es kommen musste: Die Party war eine Katastrophe! Mein bester Kumpel Willi kann meine Freundin Anna nicht verkraften und Beate wiederum mag Willi nicht. Der sei ihr einfach zu asozial, sagt sie immer. Beate und Anna mögen sich auch nicht, weil Beate mit Annas Exfreund ein halbes Jahr heimlich eine Affäre hatte.

Mein Freund Peter setzte dem Ganzen die Krone auf, indem er der Party einfach fernblieb, ohne irgendwas zu sagen. Ich versuchte ihn mehrmals anzurufen und schrieb ihm eine Nachricht nach der anderen, aber keine Reaktion.

Er hatte zuvor schon angedeutet, dass er keine Lust auf »so eine Party« habe, aber dass er weder aufkreuzte, noch auf meine Anrufe reagierte, schlug dem Fass den Boden aus. Das gab unserer Beziehung den Rest – ich spürte, dass ich jetzt endgültig fertig mit ihm war. Das war zwar schon seit Längerem durch meinen Kopf geschlichen, aber ich sah es genauso wie Tom Booker in *Der Pferdeflüsterer*: Es ist eine Sache, etwas zu wissen, aber eine andere, dieses Wissen zu akzeptieren.

Am liebsten hätte ich die ganze Party-Chose nach der ersten Stunde abgeblasen, aber dafür war es zu spät und so musste ich mir gehörig einen ansaufen, um das irgendwie zu überstehen.

»Wie fühlst du dich denn so, jetzt, wo du dreißig bist?«, wollte Anna wissen.

»Genauso wie mit neunundzwanzig«, antwortete ich gelangweilt und stocherte mit der Gabel in den Antipasti rum. Beate hatte das kleine Separee bei meinem Lieblingsitaliener angemietet und sich mit der Dekoration viel Mühe gegeben.

Während die eine über die andere tuschelte, Willi über Annas immer fetter werdenden Arsch redete und Anna mir von ihrem Traumjob bei einer Schönheitschirurgin Bericht erstattete, überlegte ich, was mein dreißigster Geburtstag, neben ersten grauen Haaren, kosten würde.

»Wow! Was ist das denn?«, fragte Willi, der mitbekam, wie ich unter dem Tisch die Scheine zählte. »Du hast ja die Hälfte von Griechenlands Staatsschulden in deinem Portemonnaie, Süße!«

Ich lachte. Es war bestimmt das erste Mal an diesem Abend. Ich mag meine Freunde wirklich gern, jeder einzelne ist für mich wie ein Sahnehäubchen auf einem Eisbecher, aber gemeinsam waren sie kaum zu ertragen.

»Fickst du immer noch Frauen mit unrasierten Achseln?«, fragte Anna Willi und ging damit, was die Sticheleien betraf, in die vierte Runde.

»Hör mal, du Pute«, konterte dieser, »ich kann nichts dafür, dass du dir das Botox in deine Birne hast spritzen lassen! Ich finde Frauen mit Achselhaaren zehnmal erotischer als dich. Deine kahl rasierte Muschi ist doch nur eine gefakte Fassade, weil du im Grunde total frigide bist!«

Zack! Das saß. Anna kochte vor Wut. Dass sie komplett rasiert war, konnte Willi nur von Beate wissen. Vermutlich hatte Annas Exfreund es Beate in einem Anflug von unkontrollierter Sensibilität ausgeplaudert und diese wiederum hatte es Willi verraten.

Anna warf Beate einen mörderischen Blick zu, Beate soff daraufhin ihren Wein auf Ex aus und ging zur Toilette; und wir anderen taten so, als würde uns das alles nichts angehen: Willi spielte mit dem Geschenkpapier, das auf dem Tisch lag, und ich faltete aus den Servietten mittelschlechte Origami.

Mein Handy piepte. Ich klappte es auf und las: *Sorry. Sei nicht böse. Peter.* Diese Nachricht war die Kirsche obendrauf. Ich fühlte mich allein und meine Freunde nervten, aber Peters Verhalten war einfach nur peinlich. Desillusioniert blickte ich in die Runde. Der einzige Lichtblick in diesem verkappten Haufen war Willi. Er war mein bester Freund und es hatte schon immer eine gewisse Spannung zwischen uns geherrscht. Das klingt jetzt vielleicht merkwürdig, aber ich hatte aus heiterem Himmel, der ja eigentlich bewölkt war, den Wunsch nach Sex. Viel Sex. Seit meinem letzten guten Fick war viel Wasser die Weser hinuntergeflossen. Ich wollte vögeln. Und zwar mit

> *Ich wollte vögeln. Und zwar mit Willi. Dass dieser Gedanke eigentlich verbotenes Terrain war, festigte meinen Wunsch nur noch mehr.*

Willi. Dass dieser Gedanke eigentlich verbotenes Terrain war, festigte meinen Wunsch nur noch mehr.

»Ich muss hier weg!«, flüsterte ich ihm ins Ohr und zog ihn am Arm mit. Meine inkompatiblen Freundinnen sahen uns mit verdutzten Gesichtern hinterher.

Ich lief mit Willi durch die Stadt. Es roch nach Sommerregen und Flieder. Ich kannte ihn schon gefühlte hundert Jahre und schätzte seine lustige und schnoddrige Art. Wir hatten uns vorletzten Winter während des Studiums kennengelernt. Ich habe Willi manchmal verarscht, weil ich seinen Namen witzig fand, aber er hat stets darauf bestanden, dass seine Mutter ihn so genannt hat, weil sie ein großer Fan von William Shakespeare ist. Ich konnte mir schlecht vorstellen, dass man Shakespeare verniedlichend Willi gerufen haben soll. Aber *mein* Willi war der Ansicht, dass es genau so und nicht anders war, und begründete das damit, dass der Häuptling der Eingeborenen, *William Shakespeare der Zehnte*, in dem Filmmusical *Doktor Dolittle* auch lieber Willi genannt werden wollte.

»Zwischen uns gibts 'ne große Anziehungskraft«, scherzte ich, während ich auf dem Bordstein balancierte und Willi meine Hand festhielt.

»Beziehungen sind kompliziert!«, sinnierte er. Ich musste an Peter denken und bereute die Entscheidung, die ich für mich getroffen hatte, nicht im Geringsten. »Ich dachte, du bist mit deinem Typen glücklich. Ihr unternehmt doch immer 'ne Menge zusammen.«

»Unternehmen?«, fragte ich zurück. «Wir waren vor zwei Wochen in der Sauna. Und vor drei Monaten waren wir im Kino, aber daran, dass wir mal aus Bremen rausgekommen sind, kann ich mich nicht mehr erinnern.«

Aufmerksam musterte ich Willi. Ich fand ihn äußerst attraktiv, aber bisher hatte ich weitere Gedanken darüber immer abgewürgt, weil ja Peter da gewesen war. Zum ersten Mal betrachtete ich ihn als Mann und fragte mich, wie sich wohl seine Hände auf meiner Haut anfühlen würden. Willi schien in Gedanken versunken. Ich unterbrach das Schweigen.

»Wenn Liebe so einfach wäre! Ich finde die Liebe weder einfach noch kompliziert. Wenn sie einen umgibt, hält man sie manchmal für selbstverständlich und bemerkt sie überhaupt nicht, aber wenn sie weg ist, ist das Trara groß.«

»Trara ist aber eine sehr eigenwillige Beschreibung für Liebeskummer«, sagte Willi und lächelte.

Gemeinsam liefen wir an den Armen eingehakt durch die Nacht. Das hatte mir immer ganz besonders gefallen: die langen Spaziergänge mit Willi! Egal wie viel Uhr es war, ich konnte ihn jederzeit anrufen und fragen, ob er Lust hat, mit mir durch Bremens Gassen zu schlendern. Mit Willi konnte ich über alles reden. Aber irgendwie ging mir das jetzt, wo ich neue Gefühle in mir entdeckt hatte, alles zu langsam. Ich bin ein sehr spontaner und impulsiver Mensch und mache oft Dinge, von denen ich noch überhaupt nicht weiß, wo sie hinführen sollen. Aber oft haben mich meine spontanen Anwandlungen eben doch in die richtige Richtung geführt.

»Kennst du Klaus Lage?«, fragte ich Willi.

»Logo!«, antwortete er. »Aber du willst jetzt nicht den Song ansprechen, von dem ich denke, dass du ihn gleich ansprechen wirst, oder?«

»Genau *den* Song meine ich!«, antwortete ich und sang: »Tausendmal berührt, tausendmal ist nichts passiert, tausendundeine Nacht …«

»… und es hat Zoom gemacht«, ergänzte Willi. »Also falls du beabsichtigst, mich zu verführen, würde ich mich *sehr, sehr* ausgenutzt fühlen.«

»Das wäre mir piepegal!«, behauptete ich lachend.

Schweigend spazierten wir weiter in den Bremer Bürgerpark, für mich der schönste Park der Stadt. Irgendwie fand ich die ganze Situation sehr romantisch.

»Was würdest du am liebsten machen?«, fragte ich ihn, nachdem wir es uns auf einer kleinen, aber breiten Mauer gemütlich gemacht hatten. Wir schmiegten uns aneinander und lehnten die Köpfe zurück. Der Himmel war sternenklar.

»Ich würde gern eine Revolution anzetteln!«, antwortete Willi.

»Aber eine Revolution ist teuer«, gab ich zurück und musste schon wieder lachen, denn eigentlich wollte ich in diesem Augenblick etwas ganz anderes von ihm hören. Kurz überlegte ich, ob ich ihn nicht einfach packen sollte, damit er endlich begreifen würde, was ich von ihm wollte, aber ich fragte weiter: »Was ist denn nun mit der Revolution? Ich meine, den Che Guevara – Gott hab ihn selig! – wirst du ja wohl kaum um Unterstützung bitten können. Ich glaube auch, dass er mehr Piepen hatte als du, Willi!«

Statt einer Antwort zog er meinen Kopf nach hinten und küsste meinen Hals. Ich spürte es überall kribbeln und schaltete meinen Verstand einfach aus.

»Vielleicht eröffne ich einen Klamottenladen oder ein Café oder so. Das sind die besten Möglichkeiten, um Geldwäsche zu betreiben, und im Keller kann man dann in aller Ruhe die Revolution planen.«

»Du hast zu viel ferngesehen«, lachte ich und versuchte, unserem Gespräch wieder eine andere Richtung zu geben.

»Ich finde übrigens wirklich, dass es eine große Anziehungskraft zwischen uns gibt, das kannst du nicht länger ignorieren«, flüsterte ich und spitzte den Mund.

Willi wurde nervös und versuchte, das durch weitere Fachsimpeleien zu überspielen. »Ich werde das Café, wo das Geld für die Revolution gewaschen wird, *Muschikitzler* nennen«, überlegte er laut und fragte: »Was hältst du von dem Namen? Ist der nicht originell?«

»Du bist doch irre!«, sagte ich lachend und rückte näher an ihn heran.

»Emily«, fragte er mich plötzlich, »du hättest schon Lust, mich sexuell auszunutzen, hab ich recht? Immerhin kannst du dann später mal sagen, dass du mit einem bekannten Revolutionär gefickt hast. Ach, es ist eben nicht einfach, seinen politischen Ambitionen nachzugehen, wenn man so verdammt sexy ist wie ich.«

Ich fand seine Versuche, mir zu entkommen, zuckersüß, aber Erfolg würde er damit nicht haben. Ich drückte mich so eng an ihn heran, wie es ging, legte meine Stirn an seine und schloss die Augen. Er rührte sich nicht, kam nicht näher, aber entfernte sich auch nicht. Mit der Zunge fuhr ich an seinen Lippen entlang.

Willi erschrak und zuckte, zog seinen Kopf aber nicht zurück.

»Was ist?«, hauchte ich. »Sag bloß, das ist dir jetzt zu viel!«

»Ja«, sagte er mit zitternder Stimme. »Hast du das nicht gemerkt? Ich habe gerade einen Stromschlag bekommen. Ich zucke immer noch!«

»Das ist diese neumodische Krankheit«, flüsterte ich, »sie nennt sich Restless-Legs-Syndrom oder so. Che Guevara hatte die, glaube ich, auch.« Seine Anspannung törnte mich an und gab mir Selbstsicherheit. »Soll ich aufhören?«, fragte ich und blinzelte.

Willi schüttelte den Kopf. Ich begann, ihn stürmisch zu küssen, wühlte in seinen Haaren und setzte mich auf seinen Schoß. Ich war überrascht, wie anders er sich auf einmal anfühlte. Mein Herz pulsierte bis in meine Schläfen, als ich seinen Schwanz zwischen meinen Beinen spürte. Willi wirkte immer noch überrumpelt, aber er ließ mich machen und genoss es. Ich biss ihm sanft in sein Ohr und flüsterte: »Kann ich dich jetzt endlich ficken?«

Statt einer Antwort zog er meinen Kopf nach hinten und küsste meinen Hals. Ich spürte es überall kribbeln und schaltete meinen Verstand einfach aus. Was wir in der nächsten Stunde – oder waren es fünf? – machten, hatte mit Freundschaft nichts mehr zu tun und ich lernte eine ganz neue Seite an Willi kennen, die mir mehr als gefiel.

»Ich kann nicht glauben, dass wir es auf einer Mauer getrieben haben«, sinnierte Willi, als wir uns gemeinsam auf den Heimweg machten. Es hatte einen Moment gedauert, bis wir wieder in die Normalität zurückfanden. Ich glaube, auch er sah mich mit ganz anderen Augen.

»Was machst du morgen?«, fragte ich, als wir uns an einer Straßenecke verabschiedeten.

»Was ist mit Peter?«, fragte Willi neugierig zurück.

»Peter ist Geschichte. Ich bin jetzt dreißig. Da macht man andere Dinge, als nur in der Bude rumzuhängen«, verkündete ich.

»Zum Beispiel bei einer Café-Eröffnung helfen«, schlug Willi vor.

»Ich finde, dass *Muschikitzler* ein ausgezeichneter Name für ein Café ist«, sagte ich. »Passt zu seinem Besitzer.«

»Halb acht bei mir?«, fragte Willi und lachte.

»Gern!«, antwortete ich, drückte meinem nun sehr vertrauten und doch fremden Freund einen Kuss auf die Revoluzzer-Stirn und scharwenzelte glückselig in die Nacht.

29. GESCHICHTE

Sind wir nicht alle ein bisschen Spanner?

Chloe (29), Lektorin, Köln,
über
Ellen (33), Eventmanagerin, Köln,
und
Anselm (52), Direktor einer Event-Agentur, Köln

Es fing ganz harmlos an: Die übliche Knutscherei eben, du kennst das ja, ein bisschen hier streicheln, ein bisschen dort. Aber schnell ging es richtig zur Sache: Erst war er oben und hat mich hart gefickt, dann war er unten und hat meinen Hintern mit seinen Händen gehalten, sodass er mich nach oben vögeln konnte. Mittendrin ist er unter mir hindurchgeglitten und hat mir mit der Zungenspitze im Vorbeihuschen meine Klitoris geleckt. Ich dachte, ich flipp aus. Er hat mich dann an den Pobacken gepackt, auf den Küchentisch geschoben und es mir von hinten besorgt. Dabei hab ich die Salz- und Pfefferstreuer runtergeknallt, die du mir aus Paris mitgebracht hast, diese kleinen zarten mit den Steinchen, weißt du noch? In welchem Hotel hast du die Dinger eigentlich mitgehen lassen?«, sprudelte es aus Ellen heraus, die mir in die weit aufgerissenen Augen schaute. Ich war gerade nicht multitaskingfähig, ich bekam Zuhören und Essen irgendwie nicht gleichzeitig auf die Reihe und gab den verzweifelten Kampf gegen mein stumpfes Pizzamesser fürs Erste auf. Ich war mit Ellen zum Brunch verabredet, nachdem wir uns schon seit fast vier Wochen wegen ihres stressigen Jobs nicht mehr gesehen hatten.

»Was? Wie bitte? Salzstreuer?«, purzelten die Worte aus mir heraus. Ich war fassungslos. Die Beschreibung über den gestrigen Fick mit ihrem Chef irritierte mich doch sehr. Liegt wohl an meiner konservativen Erziehung und daran, dass ich schon immer etwas prüde war.

»Bestell dir ein anständiges Messer mit Säge, die sind scharf. Der Laden ist auch nicht mehr das, was er mal war«, moserte Ellen, »jetzt sparen die schon am Besteck! Apropos scharf! Also: Nachdem er es mir von hinten besorgt hat, bin ich an ihm runter: Mann, hat der Typ einen riesigen Schwanz, sag ich dir! Und als ich gerade mit meiner Zunge …«

»Es reicht!«, fuhr ich sie an. »Ich hab genug Details gehört.«

»Was, schon?«, fragte sie mit Schnattchen-Blick sichtlich enttäuscht. »Dabei hast du selbst gesagt, dass du jede Einzelheit wissen willst«, worauf ich erklärend antwortete: »Ich wollte wissen, wie du ihn rumgekriegt hast, weil er dir ewig die kalte Schulter gezeigt hat, nicht, welchen Rotton seine …«, ich machte eine Pause und flüsterte: »… Pimmelspitze hat.«

Wir sahen uns an und begannen herzhaft zu lachen.

»Na ja, du weißt ja, dass der König anfangs ein harter Brocken gewesen ist und mir nicht unbedingt zugeneigt war, wie übrigens keiner der Damen in unserer Firma. Er verhielt sich immer professionell und war stets bedacht, die Strukturen zu wahren«, erklärte Ellen, während ich es noch mal mit dem Pizzamesser versuchte.

»Stimmt, ich erinnere mich«, nuschelte ich und sah sie mit zusammengekniffenen Augen an.

»Ich weiß nicht mehr genau, wann ich das erste Mal von seinem Faible erfahren habe«, fuhr Ellen fort, »kann zur IFA gewesen sein, vielleicht später, aber sicher war ich, als ich neulich an seinem Rechner ein paar Dateien kopieren musste. Ich schnüffele so gern im Internetverlauf der Leute rum, du auch?«

Ich schüttelte den Kopf.

»Also, ich schnüffele gerade so schön rum und was entdecke ich?«

»Pornoseiten?«, fragte ich mit einer Mischung aus Ekel und Faszination.

»Nicht direkt«, sagte sie, »es waren Seiten, die eindeutig bestätigten, dass der Chef eine Vorliebe für Voyeurismus hat.«

»Ich meine, wenn man auf Seiten rumlungert, auf denen Fotos von Truckerfahrern abgebildet sind, die heimlich durch kleine Löcher in die gegenüberliegende Damentoilette gucken, dann weiß ich nicht, wie man das sonst beschreiben sollte.«

»Hä?«, meinte ich. »Ein Spanner? Ist nicht dein Ernst!«

»Doch!«, flüsterte sie. »Ich meine, wenn man auf Seiten rumlungert, auf denen Fotos von Truckerfahrern abgebildet sind, die heimlich durch kleine Löcher in die gegenüberliegende Damentoilette gucken, dann weiß ich nicht, wie man das sonst beschreiben sollte.«

»Iih, wie ekelhaft«, quiekte ich und schüttelte mich. »Ich stell mir bei solchen Leuten immer vor, wie sie im Busch sitzen und arme, ahnungslose und unschuldige Badegäste – wie mich zum Beispiel – beobachten und sich dabei einen wichsen.«

»Mich stört das überhaupt nicht«, sagte Ellen, »im Gegenteil! Mir gefällt es, zu wissen, dass ich beim Sonnenbaden beobachtet werde. Ach, gefallen ist untertrieben: Es macht mich geil, richtig heiß! Und seitdem ich weiß, dass der König einer von diesen kleinen Glotzern ist, lasse ich natürlich keine Gelegenheit aus, ihn zu reizen. Ich habe sogar schon die schwarzen Strapse mit den Schleifchen angezogen, die ich letztens bei dir vor der Tonne bewahrt habe!«

»Was, die?«, fragte ich. »Aber das sind doch die, die so rutschen!«

»Eben, Herzchen, eben!«, grinste sie vielsagend. »Du hättest mal sein Gesicht sehen sollen, als ich mir die Dinger unentwegt und überall hochgezogen habe: auf dem Gang, in der Kantine, in seinem Büro. Und natürlich habe ich mich dabei immer ein kleines bisschen mehr gebückt, als nötig war!«

»Igitt!«, sagte ich und verzog das Gesicht. »Ist ja ekelhaft. Meine Freundin legt es drauf an, von einem Spanner durchgebumst werden.«

»Einem extrem gut aussehenden Spanner«, stellte sie klar. »Und überhaupt: Sind wir nicht alle ein bisschen Spanner? Würdest du nicht durch ein Schüsselloch gucken, wenn dir jemand stecken würde, dass sich Brad Pitt dahinter umzieht? Würdest du dir die Chance, einen exklusiven Blick auf seinen Arsch zu erheischen, entgehen lassen?«

»Brad Pitt?«, plusterte ich mich auf. »Wie abgeschmackt ist das denn?«

»Meine Güte, dann eben Markus Lanz«, sagte sie, weil sie wusste, dass ich heimlich für ihn schwärmte.

Jetzt schwieg ich, denn ich malte mir gerade aus, wie der Arsch von Markus Lanz wohl aussehen würde.

»Mit den Strapsen habe ich dem König jedenfalls ein Hors d'œuvre für seine Augen geliefert, was ihm vorzüglich zu gefallen schien, obwohl er versuchte, sich das nicht anmerken zu lassen«, erzählte Ellen. »Aber der hat schon längst an meiner Angel gezappelt, auch wenn er es selbst noch nicht gewusst hat.«

»Und wie gings weiter?«, drängte ich.

»Ich hab keine Gelegenheit ausgelassen, um ihn geil zu machen. Im Grunde war es ganz leicht gewesen. Ich hab einfach das getan, was ich tue, wenn ich mich unbeobachtet fühle. Ich hab mir ab und zu mal die Brustwarzen gerieben, meinen BH zurechtgerückt oder das Höschen aus der Kimme gezogen. Es war herrlich, mit anzusehen, wie er Stielaugen bekommen und sich hinter seinem Rechner verrenkt hat«, feixte sie.

»Und dann?«, fragte ich. »Nein, warte, ich will es gar nicht wissen! Ach doch, red schon! Was ist dann passiert, was ist dann passiert?«

»Als ich wusste, dass er auf dem Zahnfleisch geht, habe ich ihm einen Zettel auf den Tisch gelegt. Inhalt: *Ich weiß, dass du mich beobachtest. Willst du nur gucken oder willst du auch mal anfassen?*«, grinste Ellen.

»Heiliges Blechle!«, sagte ich und nahm einen großen Schluck Wein. »Und, macht ihr's jetzt öfter?«

In dem Moment klingelte ihr Telefon. Sie grinste mich frech an und hauchte in den Hörer: »Ja, Anselm, mein König, stell schon mal den Sekt kalt.«

Ich wusste Bescheid.

30. GESCHICHTE

»Das bin nicht ich auf dem Foto!«

Judith (24), Kindergärtnerin, Düsseldorf,
über
Daniel (31), Schriftsteller, Düsseldorf

Kinder sind mein Leben. Als ich selbst noch klein war, habe ich schon gewusst, dass ich später mal irgendwas mit Kindern machen will. Den Wunsch konnten mir auch meine Eltern nicht austreiben, die es lieber gesehen hätten, wenn ich Juristin geworden wäre. Da ich aber schon immer meinen eigenen Kopf hatte und den auch durchzusetzen wusste, bin ich Kindergärtnerin geworden. Abgesehen davon, dass man zu wenig Geld verdient und die Arbeit – im Verhältnis zu anderen pädagogischen Berufen – auch nicht entsprechend gewürdigt wird, mache ich sie gern und blühe darin auf.

Ich arbeite in einer kleinen Kindertagesstätte und betreue eine zehnköpfige Gruppe von Knirpsen im Alter zwischen drei und fünf Jahren. Dort lernte ich auch Daniel kennen. Er war Witwer und alleinerziehender Vater einer kleinen Tochter, die in meiner Gruppe war. Daniel war anders als die Männer, die ich bislang getroffen hatte: ruhig, fürsorglich, verantwortungsbewusst. Mir war klar, dass er das als Alleinerziehender auch sein musste, aber es hatte den Anschein, als ginge ihm das alles leicht von der Hand. Er war immer höflich, wenn ich ihn traf, nie im Stress oder unausgeglichen. Er brachte seine Tochter Lena jeden Morgen pünktlich um sieben und holte sie jeden Nachmittag gegen vier wieder ab. Wenn ich mit den Kleinen nachmittags auf dem Spielplatz war, konnte ich ihn schon von Weitem sehen. Irgendwann ertappte ich mich beim Blick auf die Uhr und dem Gedanken daran, dass er gleich kommen würde, um Lena abzuholen. Anfangs wollte ich mir das nicht eingestehen, aber mit jedem weiteren Tag wurde mir klarer: Ich war in Lenas Vater verknallt.

Seitdem sich die Sache mit meinem Ex Ron so unschön erledigt hatte, habe ich keinen neuen Versuch gestartet, wieder jemanden kennenzulernen, und bislang hatte ich auch nicht das Gefühl gehabt, dass mir irgendetwas fehlt oder ich was Wichtiges verpasse. Meine Arbeit füllte mich aus. Dennoch ertappte ich mich immer öfter dabei, wie ich in Träumereien fiel, in denen ich mir ausmalte, wie es wäre, mit Daniel zu schlafen. Dass er eine unheimliche körperliche Anziehung auf mich hatte, konnte ich nicht länger leugnen, er brachte meine Hormone in Wallung. Aber wie sollte ich an ihn herankommen, fragte ich mich und musste zugeben, dass ich auf dem Gebiet der Eroberung nicht gerade eine Koryphäe war. Ich versuchte es mit Blicken: sehnsüchtigen, heißen, frechen, koketten und lasziven Blicken. Ja, ich schöpfte mein komplettes Blick-Repertoire vollkommen aus und stellte nach einer Woche fest, dass es Folgendes gebracht hatte: nichts. Was meine miserablen Verführungskünste betraf, wurde mir schnell klar, dass ich mir

Ich versuchte es mit Blicken: sehnsüchtigen, heißen, frechen, koketten und lasziven Blicken.

mehr einfallen lassen musste. Es kam der Tag, an dem ich die Wahl hatte, entweder zum Angriff überzugehen oder die Flinte einfach ins Korn zu werfen.

Ich sah Daniel, mit dem Rücken zu mir gewandt, in unserem kleinen Aufenthaltsraum. Er betrachtete die Wandzeitungen mit den Fotos von unseren Ausflügen. Dabei schenkte er einem Foto besondere Aufmerksamkeit. Es zeigte eine unserer Aushilfen, eine hübsche, vollbusige Zwanzigjährige mit dunklen Locken. Ohne auch nur einen Moment zu überlegen, rief ich: »Das bin nicht ich auf dem Foto!«, und erschrak im anderen, weil Daniel plötzlich zusammenzuckte.

»Judith, Sie haben mich vielleicht erschreckt!«, sagte er.

»Sorry, das war nicht meine Absicht«, log ich.

Er lächelte.

»Sie sind aber heute schon zeitig hier!«, stellte ich fest und strich mir in einer Übersprungshandlung eine Strähne aus dem Gesicht, die kurz darauf wieder an der gleichen Stelle landete, so dass sich das Ganze wiederholte.

»Ach ja«, antwortete Daniel mit melancholischem Unterton, »ich hatte heute früher Schluss und da dachte ich, ich komm einfach vorbei und hole Lena ab. Aber dann ist mir eingefallen, dass sie um diese Zeit Mittagsschlaf macht. Jetzt warte ich einfach die halbe Stunde, bis sie aufwacht. So lange ist es ja nicht mehr.«

Ich schaute auf die Uhr. Das ist meine Chance, dachte ich, ging ein paar Schritte auf ihn zu und setzte mich auf die kleine Garderobe, an der die Mäntelchen der Kinder hingen.

»Müssen Sie nicht zurück in die Gruppe?«, fragte Daniel und sah zu mir runter.

»Nein«, sagte ich, »eine Kollegin passt gerade auf. Ich hab ein paar Minuten Pause.«

Daniel betrachtete die Bilder weiter und schwieg. Ich versuchte, ihn in ein Gespräch zu verwickeln, aber entweder antwortete er wortkarg oder so leise, dass ich ihn kaum verstand.

Irgendwie kamen wir nicht weiter. Also beschloss ich, den Small Talk einzustellen und stattdessen in Erfahrung zu bringen, was mich eigentlich interessierte.

»Sind Sie liiert?«, fragte ich.

»Nein!«, antwortete er wie aus der Pistole geschossen, fast schien er ein bisschen empört über die Frage, auf jeden Fall war er überfordert.

»Können Sie sich vorstellen, mal mit mir auszugehen?«, fragte ich unbeirrt weiter.

Daniel wirkte unsicher und verunsicherte dadurch auch mich, schließlich hatte ich gerade an meinem Arbeitsplatz den Vater eines mir anvertrauten Kindes angebaggert.

Bevor Daniel auf meine Frage antworten konnte, platzte eine meiner Kolleginnen in den Aufenthaltsraum und rief: »Judith, du musst kommen, Max hat sich schon wieder in die Hosen gemacht!«

Ich nickte. Ein kurzer Blick zu Daniel ließ keinen Zweifel, dass mit einer schnellen Antwort nicht zu rechnen war.

»Na gut!«, sagte ich möglichst souverän und versuchte ein entspanntes Gesicht zu machen, obwohl ich mich darüber ärgerte, dass wir unterbrochen worden waren und er sich zu einer schnellen Antwort nicht hatte entschließen können.

»Schickst du Lena raus?«, rief er mir hinterher, als ich bereits zur Tür raus war.

Ich hob eine Hand und verschwand im Schlafraum.

Nachdem ich mich um Max gekümmert hatte, weckte ich Lena, zog sie an und brachte sie zu ihrem Vater. Als ich den beiden nachsah, fühlte ich mich irgendwie blöd. Ich versuchte den vermeintlichen Misserfolg runterzuschlucken und nicht länger darüber nachzudenken. Vermeintlich deshalb, weil sich schon am nächsten Morgen, als ich Daniel am Eingangstor begegnete, alles relativierte.

Statt mit einem »Guten Morgen« begrüßte er mich mit einem »Ja« und grinste mich an.

Und ich stand da, mit offenem Mund und einem bunten Netz Bälle und wusste nicht, ob ich mich gerade verhört hatte oder träumen würde. Den ganzen Tag konnte ich keinen klaren Gedanken mehr fassen. Ich fühlte mich großartig. Hatte mein erster spontaner Anmachversuch also doch Früchte getragen! Als er Lena abholte, beschlossen wir, noch am selben Abend auszugehen, da sie bei seiner Schwester übernachten würde. Ich machte mich zu Hause hübsch, tuschte meine Wimpern, ondulierte mein Haar und stieg in ein schlichtes Abendkleid. Beim Blick in den Spiegel fühlte ich mich sexy. Aber war das überhaupt noch ich? Denn ich hatte nicht eine Minute über das gemeinsame Abendessen nachgedacht, mich interessierte weder das Restaurant, noch ob wir uns gut verstehen würden. Meine Gedanken kreisten vielmehr nur um die Zeit nach dem Abendessen – und ob ich mich trauen würde, ihn zu fragen, bei mir zu übernachten. Selbstverständlich wollte ich Daniel kennenlernen, aber das war momentan eher zweitrangig. Primär wollte ich vor allem mit ihm ins Bett.

Wir trafen uns in einem kleinen Restaurant und unterhielten uns über das Übliche: Kinder, Job, Erziehung. Als er mir erzählte, dass er Schriftsteller war, beflügelte das meine Phantasie nur noch mehr. Ich stellte mir vor, wie er an seinem Schreibtisch sitzen und versuchen würde, zu schreiben, und wie ich mich auf den Tisch legen würde, so dass er sich gar nicht mehr konzentrieren könnte.

Diese Vorstellung erregte mich so sehr, dass ich das nächste Glas Wein ablehnte und stattdessen höflich und möglichst unauffällig zum Aufbruch drängte. Der Gedanke, dass ich an diesem Abend noch andere Sachen im Mund haben wollte als Spaghetti carbonara, riss mich aus meinem Kopfkino. Was war nur los mit mir? Ich war doch sonst nicht so! Hatte mir der Kellner was ins Essen gemischt? War ich auf Droge? Vertrug sich die Pille nicht mit den Magnesiumtabletten, die ich neuerdings nahm? Meine

Instanzen gerieten ins Wanken, ich war nicht mehr ich selbst, mein Über-Ich wurde von meinem Es gegen die Wand gedrückt und verabschiedete sich in den Feierabend. Ab hier übernahmen meine Triebe.

Ich wollte mit Daniel Sex, am liebsten sofort. Aber bevor ich mir überlegen konnte, wie ich das am besten in die Wege leiten konnte, fragte er: »Hast du Lust auf einen Spaziergang?«

Also war auch er nicht unbedingt gewillt, schon den Heimweg anzutreten, das konnte mir nur recht sein.

»Wenn wir den Spaziergang schon hinter uns hätten«, fragte ich zurück, »was stünde dann deiner Meinung nach als Nächstes auf dem Programm?«

»Ob ich dich nach Hause bringen dürfte?« Sein Lächeln war eine Mischung aus Schüchternheit und Verschmitztheit.

»Und wenn du das dürftest und wir jetzt vor meiner Tür stünden, dann würde ich dich fragen, ob du nicht Lust hättest, auf einen Absacker mit raufzukommen.«

»Und ich würde vermutlich Ja sagen.«

»Und wenn wir in meiner Wohnung wären, würde ich dich wahrscheinlich fragen, ob wir die Sache mit dem Absacker nicht auf später verschieben könnten, weil ich dir gern zuerst mein Schlafzimmer zeigen würde.«

»Damit wäre ich wahrscheinlich einverstanden.«

»Und meinst du, der Wunsch, dass du mir die Kleider vom Leib reißt, wäre zwar direkt, aber durchaus erfüllbar?«

Zärtlich legte ich einen Finger auf seine Lippen, als er mit dem Kopf leicht nickte.

Als ich mit Daniel vor meiner Wohnungstür stand und gerade den Schlüssel im Schloss drehte, sagte er leise: »Ungeheuerlich.«

»Was?«, fragte ich.

»Deine Fragen«, sagte er grinsend, während ich ihn ohne Umwege ins Schlafzimmer zog, »sie waren nicht direkt, sie waren ungeheuerlich.«

31. GESCHICHTE

Web Null Punkt Null

Isabella (29), Webdesignerin, Frankfurt am Main,
über
Peter (47), Wirtschaftsmanager, Frankfurt am Main

Einparken ist wohl nicht gerade deine Stärke«, ätzte Arne. »Komm mir doch jetzt nicht mit deinem klischeehaften Geschwätz! Als sei nicht längst bewiesen, dass Männer genauso beschissen einparken wie Frauen! Und jetzt guck dir doch diese Lücke mal an und zeig mir, dass du es besser gemacht hättest«, maulte ich zurück.

Ich arbeite als freischaffende Webdesignerin und zusammen mit Arne, meinem Partner, war ich auf dem Weg zu einem Termin in einem kleinen Frankfurter Wirtschaftsunternehmen, dessen Homepage von Grund auf generalüberholt werden sollte. Mal wieder ein richtig dicker Fisch, den wir da an Land gezogen hatten! Den Termin hatten wir mit dem verantwortlichen Projektmanager, einem gewissen Peter Silbereisen, der Aufbau, Inhalte und das neue Layout der Website mit uns besprechen wollte.

»Wir müssen das alles en detail durchgehen«, hatte er am Telefon gesagt.

Obwohl ich froh über den Auftrag war, ging mir dieses unqualifizierte Fachsimpeln schon auf die Nerven, bevor es eigentlich begonnen hatte. Bei genauerer Betrachtung der Webseite dieses Unternehmens fiel eines als Erstes auf: Sie war schrecklich. Die Seite war so stümperhaft zusammengeschustert, dass man sich des Eindrucks nicht erwehren konnte, dass sie von Schülern eines HTML-Anfängerkurses an der Volkshochschule als Hausaufgabe angefertigt worden war. Dass die Verantwortlichen aber immer noch lang und breit erklären, wie sie sich das Ganze vorstellen, finde ich kurios, denn wenn sie tatsächlich eine genaue Vorstellung davon hätten, würden die Seiten nicht so beschissen aussehen.

Wir parkten den Wagen, stiegen aus und meldeten uns an der Rezeption des Unternehmens. Alles war furchtbar seriös und schickimicki und ich wunderte mich, dass die freundliche Empfangsdame, so wie sie uns anstarrte und auf dem Weg zum Fahrstuhl beobachtete, nicht unser polizeiliches Führungszeugnis hatte sehen wollte. Auf dem Weg nach oben richtete ich mich auf das übliche Blabla ein und wurde nicht enttäuscht.

Schon auf dem Flur kam uns Herrn Silbereisens Assistentin entgegen und erklärte uns neunmalklug, dass die neue Homepage vor allem einen positiven Effekt auf den Besucher haben solle. Arne und ich grinsten uns an und nickten verständnisvoll. Ach nee, diesen Effekt sollte die Seite haben, das war ja mal was ganz Neues!

Als die Assistentin, die mit uns gemeinsam auf den Chef wartete, aufstand, um ein paar Kekse und einen Flaschenöffner für den Orangensaft zu holen, checkte Arne noch mal die Unterlagen und ich mein Outfit. Ich hatte mich in ein kleines, nicht zu übertriebenes Business-Kostüm geschmissen, war dezent geschminkt und hatte die Haare sorgfältig hochgesteckt.

»Ist ja gut jetzt«, flüsterte Arne, als er mitbekam, wie ich das dritte Mal meinen Rock glattstrich.

Mit Arne war ich übrigens mal zusammen gewesen, aber die Beziehung war – wie die meisten meiner Beziehungen – daran gescheitert, dass er mir einfach zu kindisch und naiv war. Ich brauche keinen Luftikus, keinen Hansdampf in allen Gassen, ich brauche jemanden, der mich beschützt und an dessen starke Schulter ich mich anlehnen kann. Arne sagt immer, ich hätte einen Vaterkomplex. In der Tat fühle ich mich zu älteren Männern mehr hingezogen als zu gleichaltrigen. Ich steh eben auf Männer mit Erfahrung, Männer, die wissen, wie man eine Frau richtig behandelt und befriedigt, die nicht unbeholfen in einem Körper oder einer Beziehung herumstochern wie ein Kleinkind in seinem Spinat und sich hinterher wundern, wo die Leidenschaft abgeblieben ist. Die meisten Männer in meinem Alter kennen weder die erogenen Zonen einer Frau, noch wissen sie, wie man sie richtig berührt, um sie auf Touren zu bringen. Wenn ich nur an Arnes unprofessionelle Zunge zwischen meinen Beinen dachte, musste ich gähnen. Beim Thema Sex war ich sowieso bemüht, schnell an was anderes zu denken, denn an meinen letzten richtigen Orgasmus konnte ich mich kaum noch erinnern. Mein Sexualleben war, im Vergleich zu meinem Berufsleben, ein Web Null Punkt Null.

»Guten Morgen, entschuldigen Sie die Verspätung«, sagte ein hoch gewachsener Graumelierter und betrat den Konferenzraum. »Frau Lorenz hat Sie schon begrüßt?«

Die meisten Männer in meinem Alter kennen weder die erogenen Zonen einer Frau, noch wissen sie, wie man sie richtig berührt, um sie auf Touren zu bringen.

Ich bekam schlagartig Hitzewallungen. Dieser Typ, der gerade den Raum betrat und allem Anschein nach Herr Silbereisen war, sah aus, als sei er direkt aus meinem Kopf in die Realität gesprungen. Unweigerlich musste ich an ein Musikvideo aus den Achtzigern denken, das zu dem Song *Take on me* von a-ha. Der Sänger, Morten Harket, reicht einem Mädchen die Hand durch ein Comic-Heft und zieht es in seine animierte Welt. Das Video schaltet zwischen Realität und Comic-Welt hin und her, sodass man als Zuschauer das Gefühl bekommt, nicht mehr zwischen beiden Welten unterscheiden zu können.

Einen Moment fühlte ich mich wie dieses Mädchen. Wenn es einen Typen geben würde, von dem ich mich, ohne zu überlegen, hemmungslos vögeln lassen würde, dann stand dieser jetzt vor mir. Wie automatisiert reichte ich ihm die Hand – wie das Mädchen dem Sänger von a-ha. Meine Gedanken verhedderten sich in einem Hirngespinst aus heißem Sex und zerwühlten Laken und meine Stimme sprach von selbst: »Hallo, guten Morgen, ja, alles bestens, wir warten noch nicht lange.«

Nachdem auch Arne Herrn Silbereisen begrüßt hatte, kam das Gespräch sofort auf die Einzelheiten der Neugestaltung. Ich war froh, dass Arne die Unterredung leitete, denn mir schlackerten, obwohl ich saß, die Knie. Zu einem vernünftigen Kommentar war ich gerade nicht fähig, denn es hatte mich erwischt wie ein U-Boot, das eine Torpedo-Breitseite abgekriegt hatte. Getroffen versank ich in meine Gedanken, Wünsche und Triebe. Während Arne im Gespräch die wichtigsten Fragen stellte, nippte ich an meinem Orangensaft und hörte den beiden vom Grunde meines Ozeans aus zu. Irgendwann konnte ich dem Gespräch nicht mehr folgen und sah nur noch in Herrn Silbereisens stahlblaue Augen, die so etwas Hypnotisierendes hatten, dass ich das Gefühl hatte wegzutreten.

Diesen Mann musste ich haben, so viel war klar. Er sah aus wie diese reifen Katalogmodels, die für Herrenanzüge posieren, und war perfekt gepflegt: akkurater, raspelkurzer Haarschnitt, frisch rasiert, maßgeschneidertes Sakko, manikürte Fingernägel. Ein flüchtiger Blick auf meine eigenen Hände zeigte mir, dass der Nagellack an Daumen und Zeigefinger bereits zu splittern begann.

Als Herr Silbereisen sich zum Sichten einiger Layoutvorschläge ein Stück nach vorn über den Tisch beugte, konnte ich sein

Aftershave riechen, das auf mich wie ein Aphrodisiakum wirkte. Mein imaginärer Ozean verwandelte sich plötzlich in einen sonnigen Strandabschnitt, an dem ich mich nackt im weißen Sand aalte. Über mich gebeugt Herr Silbereisen, der mich mit seinen perfekt manikürten Händen nach allen Regeln der Tantra-Kunst massierte und durchknetete.

Ich war in meinem Kopfkino drin, dass ich schon Angst hatte, mir würde der Sabber aus den Mundwinkeln laufen. Ich versuchte mich zusammenzureißen und mich, so gut es ging, auf das Gespräch zu konzentrieren. Arne war ich dankbar, dass er längst bemerkt hatte, dass ich nicht bei der Sache war, und galant meinen Part mit übernahm.

Diesen Mann musste ich haben, so viel war klar. Er sah aus wie diese reifen Katalogmodels, die für Herrenanzüge posieren, und war perfekt gepflegt: akkurater Haarschnitt, frisch rasiert, maßgeschneidertes Sakko, manikürte Fingernägel.

»Super. Schön. Das ging ja alles sehr flott«, sagte Herr Silbereisen, erhob sich, gab Arne und mir seine Visitenkarte und ergänzte: »Dann freue ich mich, Ende der Woche wieder von Ihnen zu hören.«

Wir verabschiedeten uns. Ich fühlte nur Erleichterung, als ich endlich von ihm weg war. So ein Gefühl hatte ich das letzte Mal gehabt, als ich als Teenie dem Schwarm der ganzen Schule gegenübergestanden hatte, der der Halbbruder von Johnny Depp hätte gewesen sein können. Wieder auf dem Flur trat ich an die verglaste Außenfassade, schaute runter auf Frankfurt und versuchte mich zu sammeln.

Auf dem Weg zum Fahrstuhl grummelte Arne: »Sag mal, was war denn da drin mit dir los? Und wieso hat der Typ uns noch mal seine Visitenkarte gegeben? Wir haben doch längst alle Kontaktdaten.«

»Was weiß ich?«, murmelte ich. »Vielleicht ist er einfach nur ein bisschen verpeilt.«

»Da hätten sich ja die zwei Richtigen gefunden«, stellte Arne fest und drückte auf E.

»Nimm den Wagen«, schlug ich am Ausgang vor und hielt ihm die Autoschlüssel hin, »ich geh zu Fuß.«

Er schnappte sich die Schlüssel, gab mir einen flüchtigen Kuss auf die Wange und sagte sanft: »Wir sehen uns im Büro.«

Schon auf dem Weg in den Park spielte ich immer wieder mit der Visitenkarte in meiner Tasche. Ich nahm sie raus und starrte drauf, steckte sie in die andere Manteltasche, um sie kurze Zeit später wieder herauszunehmen. Ich las die einzelnen Angaben, so als würden sie mir nach dem zehnten Mal etwas über Herrn Silbereisen verraten, das ich nach dem ersten oder zweiten Mal Lesen noch nicht erfahren hatte. Mit dem Daumen fuhr ich über die Schrift und machte mir tatsächlich darüber Gedanken, in welcher Tiefe die Buchstaben ins Papier gestanzt waren. Bescheuert!

Im Park angekommen setzte ich mich auf eine Bank, gab die ersten Ziffern seiner Telefonnummer ins Handy ein und drückte sofort wieder auf Abbruch. Du hast sie doch nicht mehr alle, schoss es mir durch den Kopf, das gefährdet den ganzen Auftrag und ist darüber hinaus auch höchst unprofessionell. Was, um Gottes willen, hätte ich Herrn Silbereisen, der laut Visitenkarte mit Vornamen Peter hieß, auch sagen sollen? *Hallo, hier ist Isabella, ich war gerade bei Ihnen im Büro und habe vergessen, Ihnen mitzuteilen, dass Sie eine verdammt geile Sau sind.* Schön, das sollte er dringend wissen, murmelte ich vor mich hin und versuchte, mein Verlangen nach diesem Mann durch frische Luft und einen doppelten Espresso einzudämmen, was mir nicht gelang.

Zu Hause konnte ich mich nicht konzentrieren, ich konnte weder arbeiten, noch schreiben oder essen oder Musikhören. Ich konnte mir nicht mal so eine bekloppte, sinnfreie Promi-Sendung im Fernsehen anschauen, die mir bislang immer als sehr geeignet erschienen, um abzuschalten. Nichts! Ich hatte nur einen einzigen Gedanken: Peter Silbereisen.

Nachts schlief ich kaum, wurde zusehends unruhiger, latschte in den Flur, um zu prüfen, ob die Visitenkarte noch in meiner Tasche war, legte mich wieder hin, schaltete das Radio an und wieder aus, stand erneut auf, machte mir ein Glas heiße Milch mit Honig, schlurfte in der Küche auf und ab und legte mich wieder ins Bett. Irgendwann, das muss schon morgens gewesen sein, schlief ich vollkommen entkräftet und rammdösig ein. Ich fühlte mich wie früher vor meinem ersten Rendezvous.

Als ich am nächsten Morgen wie mit einem Kater erwachte, beschloss ich, als Erstes Arne anzurufen: »Hey, der Silbereisen hat mir eine E-Mail geschrieben. Bittet um ein weiteres Treffen. Mit mir allein. Keine Ahnung, was das soll!«, log ich durch den Hörer.

»Was?«, fragte Arne müde. »Was ist das denn für 'ne Nummer?«

»Wenn ich das wüsste«, seufzte ich und machte auf ahnungslos. »Am besten, ich gehe erst mal hin, höre mir an, was er zu sagen hat und dann melde ich mich, okay?«

»Ja, mach mal, ich hau mich noch mal hin. Nachher setze ich mich an den Jugendclub-Auftrag«, gähnte Arne am anderen Ende der Leitung.

»Alles klar«, entgegnete ich und legte auf.

Bereits unter der Dusche überfiel mich das schlechte Gewissen, Arne angelogen zu haben. Es packte mich, kroch in jeden Winkel meines Kopfes und machte es sich darin gemütlich. Schlimmer noch, es nistete sich ein wie diese fiesen kleinen Läuse, die man ewig nicht los wird, und machte in meinem Oberstübchen so richtig schön Party. Ich fühlte mich furchtbar und versuchte, den ungebetenen Gast durch ausgeklügelte Rechtfertigungen wieder loszuwerden, denn im Grunde wollte ich ja nichts anderes, als Arne aus der Schusslinie zu haben.

Meine Prioritäten hatten sich längst verschoben: Das Ziel hieß nicht mehr Erfüllung des Auftrages, sondern Peter Silbereisen. Glücklicherweise war ich nicht mehr auf jeden Auftrag angewiesen, was mich etwas beruhigte. Gleichzeitig versuchte ich die Lage zu beschönigen, indem ich mir sagte, dass man manchmal eben mit den Vorschriften brechen muss. Ab jetzt stand auf meiner neuen Liste ganz oben: *Mit Herrn Silbereisen auf Tuchfühlung gehen.*

Ich zog mich an, kippte zwei Tassen Tee hinter und war bereit für mein zweites Telefonat.

»Hallo, Herr Silbereisen, hier ist Isabella Sperling, es geht um den Internetauftritt Ihrer Firma«, sagte ich mit fester Stimme, obwohl ich das Gefühl hatte, dass meine Stimmbänder so stark angeschwollen waren, dass sie jede Nanosekunde reißen könnten.

»Hallo, Frau Sperling! Mit so einem frühen Anruf habe ich gar nicht gerechnet, gibt es Probleme?«, fragte Peter Silbereisen und klang dabei sehr geschäftig.

»Probleme? Nein, nein! Wo denken Sie hin? Ich wollte Sie nur darüber informieren, dass ich mich allein um die Homepage kümmern werde. Mein Kollege ist leider noch in andere Projekte eingebunden. Was den Zeitrahmen betrifft, müssen Sie sich aber überhaupt keine Sorgen machen, die Sache hat bei mir absoluten Vorrang«, sagte ich und ertappte mich bei dem Gedanken, dass das nicht mal gelogen war.

»Das weiß ich«, lenkte Peter Silbereisen sofort ein, »Sie wurden uns ja auch wärmstens empfohlen.«

> *Der spinnt wohl, dachte ich. Soll ich jetzt etwa seine Sekretärin anrufen, um einen Termin mit ihm auszumachen? Und was bitte schön sollte ich ihr antworten, wenn sie nach dem Grund fragen würde?*

»Ich werde in den nächsten Tagen sicher noch Fragen haben und melde mich dann wieder bei Ihnen«, erwiderte ich und atmete leise auf. Mein angeschlagenes Unterseeboot war wieder auf Kurs gebracht. Die Meerenge von Gibraltar lag hinter mir und ich steuerte offene Gewässer an.

»Okay«, antwortete er und ergänzte: »Ich stehe Ihnen jederzeit zur Verfügung, Frau Sperling.«

Schön wär's, dachte ich und stellte mir vor, während ich ein paar Floskeln durch den Hörer murmelte, wie er wohl schmecken würde.

Sofort begann ich mit der Arbeit. Später rief ich Arne an und sagte ihm, dass ich mich an den Silbereisen-Auftrag erst einmal allein wagen würde. Ich war froh, dass er mich nicht mit Fragen löcherte oder mit Vorhaltungen bombardierte. Es war für ihn völlig okay, er vertraute mir und wollte erst mal an anderen Aufträgen weiterarbeiten.

Obwohl ich mich selten so unkonzentriert erlebt habe, kam ich gut voran. Die Gedanken an Peter stachelten mich an, mein Bestes zu geben. Als das Gerüst der neuen Webseite im Groben stand, freute ich mich schon auf den nächsten Schritt. Es war an der Zeit, Peter wieder anzurufen.

»Hallo, Herr Silbereisen, ich hätte da noch ein paar wichtige Fragen, die geklärt werden müssten.«

»Dann legen Sie mal los«, sagte dieser.

»Ich denke, dafür müsste ich Sie persönlich treffen, das lässt sich nicht so einfach am Telefon klären«, versuchte ich ihn zu überzeugen und hoffte, er würde sich darauf einlassen.

»Ich könnte …«, fing ich an, als er kurz schwieg.

»Oh, für meine Termine ist Frau Krüger zuständig«, fiel er mir plötzlich ins Wort, »die habe ich im Moment leider nicht auf dem Schirm!«

Der spinnt wohl, dachte ich. Soll ich jetzt etwa seine Sekretärin anrufen, um einen Termin mit ihm auszumachen? Und was bitte schön sollte ich ihr antworten, wenn sie nach dem Grund fragen würde? Der Grund – ähm ja – der Grund ist, dass ich mich von Ihrem Boss gern durchbumsen lassen würde. Meinen Sie, das ist Grund genug?

»Ach so«, sagte ich ein bisschen schnippisch und enttäuscht, »mir war nicht klar, dass Ihre Sekretärin die Termine für Sie ausmacht. Ich melde mich wieder. Entschuldigung und schön

Ich sank wieder auf den Grund des Ozeans.

»Warten Sie!«, rief es am anderen Ende der Leitung. »Ich könnte heute Nachmittag. Bis ungefähr 16 Uhr habe ich einen Termin unweit des Architekturmuseums. Ist das nicht auf der Höhe Ihres Büros?«

»Ausgezeichnet!« Ich quiekte fast vor Freude und versuchte schnell, mich wieder einzukriegen. Ihn schien es also trotz aller Geschäftigkeit sehr zu interessieren, was ich ihm zu sagen hatte.

> *Die Geschichte mit Peter war eine der intensivsten, die ich je erlebt hatte. Er befriedigte Wünsche in mir, von denen ich gar nicht wusste, dass sie überhaupt existierten.*

»Wollen wir uns auf einen Kaffee am Museumsufer treffen?«

Nach dem Telefonat beruhigte sich mein Puls zwar langsam wieder, aber ich hatte etwas Bedenken, den Auftrag wegen einer schlaflosen Nacht und erotischen Tagträumen zu gefährden. Und überhaupt: Was wollte ich diesem Peter eigentlich sagen? Ich hatte keine Ahnung. Egal, jetzt ist die Sache angelaufen. Fahr hin, sag, was dir in den Sinn kommt, und schau, was passiert, beruhigte ich mich.

Als ich ins Café kam, wartete er bereits. Ich steuerte direkt auf ihn zu. Als er mich erblickte, lächelte er etwas überrascht. Ich hatte mich gegen ein Business-Kostümchen und für ein elegantes schwarzes Kleid entschieden, dessen Ausschnitt vielleicht einen Tick zu gewagt für diesen Anlass war. Es verfehlte seine Wirkung nicht. Er stand sofort auf, als ich mich näherte, und begrüßte mich sehr galant.

Wir orderten zwei Kaffee und da war es wieder: dieses unerträglich laute Pochen.

»Schön, das Sie es so kurzfristig einrichten konnten«, begann ich und spielte an meinem Rockzipfel herum.

»Kein Problem, sehr gern«, sagte Herr Silbereisen, »wie kommen Sie voran? Und was haben Sie für Fragen?«

Die Bedienung brachte den Kaffee. Ich nutzte die Pause, um meine Gedanken zu sortieren, trank kurz einen Schluck und kam mir unendlich dämlich vor. Aber es war zu spät.

»Um ehrlich zu sein«, sagte ich, »habe ich überhaupt keine Fragen. Jedenfalls nicht, was die Webseite betrifft. Da komme ich ganz gut voran. Ich möchte auch nicht lange um den heißen Brei reden …« Ich machte eine Kunstpause.

Peter Silbereisen machte ein verständnisloses Gesicht. »Ich verstehe nicht«, räusperte er sich, »Sie sagten doch am Telefon, dass Sie …«

»Ich weiß, was ich gesagt habe«, fiel ich ihm ins Wort, »das war nur ein Vorwand, um Sie zu treffen.«

Er guckte wie ein Auto und wartete auf weitere Erklärungen. Als ich nicht sofort fortfuhr, widmete er sich seinem Kaffee mit schnellen Schlucken.

Ich entschied, in die Vollen zu gehen, denn ich hatte mich ohnehin schon viel zu weit aus dem Fenster gelehnt. Entweder, so dachte ich, würde ich nun in die Tiefe stürzen und ganz hart aufkommen oder er würde mich auffangen. Letzteres wäre mir lieber. Doch jetzt galt es erst einmal, diese Situation hinter mich zu bringen.

»Ich lebe nicht in einer festen Beziehung«, sagte ich und sah ihm fest in seine eisblauen Augen. »Und ich hatte schon länger keinen befriedigenden Sex mehr.«

Peter Silbereisen starrte mich fasziniert an, als könne er nicht glauben, was er hörte.

»Als wir uns das erste Mal begegneten, haben Sie etwas in mir ausgelöst, das ich nicht länger ignorieren kann. Ich will es auch nicht länger ignorieren! Ich weiß nicht, ob Sie verstehen, was ich Ihnen sagen möchte.« Jetzt gab es kein Zurück mehr. Ich hielt mich an meiner Kaffeetasse fest.

»Ich, ich verstehe nicht so recht, was Sie von mir möchten, Frau Sperling. Ich meine, was erwarten Sie jetzt von mir?«, sagte er.

Ich lehnte mich zu ihm über den Tisch. »Was ich erwarte?«

Er nickte.

»Finden sie mich attraktiv?«

Er nickte erneut. »Äh, ja, sehr.«

»Weißt du dann immer noch nicht, was ich von dir möchte?«, fragte ich wieder und lehnte mich in meinen Stuhl zurück.

Wir sahen uns einen Moment schweigend an, das Knistern zwischen uns konnte man förmlich hören.

»Aber wir können doch nicht so einfach, ich meine, wir kennen, ich meine wir …«, stotterte er.

»Doch«, widersprach ich. »Wir können. Wir können alles machen, was wir wollen. Und ich will. Willst du?«

Eine Stunde später hatten wir schon das erste Mal miteinander geschlafen. Die Geschichte mit Peter war eine der intensivsten, die ich je erlebt hatte. Er befriedigte Wünsche in mir, von denen ich gar nicht wusste, dass sie überhaupt existierten. Die große Liebe war er nicht, aber das störte mich nicht im Geringsten.

Anderthalb Jahre später habe ich mich in einen gleichaltrigen Typen verliebt, aber auf den gelegentlichen Sex mit Peter habe ich deswegen nicht verzichtet. Dafür verstanden wir uns einfach zu gut im Bett.

32. GESCHICHTE

»Ich bin die Schwangerschaftsvertretung!«

Christina (26), Rechtsanwaltsgehilfin, Berlin,
über
Dr. Philipp Steinheimer (34), Rechtsanwalt, Berlin

Es war keine zwei Wochen her, dass ich die Ausbildung zur Rechtsanwaltsgehilfin abgeschlossen hatte. Mit Ach und Krach! In den vergangenen drei Jahren hatte ich mich wirklich nicht mit Ruhm bekleckert, das muss ich schon zugeben. Natürlich gab es Themen, die mich besonders interessierten: alles, was mit Verkehrszivilrecht zu tun hatte zum Beispiel. Aber es gab auch stinklangweilige, monotone und ermüdende Unterrichtsstrecken, die so trocken waren, dass man schon bei dem Gedanken daran schrecklichen Staubhusten bekam.

Nach der letzten mündlichen Abschlussprüfung hatte ich eigentlich vor, länger zu verreisen. Der Sommer hatte gerade erst begonnen und ich wollte die nächsten sechs bis acht Wochen bei Anne rumlungern und ihr ein bisschen beim Aufbau ihrer Pferdefarm helfen. Anne ist meine beste Freundin. Wir kennen uns, wie man so schön sagt, aus dem Sandkasten. Dass sie schon immer mehr Schlag bei den Jungs hatte als ich, hat mich nie sonderlich gestört. Sie ist das, was man in Amiland ein »All American Girl« nennt: groß, blond, hübsch. Ich dagegen habe andere optische Qualitäten, die nicht jedem sofort auffallen. Ich bin nicht hässlich, aber auch nicht im herkömmlichen Sinne schön. Markant würde man mein Gesicht wohl nennen. Was die Leute zuerst bemerken, wenn sie mich anschauen, ist meine Nase. Als ich jünger war, wollte ich mir den blöden Höcker unbedingt entfernen lassen, aber Gott sei Dank habe ich mich dagegen entschieden. Denn heute finde ich, dass meine Nase meinem Gesicht etwas Charakteristisches gibt, etwas Raubvogelartiges. Anne mochte sie schon im Kindergarten und verteidigte mich immer mit Schippe und Eimer.

Vor drei Jahren hat es sie auf Lanzarote verschlagen: Der perfekte Ort, um mir tagsüber Gedanken über meine Zukunft zu machen und abends mit Anne abzuhängen. Hauptberuflich würde ich sozusagen ein paar Monate Urlaub nehmen und nebenberuflich Annes Fohlen striegeln.

Vielleicht, so dachte ich, schreibe ich noch ein paar Bewerbungen, denn von irgendwoher musste ja auch das Geld kommen, an dem bei mir chronischer Mangel herrschte, aber jetzt wollte ich erst mal Urlaub machen. In meinem Kopf war alles geplant; ich buchte einen Flug nach Lanzarote, rief Anne an, um sie seelisch auf meinen monatelangen Besuch vorzubereiten, und begann meine Tasche zu packen. Es war ein herrlich leichtes Gefühl: Ich hatte die Ausbildung in der Tasche und obwohl ich jobtechnisch noch nichts Neues am Start hatte, machte ich mir darüber keinerlei Gedanken. Wird schon klappen, dachte ich optimistisch. Dass der Einstieg ins Berufsleben schneller glückte, als mir lieb war, nämlich im Grunde genommen schon einen Tag später, irritierte mich etwas.

Ich hatte nämlich ganz vergessen, dass ich kurz vor den Prüfungen etliche Bewerbungen geschrieben und an diverse Rechtsanwaltskanzleien gesendet hatte. In den Sommermonaten melden die sich sowieso nicht, dachte ich. Fehlanzeige! Ich wollte gerade mit meinem prall gefüllten Koffer zur Tür raus, als das Telefon klingelte. Ich nahm nur ab, weil ich dachte, dass es das Taxi sei, das mich zum Flughafen bringen sollte.

»Einen Moment noch, ich bin gleich unten!«, verkündete ich freudig.

»Hallo? Ähm, spreche ich mit Frau Gerke?«, fragte eine Stimme am anderen Ende.

»Ja«, antwortete ich, »Christina Gerke.«

»Frau Gerke, guten Tag, Rechtsanwaltskanzlei Steinheimer & Söhne. Schön, dass ich Sie so schnell erreiche. Sie hatten sich vor einigen Wochen bei uns beworben. Zwar haben Sie Ihre Ausbildung gerade erst abgeschlossen und noch nicht viel Berufserfahrung, aber wir möchten Sie gern zu einem persönlichen Vorstellungsgespräch in unseren Räumlichkeiten einladen. Wann würde es Ihnen zeitlich am besten passen?«

Passen? Hatte die Stimme eben gefragt, wann es mir passen würde? Um bei der Wahrheit zu bleiben, hätte ich eigentlich »Im Moment gar nicht!« sagen müssen, aber so ein Jobangebot kommt ja auch nicht jeden Tag um die Ecke geflitzt und schreit: »Nimm mich!«, dachte ich und stammelte deshalb unentschlossen in den Hörer: »Morgen früh um elf?«

»Perfekt«, sagte die Stimme am anderen Ende, »dann freuen wir uns darauf, Sie kennenzulernen, und sehen uns morgen. Florastraße 12, Sie wissen Bescheid?«

»Ja«, sagte ich, »ich weiß Bescheid. Bis morgen und vielen Dank für die Einladung.«

Ich setzte mich auf die Küchenbank und atmete tief durch. Lanzarote lag schneller hinter mir, als ich gucken konnte. Ich packte meine Klamotten also wieder aus, sammelte mich ein wenig und fing an, mich den Rest des Abends auf das Gespräch vorzubereiten.

Am folgenden Tag saß ich Punkt elf Uhr geschniegelt und gebügelt mit feuchten Händen im Konferenzraum und hatte keine fünf Minuten später meinen ersten richtigen Job. Na gut, es war zwar bloß eine Schwangerschaftsvertretung und die Kanzlei in Handlungszwang, aber das war mir egal. Ich war dabei.

Der erste Tag in der Kanzlei war anstrengend. Nachdem ich allen als »die Neue« vorgestellt und mir mein Schreibtisch zugeteilt worden war, verbrachte ich den Tag damit, Akten zu kopieren, Akten einzuscannen, Akten zu archivieren, Akten unterschreiben zu lassen und Akten zu vernichten. Ich teilte mir ein Büro mit Ilka, einer kleinen Brünetten mit breitem Grinsen. Sie war schon drei Jahre hier und hatte, wie sie gern behauptete, über alles und jeden genaue Kenntnisse. Ilka wurde schnell zu einer guten Vertrauten und noch besseren Informantin.

»Hast du schon den Steinheimer gesehen?«, fragte sie und lehnte sich über ihren Schreibtisch.

»Welchen«, fragte ich zurück, »den jungen oder den alten?« Der Alte war bei meinem Vorstellungsgespräch dabei gewesen.

»Doch nicht den Alten«, zischte Ilka. »Den Sohn vom Alten!«

»Nein, den habe ich noch nicht gesehen«, sagte ich. »Wieso? Hat der nach mir gefragt? Soll ich mich bei dem noch schnell vorstellen gehen?«

Ich stand wie angewurzelt da, meine Hände wurden feucht. Ich konnte förmlich zusehen, wie ein roter Ausschlag es sich auf meinem Dekolleté ausbreitete und es sich darauf gemütlich machte.

»Schätzchen!«, kicherte Ilka. »Nach dir gefragt? Nee, ganz sicher hat der nicht nach dir gefragt! Du und ich, wir spielen doch gar nicht in seiner Liga.«

»Was soll das denn bedeuten?«, fragte ich und versuchte ein bisschen gleichgültig zu klingen.

»Das wirst du noch früh genug mitkriegen!«, kicherte sie und knallte mir einen neuen Aktenstapel auf den Tisch.

Diese Art von Sprüchen konnte ich noch nie leiden. *Ich* nicht in *seiner* Liga! In *meiner* Liga geht es zu wie in Oliver Stones' Film *An jedem verdammten Sonntag*. Coach Tony D'Amato passt an der Seitenlinie auf mich auf und ruft mir lautstark in Erinnerung, dass der Glaube an sich selbst das Wichtigste ist.

Ich mag Steinheimer Junior schon jetzt nicht, dachte ich, obwohl er mir noch nicht einmal begegnet war. Die folgenden Tage in der Kanzlei unterschieden sich im Wesentlichen nicht von den ersten: Akten, Telefonate, Schriftverkehr. Neu war, dass ich immer mehr die persönliche Assistentin vom alten Steinheimer wurde. Steinheimer Jr. hatte ich, wenn überhaupt, nur von hinten gesehen. Dass ich ihm nicht mal auf dem Flur oder in der Küche begegnet war, verwunderte mich. Mir kam es beinahe so vor, als würde er sich verstecken. Manchmal konnte ich durch die leicht geöffnete Bürotür seine Hände sehen, wenn er am Laptop arbeitete. Aber seine Stimme, die so schön und warm klang und die ich oft aus dem Büro nebenan vernahm, wurde mir von Tag zu Tag vertrauter.

»Sind Sie die Neue?«, fragte die vertraute Stimme eines Morgens plötzlich direkt hinter mir.

Ich drehte mich um und musste tatsächlich ein bisschen um Fassung ringen. Der junge Steinheimer – Dr. Philipp Steinheimer – war wie aus dem Nichts hinter mir aufgetaucht, zwei Dokumentenordner in der linken Hand, die rechte ausgestreckt.

»Ähm, ja. Ich bin die Schwangerschaftsvertretung«, piepte ich.

»Hallo, Schwangerschaftsvertretung, ich bin Philipp!«, sagte Steinheimer Junior, gab mir die Hand, lächelte und ging.

Ich stand wie angewurzelt da, meine Hände wurden feucht. Ich konnte förmlich zusehen, wie ein roter Ausschlag es sich auf meinem Dekolleté ausbreitete und es sich darauf gemütlich machte. Ilka kringelte sich vor Lachen.

»Ich bin die Schwangerschaftsvertretung«, äffte sie mich nach und scherzte: »Ganz schön clever, Christina, dass du so schnell gecheckt hast, dass du nur die Schwangerschaftsvertretung bist. Über diesen Status wirst du in diesem Laden nämlich nicht hinauskommen! Ich bin die Schwangerschaftsvertretung der Vorvorgängerin deiner Schwangerschaftsvertretung und habe ganze drei Jahre gebraucht, bis mir bewusst geworden ist, dass ich das auch bleibe. Stell dir vor, der alte Steinheimer nennt mich manchmal immer noch beim falschen Namen! Aber Steinheimer Junior! Na, was sagst du? Ist der Mann nicht ein fleischgewordener Frauentraum?«

Ich nickte geistesabwesend, denn ich musste die ganze Zeit an die Szene aus *Dirty Dancing* denken, in der die schüchterne Baby dem Tanzlehrer Johnny vorgestellt wird und auf dessen Frage: »Wer ist die denn?«, antwortet: »Ich habe eine Wassermelone getragen«. Genauso bescheuert kam ich mir gerade vor.

Einen Moment lang ärgerte ich mich über mich selbst und vergaß darüber völlig den Ausschlag auf meinem Dekolleté, der mich gern in peinlichen Situationen überfiel. Ilka erzählte, dass in der Kanzlei schon viele Frauen in Philipp verknallt gewesen seien, sogar die Neumann vom Empfang. Obwohl es mich herzlich wenig interessierte, bei wie vielen Frauen Philipp imaginär als Poster über dem heimischen Bett hing, musste ich zugeben, dass er zu den attraktivsten Männern gehörte, die ich bislang getroffen hatte. Er war so eine optische Mischung aus Pierce Brosnan und Montgomery Clift.

Das allein reichte aus, um das Objekt der Begierde von sämtlichen weiblichen Angestellten der Kanzlei zu sein. Mir passte das nicht. Es war zu einfach, zu platt, zu offensichtlich. Für mich muss ein Mann mehr haben, als nur gut auszusehen. Bestimmt ist er ein arrogantes Arschloch, redete ich mir ein. Bestimmt behandelt er seine Angestellten wie Luft, während

> *Bestimmt behandelt er seine Angestellten wie Luft, während sie für ihn die Drecksarbeit erledigen, ihm seinen blöden Kaffee kochen und den Besuchern die Mäntel abnehmen.*

sie für ihn die Drecksarbeit erledigen, ihm seinen blöden Kaffee kochen und den Besuchern die Mäntel abnehmen. Und dann war da auch noch Ilkas Bemerkung, dass wir nicht in seiner Liga spielen würden. Ich beschloss, Dr. Steinheimer Junior auf den Zahn zu fühlen.

»Philipp kommt heute nicht!«, sagte Ilka am folgenden Tag. »Der hat schon wieder Stress mit seiner Tussi. Die hat heute Morgen dreimal hier angerufen und die Neumann rundgemacht. Dieser blöde Model-Verschnitt! Hast du die schon mal gesehen?«

»Nein«, antwortete ich, »ich wusste nicht mal, dass der Junior in festen Händen ist.«

»Ja, schon 'ne ganze Weile! Läuft aber in letzter Zeit nicht mehr so. Ich glaub, die Tussi ist ihm einfach zu anstrengend. Neulich hat sie ihre Mascara bei uns auf dem Klo liegen gelassen. Willst nicht wissen, was hier los war! Die dreht bei jedem Furz durch, der ihr querhängt! Was bringt ihm so eine denn auf Dauer?«, lamentierte Ilka und klang wie diese Therapeutin, Angelika Kallwass, die RTL auf die Mattscheibe zaubert, wenn's bei Männlein und Weiblein nicht mehr funzt.

»Was weiß ich?«, entgegnete ich möglichst desintessiert und wandte mich wieder der Arbeit zu. Während ich Akten sortierte, Briefköpfe aufsetzte und Versicherungsanfragen bearbeitete, musste ich mehr an Philipp denken, als mir lieb war. Meine Gedanken wandelten sich zunehmend: Ging es anfangs nur um meinen Stolz, ihm und mir selbst zu beweisen, dass ich sehr wohl in seiner Liga war, mischte sich nun auch ein Hauch Leidenschaft dazu. Er ging mir nicht mehr aus dem Kopf. Jemand mit diesem Lächeln, dachte ich verträumt, kann unmöglich ein arrogantes Arschloch sein.

Dass Philipp tatsächlich keines war, bestätigte sich in den folgenden Wochen. Er arbeitete gerade an zwei dringenden Fällen: unerlaubtes Entfernen vom Unfallort der eine, Fahren ohne Fahrerlaubnis der andere. Normalerweise arbeitete Ilka Philipp zu, aber die lag wegen Grippe flach. Und so geschah, was geschehen musste: Steinheimer Junior kam, gab Order und beschloss. Ich wurde zu seiner persönlichen Assistentin und hatte von jetzt auf gleich zwei Fälle an der Backe, die eines ganz sicher bedeuteten: Überstunden.

»Frau Gerke, in mein Büro!«, bat er mich höflich, aber bestimmt.

Mir lief es kalt den Rücken hinunter. Ich suchte schnell alle Papiere raus, die ich bereits für den Fall zusammengetragen hatte, und tänzelte nach nebenan.

»Tut mir leid, dass es die Tage länger wird, Frau Gerke, aber wir müssen beide Fälle bis Ende nächster Woche zu Ende bringen«, sagte Philipp, ohne aufzublicken.

»Kein Thema!«, entgegnete ich und legte die Papiere auf den Schreibtisch, ging zurück in mein Büro und machte mich an die Arbeit. In mir flammte der dringende Wunsch auf, Philipp haben zu wollen. Wie er so am Schreibtisch saß, so ernst, so beschäftigt, so in seine Arbeit versunken – ein Mann der Tat, bei diesem Gedanken ertappte ich mich.

Draußen wurde es langsam dunkel, der alte Steinheimer ging als Letzter. Auch die Neumann war schon seit Stunden zu Hause. Im Büro nebenan hörte ich Philipp unaufhörlich in sein Diktiergerät sprechen. Ich bekam Hunger, fühlte mich unterzuckert und konnte das Schmerzen meiner Füße in den blöden Pumps nicht länger ignorieren. Es war bereits viertel nach elf.

»Wollen Sie auch was essen? Ich könnte uns 'ne Pizza ordern«, schlug ich ihm vor.

»Nein, danke, Christina. Ich muss das hier heute noch fertig kriegen«, antwortete er.

Ich wunderte mich ein bisschen, dass er mich plötzlich beim Vornamen nannte, und glaube, er wunderte sich auch, aber wahrscheinlich war er viel zu sehr in seine Arbeit vertieft, um über diesen Fauxpas länger nachzudenken. Ich bestellte mir Pizza und Cola und zog meine Schuhe aus. In die Dinger würden meine Füße heute Abend nicht mehr reinpassen, so viel war sicher. In meiner Tasche waren noch die Affensocken vom letzten Weiberabend, die ich extra eingepackt habe, weil es bei Luisa so fußkalt ist. Ich schlüpfte in die Socken und fiel über die Pizza her, die gerade eingetrudelt war. Sollte ich ihm ein Stück übrig lassen, fragte ich mich, überlegte nicht lange, holte einen Teller aus der Küche, schob die Pizza drauf und ging in Philipps Büro. Durch den Türspalt fiel sein Schatten in den Flur. Am liebsten hätte ich mich einfach auf seinen Schoß gesetzt, doch das ging natürlich nicht. Aber was konnte ich tun? Wie ihm klarmachen, was ich wollte, ohne meine Deckung aufzugeben? Ich musste wieder an Coach D'Amato denken: »Lauf zum Buick«, hatte er zu seinem wichtigsten Spieler gesagt, »lauf zum Buick!«

»Oh, danke, dass Sie an mich gedacht haben!«, sagte Philipp, als ich in sein Büro trat.

»Ich denke immer an Sie!«, gab ich zurück und war über meine Antwort etwas erschrocken, denn ich wusste ja, dass das ernst gemeint war. Sofort spürte ich wieder diesen verräterischen Ausschlag, der sich vom Hals bis zum Ansatz meiner Brüste schlich. Philipp blickte mich forschend an. Er bemerkte meine errötete Haut. Sein Blick wanderte von meinem Hals zu meinen Brüsten. Habe ich schon erwähnt, dass ich verdammt schöne Brüste habe? Philipp sah mir jetzt direkt in die Augen, ich glaube, so intensiv hatte er mich vorher noch nicht angeschaut. Ich hielt seinem Blick stand und lächelte, als ich meinen Hintern aus seinem Büro zurück an meinen Schreibtisch schob.

»Ich denke immer an Sie!«, gab ich zurück und war über meine Antwort etwas erschrocken, denn ich wusste ja, dass das ernst gemeint war.

Stunden vergingen. Es könnten auch Jahre gewesen sein, das kann ich nicht mehr genau sagen.

»Sind das Affensocken?«, fragte Philipp, als ich in der Küche den x-ten Kaffee aufsetzte. »Rennen Sie hier in der Kanzlei tatsächlich mit Affensocken rum?« Er lachte laut los.

»Ich möchte Sie mal sehen, wenn Sie 13 Stunden lang meine Schuhe anhaben! Ich hoffe, das geht okay. Die Socken sieht man doch nicht unterm Schreibtisch und jetzt kommen ja auch keine Klienten mehr!«

»Ist vollkommen in Ordnung«, sagte Philipp. »Ziehen Sie das an, worin Sie sich am wohlsten fühlen – auch wenn es sich dabei um komische Tiersocken handelt.«

Er lachte immer noch und zum ersten Mal seit Tagen verschwand die Anstrengung in seinem Gesicht. Sein Lachen war schön und ansteckend.

»Sie wissen, dass Sie morgen das Gleiche noch mal erwartet?«, fragte Philipp und hielt mir eine Tasse hin, als ich die Kaffeekanne von der Maschine nahm.

»Ja, Sie hatten mich ja vorgewarnt!«, sagte ich. »Und Sie wiederum wissen, dass ich bei Ihnen was guthabe?«

»Genau«, erwiderte Philipp, »die nächsten Affensocken setzen Sie bitte auf meine Rechnung!«

»Die nächsten zehn Affensocken!«, übertrieb ich.

Wir lachten so ausgelassen, als würden wir uns schon ewig kennen.

»War schön, mit Ihnen zu arbeiten!«, sagte Philipp, als ich gegen zwei Uhr morgens das Büro verließ. Kommen Sie morgen ruhig eine Stunde später ins Büro, wir müssen noch mal ranklotzen. Das kann dauern!«

»Okay«, zwitscherte ich und schwirrte ab.

Als ich am nächsten Morgen im Büro eintraf, wartete schon die Neumann auf mich. Sie war sauer, weil sie dachte, ich hätte verschlafen. »Das ist aber nicht die feine englische!«, sagte sie. »Vergessen Sie nicht, Sie sind noch in der Probezeit!«

»Aber Philipp meinte, ich könne ruhig eine Stunde später anfangen!«, entgegnete ich. Die Neumann plusterte sich auf: »Sie meinen Dr. Steinheimer! Für Sie ist das immer noch der Dr. Steinheimer, Frau Gerke!«

Ich schwieg siegesgewiss, ging in mein Büro und machte mich an die Arbeit. Wird Zeit, dass Ilka wiederkommt, dachte ich. Irgendwie nervt mich die Neumann.

»Christina, sind Sie es?«, rief Philipp aus seinem Büro.

Die Neumann guckte neugierig zu mir rüber. Ihr Gesichtsausdruck sprach Bände.

»Ja, Philipp«, flötete ich und nannte ihn zum ersten Mal, ebenso wie er mich, ungefragt beim Vornamen.

Philipp lächelte mich an und sah auf meine Schuhe.

»Sie wissen, was heute ansteht?«, fragte er. »Schmerzensgeld-Aushandlung des Mandanten Stede.«

»Ja, ich bin vorbereitet.«

Die folgenden Stunden flogen nur so dahin. Gegen 17 Uhr verließ die Neumann die Kanzlei mit grimmigem Blick, und auch der alte Steinheimer war schon gegangen. Philipp und ich waren wieder allein. Ich gebe zu, dass ich den ganzen Tag diesen Moment herbeigesehnt hatte, in dem wir allein sein würden, damit ich wieder mit Philipp flirten konnte.

Nach einer gefühlten Ewigkeit über Aktenbergen schwirrte mir der Kopf. Es war bereits weit nach Mitternacht, als ich Philipps Schritte auf dem Flur hörte. Ich blickte auf.

»Können Sie diese Unterlagen schon mal in den Kopierraum bringen und ein Mal kopieren?«, fragte Philipp. »Ich komme dann in ein paar Minuten nach.«

Ich sah ihn an und wusste, dass wir in diesem Moment beide dasselbe dachten.

»Sie und ich im Kopierraum?«, scherzte ich. »Ich weiß nicht, ob das gut geht!«

»Sie sind ganz schön frech, wissen Sie das?«, sagte er und lachte.

Ich hatte bereits die ersten Formulare kopiert, als Philipp in den Kopierraum kam.

»Hier ist noch ein neuer Stapel«, sagte er, drückte mir einen Haufen Papiere in die Hand und wollte sich fast schon wieder zur Tür umdrehen. In diesem Moment rasten die Gedanken wie Formel-1-Rennwagen durch mein Hirn: Kann ich es wagen? Ist das der Moment? In meinem ganzen Körper kribbelte es und ich wusste nur, dass ich ihn haben musste – und zwar jetzt.

Ich machte einen Schritt zur Seite, schloss die Tür, bückte mich und legte die Akten zu Boden. Philipp sah mich irritiert an. Unbeirrt ging ich auf ihn zu, legte meine Hände auf seine Brust und schob ihn mit sanfter Gewalt Richtung Kopierer. Obwohl ich spürte, wie sich seine Muskeln ein wenig dagegen sträubten, ließ er mich gewähren. Er stand jetzt ganz nah vor mir und schaute mir ins Gesicht. Die Irritation war aus seinem Blick verschwunden, er sah mich ganz offen an, sagte kein Wort und überließ mir, was weiter geschehen würde. Mir wurde ein bisschen schwindelig bei dem Gedanken daran, dass wir hier ganz allein waren – endlich.

»Weißt du, was ich jetzt machen werde?«, fragte ich.

»Was?«, fragte Philipp zurück.

»Mich mit dem nackten Hintern auf den Kopierer setzen und einen Abzug für die Neumann machen.«

Philipp hob mich auf den Kopierer. Er spreizte meine Schenkel und schob sich zwischen sie. Ich zog ihn an mich. Er küsste meinen Hals, sah mich kurz an, nahm meinen Kopf in beide Hände und gab mir einen langen Kuss. Als ich seine fordernde Zunge spürte, konnte ich kaum mehr an mir halten vor Erregung.

Er drückte mich dabei fest an sich, sein Gesicht ganz nah an meinem, und sah mir fest in die Augen. Ich konnte seinem Blick kaum standhalten, so intensiv war er. Ich fühlte mich unheimlich sexy.

»Findest du das hier nicht ein bisschen klischeehaft?«, flüsterte Philipp mir ins Ohr, während er an meinem Ohrläppchen knabberte.

»Auf jeden Fall«, sagte ich.

Philipp öffnete langsam die Knöpfe meiner Bluse. Seine Finger berührten meine Brüste, erst zögerlich, dann fordernder, fester. Mit Zeigefinger und Daumen zwirbelte er meine harten Nippel, bis ich leise stöhnte. Ich öffnete seine Hose und fühlte, dass sein Schwanz bereits sehr hart war. Philipp schob meinen Rock höher, zog mein Höschen zur Seite und beugte sich nach unten. Ich lehnte mich zurück und genoss seine Zunge zwischen meinen Beinen. Als er wieder nach oben kam und wir uns küssten, hatte er meinen Duft an seinen Lippen.

»Du bist unheimlich feucht!«, murmelte er, streifte sich die Shorts runter und drang in mich ein. Er bewegte sich erst langsam, dann wurden seine Stöße heftiger, schneller, unkontrollierter. Er drückte mich dabei fest an sich, sein Gesicht ganz nah an meinem, und sah mir fest in die Augen. Ich konnte seinem Blick kaum standhalten, so intensiv war er. Ich fühlte mich unheimlich sexy. Als er kam, hielten wir inne, um den Moment auszukosten. Philipp atmete schwer.

»Das nächste Mal vernasche ich dich auf dem Schreibtisch von der Neumann«, flüsterte ich in sein Ohr und wischte ihm den Schweiß von der Stirn. Er lachte, beugte sich wieder nach unten und setzte mit seiner Zunge dort an, wo er kurz zuvor aufgehört hatte. Es dauerte keine zwei Minuten, bis auch ich kam und für einen Moment aus meiner eigenen Umlaufbahn flog.

In den darauf folgenden Wochen weihten wir sämtliche Schreibtische der Kanzlei ein. Wir machten es sogar im Konferenzraum von Steinheimer Senior. Als Ilka nach ihrer Grippe das erste Mal wieder im Büro war, fühlte sie sich – was die privaten Belange von Steinheimer Junior betraf – nicht auf dem neuesten Stand. Irgendwo hatte sie aber immer ein Vögelchen, das ihr was zwitscherte. »Du, ich hab gehört, der Junior hat seiner Model-Tussi den Laufpass gegeben und soll jetzt irgendwas mit einer Rechtsanwaltsgehilfin am Start haben. Wer soll das denn sein? Auf keinen Fall eine von hier! Weißt du was darüber?«, fragte sie neugierig.

»Keinen Schimmer«, antwortete ich und musste grinsen beim Gedanken daran, wie Ilkas Schreibtisch schon zweimal zweckentfremdet worden war.

Wenn ich heute daran denke, wie sauer ich anfangs über den verpassten Sommer auf Lanzarote war, muss ich lachen. Denn seitdem war ich schon sehr oft Annes Fohlen striegeln. Zusammen mit Philipp.

33. GESCHICHTE

Das Event des Jahres

Nane (35), Fremdsprachenkorrespondentin, Berlin,
über
Sergej (30), Industriedesigner, Berlin

Jetzt komm schon mit!«, bettelte Frauke mich zum x-ten Mal an. »Los, bitte! Du wirst es nicht bereuen, versprochen!« Die ganze Woche lag sie mir schon mit dieser Einweihungsparty in den Ohren, dabei verstand ich nicht einmal, wieso. Fraukes Bruder aber war der Ansicht, dass sie unbedingt hingehen müsse, weil sie sonst definitiv das Ereignis des Jahres verpasse.

Frauke war meine Arbeitskollegin und Freundin. Man konnte sie immer gut bequatschen. Wenn man ihr beispielsweise mit bierernstem Gesicht erzählte, dass Bankräuber im Klo eines ICE-Zuges 'ne halbe Mille versteckt haben, konnte man sicher sein, dass sie sämtliche Züge der Deutschen Bahn inspizierte, um sich die deponierte Kohle unter den Nagel zu reißen. Ich konnte mir zwar überhaupt nicht vorstellen, dass eine Einweihungsparty, die obendrein von ihrem Bruder organisiert wurde, das Event des Jahres sein sollte, aber ich tat ihr den Gefallen und sagte zu.

»Kannst du dir nicht was anderes anziehen?«, fragte Frauke mit enttäuschtem Blick und zog ein Schippchen, als sie mich abholte.

»Wieso?«, fragte ich und stutzte, »was ist denn mit meinem Outfit nicht Ordnung?«

»Na ja«, überlegte sie laut, »sieht irgendwie nicht so richtig hip aus.«

»Ach, komm«, verteidigte ich mich, »das Kleid ist besser als deine viel zu enge Leggings. ›Cameltoe‹ lässt mal wieder grüßen!«

»Sollte mich jemals ein Mann anlabern, dann bestimmt nicht, weil ich meine Muschikonturen so offenherzig zeige wie du, Chéri!«

Frauke fasste sich in den Schritt und zupfte am Stoff, als würde das irgendetwas bringen.

»Ich lass das jetzt an«, erklärte ich selbstbewusst. »Ich sehe nicht ein, weshalb ich mich ständig in Klamotten zwängen soll, die gerade in sind und als Blickfanggarantie für irgendwelche Männer gelten, die mich einen Scheiß interessieren. Sollte mich jemals ein Mann anlabern, dann bestimmt nicht, weil ich meine Muschikonturen so offenherzig zeige wie du, Chéri!«

Frauke grinste und fummelte sich wieder im Schritt. »Let's go to paaaarty«, schrie sie, als wir uns an diesem kalten Novemberabend zum angeblichen »Event des Jahres« aufmachten.

Gegen Mitternacht betraten wir eine 180-Quadratmeter-Wohnung am Frankfurter Tor und mussten feststellen, dass wir die Ersten waren. Macht nichts, dachten wir, holt man sich eben erst mal ein Glas Bowle und guckt sich die Bude in aller Ruhe an. Ich muss gestehen, dass ich von dem bunten Möbel-Mischmasch aus Ikea und Flohmarkt angenehm überrascht war. Fraukes Bruder hatte beim Einrichten seines Zimmers Geschmack bewiesen, den er beim Abmischen der Bowle, ich sag mal so, außen vor gelassen hatte. An Alkohol hatte er jedenfalls nicht gespart. Nach dem ersten Glas war ich bereits vollkommen blau und entschied mich dafür, die Szenerie lieber aus dem Abseits zu beobachten. Die Bude füllte sich relativ schnell.

Gegen ein Uhr standen die Cousinen eines Mitbewohners auf der Matte, zwei weißblond gefärbte Abiturientinnen aus Stuttgart, die später noch ins Watergate tanzen gehen wollten, wie sie verrieten. Sie trugen beide das Gleiche: hautenge Cameltoe-Jeans und weiße Blusen. Eine fummelte sich ständig an den Haaren herum und klickte etwa dreihundertfünfundsiebzig Mal in der Minute mit ihren XXL-Wimpern, die andere schielte permanent zu den Jungs rüber, die ebenfalls garantiert unter zwanzig waren und aussahen wie Popsternchen: verwegen, melancholisch, bulimisch und cool. Ich war drauf und dran, die Party mehr als bescheiden zu finden, und wollte gerade gehen, als Frauke mich am Ärmel zupfte und aufgeregt in Richtung Flur zeigte: »Oh Gott, guck dir den da mal an!«

Herr im Himmel, schoss es mir durch den Kopf, als ich den Typen musterte, den würde ich am liebsten sofort mit nach Hause nehmen. Er sah schärfer als ein Rasiermesser aus: groß, blond, breitschultrig. Und er rauchte! Endlich mal wieder einer, der dem gleichen Laster frönt wie ich, dachte ich und kramte in meiner Tasche nach meinen Kippen.

»Findest du nicht auch, dass er ein bisschen tuntig wirkt?«, fragte Frauke, während sie an einer Salzstange knabberte. »Guck doch mal, diese Lippen, diese Hände, diese perfekte Haut! Der ist bestimmt so ein Kosmetik-Fuzzi und besitzt mehr Cremedosen als wir beide zusammen.«

Während Frauke über metrosexuelle Männer im Allgemeinen sinnierte, hing ich in Gedanken bereits an den perfekt gepflegten Lippen des Schönlings.

»Hey«, sagte Frauke und pikte mich in die Seite, »du guckst da ja ständig rüber, was führst du denn schon wieder im Schilde?«

»Ich? Ähm, nichts, gar nichts«, sagte ich und tat ein bisschen gelangweilt. »Ich werde nach Hause gehen, mich vor die

Glotze setzen und mir die Wiederholung des Sat1-Film-Films reinziehen.«

»Haha!«, lachte sie ironisch und zwinkerte. »Wer's glaubt, wird selig. Ich weiß genau, was du vorhast! Du denkst, dass der Typ förmlich darum bettelt, von dir aufgerissen zu werden, er weiß es nur noch nicht, stimmts?«

»Stimmt genau! Und ich sorge jetzt dafür, dass sich das ganz schnell ändert«, erwiderte ich kokett, und ging zielgerichtet in den Flur.

»Aber nicht in dem Zimmer meines Bruders, Nane!«, rief Frauke hinter mir her.

Im Flur stellte ich mich direkt neben den hübschen Typen, der gerade ein bisschen verloren wirkte und nach Bekannten Ausschau zu halten schien. Ich versuchte, mir eine Zigarette anzuzünden. Wie üblich klemmte mein Feuerzeug. Ich wollte mir schon etliche Male ein neues besorgen, aber die Masche mit dem nicht funktionierenden Feuerzeug zieht immer. In diesem Moment klickte seins schon.

»Danke!«, sagte ich, zog an meiner Kippe und lächelte.

»Kein Thema«, sagte der Typ.

»Ich bin übrigens Nane, und du?«

»Sergej.«

»Hallo.«

Wir grinsten.

Während Sergej noch immer den Blick durch den Raum schweifen ließ, musterte ich ihn von oben bis unten. Frauke hatte recht, er sah für einen Mann beinahe ein bisschen zu gepflegt aus. Aber mir machte das nichts aus, im Gegenteil! Ich könnte mich durch seine komplette Kosmetikserie schlauchen.

»Bist du mit Freunden hier?«, fragte ich ihn und sah ihm dabei tief in die Augen.

»Ich wollte mich hier mit einigen Kumpels treffen. Sieht aber aus, als wären sie schon gegangen. Mann, wie alt sind die Leute denn hier im Durchschnitt? Das ist ja der reinste Kindergarten!«

»Ja, genau!«, sagte ich und nickte eifrig. »Dasselbe habe ich auch gedacht, als ich hier ankam. Stell dir vor: Mir wurde die Party als ›Event des Jahres‹ angekündigt!«

»Geil!«, sagte Sergej. »Man hätte es kaum treffender beschreiben können.«

»Ich hol mir mal eben ein Glas Wein. Willst du auch eins?«, fragte ich ihn.

»Rot oder weiß?«, fragte Sergej zurück.

»Wie die Liebe«, antwortete ich und zwinkerte ihn an.

»Dann nehme ich auch eins, danke!«

»Rühr dich nicht von der Stelle«, befahl ich ihm scherzhaft, »ich bin gleich wieder da.

Als ich in die Küche ging, wackelte ich mit dem Hintern, der durch mein Kleid defintiv betont wurde, im vollen Bewusstein, dass Sergejs Augen garantiert darauf gerichtet waren.

Die Stimmung in der Küche war wie auf einer Betriebsversammlung von Opel: beschissen. Einer löffelte traurig den Kartoffelsalat direkt aus der Schüssel, ein anderer pfiff sich die Gemüsebuletten ein, als wären es Weintrauben, ein dritter Partygast öffnete seinen Gürtel, während er das Buffet ansteuerte, und niemand sprach auch nur ein Sterbenswörtchen. Bloß schnell raus hier, dachte ich, schnappte mir zwei Gläser und die angebrochene Flasche Rotwein und ging schnurstracks zurück in den Flur. Sergej hatte sich tatsächlich nicht von der Stelle gerührt. Er nahm die Flasche entgegen und ein Glas und schenkte uns beiden ein.

»Reicht, stopp, stopp!«, rief ich, als er mir ein bisschen zu viel eingoss. »Ich muss noch mit dem Fahrrad nach Hause kommen!«

»Wo wohnst du denn?«, fragte er. »Vielleicht kann ich dich später irgendwo absetzen.«

»Raumerstraße«, flüsterte ich ihm ins Ohr und berührte dabei wie zufällig mit meinen Brüsten seinen Arm. »Und du?«

»Stargarder«, sagte Sergej lächelnd und nippte an seinem Glas.

Ich hatte die Gunst der Stunde genutzt und mich ein bisschen näher an ihn herangestellt. Manchmal, wenn ich beim Reden zu viel gestikulierte, berührten sich unsere Knie. Er wich nicht zurück.

»Oh, da sind wir ja fast Nachbarn«, sagte ich und fuhr mit dem Zeigefinger über meine Oberlippe. »Verrückt, oder? Berlin hat drei Millionen Einwohner und man hat das Gefühl, dass alle in der gleichen Ecke wohnen.«

»Prenzlauer Berg«, riefen wir beide gleichzeitig wie aus der Pistole geschossen und lachten. »Absolutes Muss!«

Während wir über »die Zugezogenen« lästerten – Anwälte aus Bonn und Architekten aus Schwaben –, ertönte plötzlich Prince aus den Boxen. Das ist die Gelegenheit, mit ihm auf Tuchfühlung zu gehen, dachte ich und stellte das Weinglas zur Seite.

»Ich liebe diesen Song«, schwärmte ich und ließ die Hüften kreisen. Sergej grinste.

»You don't have to be rich to be my girl, you don't have …«, sang ich den Refrain mit und sah ihm dabei in die Augen. Frech trommelte ich mit den Fingerspitzen den Takt auf seinen Oberschenkeln. Sergej schien es zu gefallen, er wippte mit, wenn auch ein bisschen unsicher. Ich animierte ihn, mutiger zu sein, indem ich tanzend vor ihm in die Knie ging und mich langsam wieder an seinem Körper nach oben schlängelte.

Beim Tanzen wurden aus unseren scheinbar flüchtigen Berührungen fordernde Gesten und ich beschloss, den nächsten Schritt zu machen. Ich fragte Sergej, ob er nicht Lust hätte, noch ein bisschen mit mir durchs nächtliche Berlin zu fahren. Mir war dabei vollkommen egal, ob wir uns den Funk- oder den Fernsehturm ansehen würden, ob wir über den Ku'damm oder Unter den Linden entlangfahren würden. Ich hielt inne, nahm ihm das Weinglas ab, an dem er sich die ganze Zeit über ein bisschen zu sehr festzuhalten schien, stellte es zur Seite und schmiegte mich an ihn.

»Ich möchte mit dir allein sein. Lass uns verschwinden!«, schlug ich vor und ließ wie selbstverständlich beide Hände über seinen Po gleiten.

Etwas zaghaft willigte Segej ein. Ich war sicher, dass ihm ein bisschen mulmig zumute sein würde, weil er nicht wusste, was ihn erwartete.

»Wir müssen ein Stück gehen«, sagte er, als wir zu seinem Auto gingen. »Ich hab keinen Parkplatz mehr gefunden.«

»Kein Problem!«, flüsterte ich und hoffte, dass sein Auto irgendwo in einer dunklen, ruhigen Seitenstraße stand. Und tatsächlich: Sein Wagen stand am Ende einer Sackgasse.

Als er gerade den Schlüssel ins Schloss stecken wollte, nahm ich seine Hand und hielt sie fest. Ich sah ihn an und küsste ihn auf die Wange. Er lächelte wie ein Schuljunge. Dann ging ich zur anderen Seite des Wagens, wartete, bis er eingestiegen war und mir die Autotür öffnete, und stieg ein.

Noch während Sergej an den Knöpfen des Armaturenbretts fummelte, kletterte ich zu ihm rüber und setzte mich auf ihn. Er kam gerade noch dazu, das Radio anzuschalten, als ich ihn küsste und mir seine Hände nahm, um sie auf meinen Hintern zu legen.

Sergej war ein bisschen schüchtern, hielt den Autoschlüssel noch immer in der Hand und war offensichtlich unsicher, ob er losfahren sollte. Ich dagegen war mir nicht unsicher. Es war zwar November und ich fror bereits bitterlich. Aber ich wollte nicht losfahren, ich wollte Sergej und verdammt noch mal, ich wollte ihn sofort, hier, in diesem Auto, in dieser dunklen Seitenstraße, in dieser Nacht. Einen Moment lang schwiegen wir, es war still, ganz still.

»Mach die Standheizung an!«, sagte ich.

Noch während Sergej an den Knöpfen des Armaturenbretts fummelte, kletterte ich zu ihm rüber und setzte mich auf ihn. Er kam gerade noch dazu, das Radio anzuschalten, als ich ihn küsste und mir seine Hände nahm, um sie auf meinen Hintern zu legen. Eigentlich hatte ich vorgehabt, es langsam anzugehen, aber schon nach dem ersten Kuss gab es für mich kein Halten mehr. Er küsste einfach fantastisch! Hektisch knöpfte ich ihm seine Jeans auf und zog sie ihm, so weit es möglich war, herunter. Indes machte sich Sergej an den Sitzen zu schaffen und versuchte, die Lehne zurückzustellen.

»Die klemmt irgendwie!«, flüsterte er und stöhnte, als ich seinen harten Schwanz in die Hand nahm.

»Ist doch scheißegal!«, sagte ich.

Sergej versuchte, mir die Strumpfhose auszuziehen, aber dafür war es zu eng in der Karre, mein Hintern hing sowieso schon halb über dem Schaltknüppel. Ich zerriss sie einfach. Sergej wurde jetzt mutig, seine Küsse wilder. Er biss mir ins Ohrläppchen und saugte an meinem Hals. Ich stöhnte, riss die Knopfleiste meines Kleides mit einem Ruck auseinander und öffnete meinen BH.

Gut, dass ich den mit dem Verschluss vorne angezogen habe, dachte ich und schob die Cups zur Seite. Sergej hielt einen Moment inne und starrte gierig auf meine Brüste. Ich nahm seine Hände und führte die Fingerspitzen über meine Nippel. Er zwickte erst vorsichtig, dann fester hinein. Zusammen mit seinen Küssen machte mich das endgültig wild. Wie in Trance schob ich mein Höschen zur Seite, nahm Sergejs Schwanz und führte ihn in mich ein. Ich weiß nicht, wie lange ich ihn hemmungslos geritten habe. Vielleicht bemerkte jemand, der noch eine Runde mit dem Hund ging, dass die Scheiben des Wagens beschlagen waren, vielleicht waren wir zu laut oder der Wagen wackelte, ich weiß es nicht! Der Gedanke daran, dass wir entdeckt werden könnten, machte mich nur noch heißer, noch gieriger. Sergej fickte mich unzählige Lieder lang und flüsterte mir immer wieder wirre Sätze ins Ohr. Es war so intensiv, dass er mir, als ich kam, den Mund zuhielt, weil ich so laut schrie. Einige Minuten verharrten wir eng umschlungen und regungslos in der Dunkelheit, bemüht, die Hitze in uns drin nicht zu schnell an die Nacht abzugeben.

Sergej fuhr mich bis vor die Haustür und ich kritzelte ihm meine Telefonnummer auf einen Zettel. Dabei fielen mir wieder die Worte von Fraukes Bruder ein, der den Abend im Freundeskreis als »Event des Jahres« angepriesen hatte. Ich fand, dass er mit dieser Beschreibung gar nicht mal so daneben gelegen hatte.

Bitte beachten Sie auch die Hinweise
auf den folgenden Seiten.

DIE AUTORIN

Verena Maria Dittrich ist Wahlberlinerin mit Spreewaldwurzeln, hat Kunst und Literatur studiert und arbeitet freiberuflich als Journalistin, Künstlerin und Schriftstellerin. Neben ihrem eigenen Blog »Verenas Weltlaterne« schreibt sie für Online-Literaturmagazine. Sie lebt in Berlin-Pankow, und das leidenschaftlich gerne.

GIRLTALK 2
Verena Maria Dittrich: SEXGÖTTIN
33 Frauen erzählen von unwiderstehlichen Anmachen, begehrenswerten Männern und gewagten Verführungen

ISBN 978-3-86265-098-9

Sonderausgabe als GIRLTALK 2, Berlin 2012

KATALOG
Wir senden Ihnen gern kostenlos unseren Katalog.
Schwarzkopf & Schwarzkopf Verlag GmbH
Kastanienallee 32, 10435 Berlin
Telefon: 030 – 44 33 63 00
Fax: 030 – 44 33 63 044

INTERNET | E-MAIL
www.schwarzkopf-schwarzkopf.de
info@schwarzkopf-schwarzkopf.de